中华经典藏书

陈芳　译注

后汉书

中华书局

图书在版编目（CIP）数据

后汉书/陈芳译注. —北京：中华书局，2016.1（2024.4 重印）
（中华经典藏书）
ISBN 978-7-101-11359-4

Ⅰ.后… Ⅱ.陈… Ⅲ.①中国历史-东汉时代-纪传体
②《后汉书》-译文③《后汉书》-注释 Ⅳ.K234.204.2

中国版本图书馆 CIP 数据核字（2015）第 264328 号

书　　名	后汉书	
译 注 者	陈　芳	
丛 书 名	中华经典藏书	
责任编辑	王水涣	
责任印制	陈丽娜	
出版发行	中华书局	
	（北京市丰台区太平桥西里 38 号　100073）	
	http://www.zhbc.com.cn	
	E-mail:zhbc@zhbc.com.cn	
印　　刷	三河市博文印刷有限公司	
版　　次	2016 年 1 月第 1 版	
	2024 年 4 月第 11 次印刷	
规　　格	开本/880×1230 毫米　1/32	
	印张 10⅜　插页 2　字数 150 千字	
印　　数	82001-87000 册	
国际书号	ISBN 978-7-101-11359-4	
定　　价	21.00 元	

前　言

《后汉书》《史记》《汉书》和《三国志》，并称为"前四史"，具有很高的史学价值和文学价值。

一、范晔其人

要读解《后汉书》，先要认识作者范晔：

范晔（398—445），字蔚宗，南朝宋顺阳人，出于士族家庭。其祖父范宁历任临淮太守、豫章太守，为东晋经学大家，著有《春秋穀梁传集解》；父亲范泰，官至中书侍郎，长于经学，富有文学才华。范晔自幼才气超人，酷爱读书，幼年即博览家中藏书，善于文辞，能作隶书，并通晓音律。

范晔恃才傲物，排斥流俗，桀骜不驯。他通晓音律，善弹琵琶，却不爱附庸风雅，连至高无上的皇帝想听他演奏，他也不肯曲意逢迎。他文采飞扬，写过一篇绝妙的《和香方》，讥讽满朝权贵，得罪诸多同僚。

性格决定了他坎坷的人生。他先是投靠了权势强大的彭城王刘义康，进入仕途。宋文帝元嘉九年（432），刘义康母亲彭城太妃去世，百官云集王府，共同哀悼，而当天夜里，范晔却和朋友开怀畅饮，酒酣之时，竟忘乎所以地打开窗子，让凉风送来挽歌，纵情玩乐。刘义康得知此事，怒火中烧，立刻把他贬到远离都城数百里的宣城去当太守。

范晔仕途遭遇挫折，备受打击，却激发起著述《后汉书》的强烈愿望，将心血倾注于这部历史巨著。几年后，刘义康离开中央政权，范晔被召回，能参与朝中机要。当时员外散骑侍郎孔熙光，阴谋发动政变，拥立刘义康为帝。范晔知其谋而未检举，为人告发，被认定为首谋而惨遭诛杀。

范晔入狱后，《后汉书》还未完稿，这无疑是巨大的遗憾。他在《狱中与诸甥侄书》中，叙说著述《后汉书》的宏大志向。这封信成了后人研究《后汉书》的重要参考资料，现已附入《后汉书》，弥补了《后汉书》无作者自序的缺憾。

二、《后汉书》的编纂始末及体例

《后汉书》是一部记载东汉历史的纪传体史书，记载了从王莽至汉献帝近两百年的历史。缺"志"、缺"表"是《后汉书》的两个突出特点。范晔去世前，完成了帝、后纪十卷，列传八十卷。据载，他曾托付好友谢俨代写"十志"，可惜谢俨也因"谋逆罪"受到株连，他所续的"十志"也因此散佚。现在补入《后汉书》的是晋人司马彪《续汉书》中的"八志"三十卷。

范晔所处的南朝距离东汉亡国已有两百多年的历史。他要编撰《后汉书》，就必须参考大量的史料，博采众长，超越前人。据清代王先谦等人考察，范晔之前，社会上流传的东汉史书至少有十八家，多达一千多卷，包括东汉刘珍等人的《东观汉记》、谢承的《后汉书》、薛莹的《后汉记》、司马彪的《续汉书》、华峤的《后汉书》、谢沈的《后汉书》、张莹的《后汉南记》、袁山松的《后汉书》等等。而这其中，官修史书《东观汉记》影响最大，曾是记述后汉历史的重要参考资料。

范晔以前人的史料为基础，经过十多年的辛勤耕耘，终于删众家之书而成一家之言。对于众家撰写的各种后汉史书，范晔都很不满意，甚至对《汉书》也存在一些看法；对自己撰写的《后汉书》却颇为得意。范晔的《后汉书》问世后，很快风行天下，致使曾经流行的后汉史书相形见绌、相继亡佚。由此可见范晔《后汉书》的无穷魅力。

范晔身上最可贵的精神是敢于突破常规，推陈出新。《春秋》《左传》《史记》和《汉书》等经典著作都是范晔面前的丰碑。范晔编撰史书，不可能完全割断传统，必定要有所借鉴，但东汉又有不同于前代的社会现实，所以范晔也不可能照搬既有模式。他虽然对班固的《汉书》有些看法，但认为班固创立的断代纪传体"网罗一代，事义周悉"，更适合于撰写东汉历史。而在史书体例的具体编排上，范晔针对东汉的时代特征多有创新，他改《外戚传》为《皇后纪》，又增设七个类传，即《党锢列传》《宦者列传》《文苑列传》《独行列传》《方术列传》、《逸民列传》和《列女传》。

东汉时期，帝王短命，皇统屡绝，母后屡屡专权，皇后和外戚的地位空前提高。所以将《外戚传》升格为《皇后纪》，是东汉外戚势力极度膨胀的真实记录。

宦官同样是东汉的一股重要势力。宦官专权，气焰嚣张，欺掠百姓，无恶不作，于是就形成了反对宦官的阵营，其中一些官僚士大夫组成各自的集团，抨击黑暗势力。宦官遭到巨大威胁，便诬告这些人结党，残害了大批忠良，还对他们进行免官禁锢。东汉时，反对宦官的激烈斗争从未平息过。《宦者列传》和《党锢列传》记载了这两股互相对立和消长的重要势力。

《文苑列传》记录了东汉的文学名士，改变了传统史书"重德轻文"的倾向，是文学独立的客观反映。《独行列传》记录了一批特立独行者的生动形象，其中有超凡脱俗的人物，也有一些怪异的言行，有人为了标榜名节、沽名钓誉，便想方设法寻求进入仕途的捷径，这反映了当时流行的社会风气。《逸民列传》同样塑造了两种不同类型的隐士。一些人为追求理想、躲避现实而隐居；而另一些隐而待仕的假隐士，也备受东汉帝王的优待；从中可见东汉盛行的隐逸之风。

范晔单立《列女传》，体现了他对妇女的尊重，塑造了许多"才行高秀"的妇女形象，歌颂了许多史书忽视的巾帼豪杰。他不纯粹以贞操来衡量妇女的优劣，这是十分可贵的。《方术列传》记载东汉医学技术和谶纬神学。一些医术高明、医德高尚的民间医士值得称道，而另一些占卜算命、故作神秘的人物则显得十分可笑。东汉十分流行天人感应、图谶符命等神学迷信，连圣明的光武帝也对之深信不疑。所以天文占卜总把各种重大政事与谶文、天象联系起来，以显示"上合天意"的合理性。

总之，范晔的《后汉书》在体例的安排上井然有序，颇费心思，能客观生动地反映东汉的社会现实。其中既有许多以类相从的类传，也有许多打破时间顺序，把生平相类、行事近似的人写在一起的合传。通过这些安排，五百多个人物传记眉目清晰、详略得当，历史情节有序铺展、恢宏壮阔，叙述情事周密而有创新，引人入胜。

三、《后汉书》的史学特色

作为一部史学巨著，《后汉书》的史学特色是十分鲜明的，它客观地再现了东汉的兴衰史，记录了东汉政治、经济、文化等各方面的重大事件，保存了大量珍贵的史料。东汉许多名士的精彩论述通过《后汉书》得以保存。如《仲长统列传》附载其《昌言》中的《理乱》等三篇，《张衡列传》附载其《客问》《陈事疏》《请禁图谶疏》，《左雄列传》附载其《陈政事疏》，《蔡邕列传》附载其《释诲》等。这些论述记录了东汉人对社会现实的针砭与剖析，是后人研究东汉社会的重要史料，由于东汉的许多史料均已亡佚，所以《后汉书》的这些资料就显得尤为重要了。

范晔对各类人物都寄托了鲜明的爱憎情感，能够将宏阔繁复的历史事件涵盖在各类人物传记之中。他的史书虽也无法超越以帝王将相为中心的封建史观，但对于昏庸的帝王、腐朽无能的高官，他不愿多费笔墨，而是利用有限的篇幅对他们的丑恶嘴脸进行无情的揭露。其中较为典型的是昏庸无能的汉章帝、汉桓帝、汉献帝，"纯盗虚名，无益于用"的樊英，还有明哲保身、官运亨通的封建老官僚胡广。而对于横行霸道、道德沦丧、阴险狠毒的外戚、宦官这两股巨大恶势力，范晔也进行了无情的批判。窦宪、董卓等人的罪行可谓罄竹难书，范晔把他们的残暴、贪婪、荒淫的嘴脸刻画得淋漓尽致，让人对这些罪孽深重的恶人恨之入骨。而那些反对宦官而遭到禁锢的名士则得到范晔的深切同情和大力支持。他的《党锢列传》将当时最为世人推崇的"三君、八俊等三十五人，其名迹存者，并载于篇"（《党锢列传序》）。他笔下的李膺、范滂等名士，刚正不阿，不畏权势，身处逆境却战斗不息，形象十分丰满感人。而对于那些没有显赫的政治地位，却有着崇高气节的独行者和真隐士，范晔也是十分尊重的。

总之，作为一名史学家，范晔能以实事求是的态度去书写历史，使其创作具有很高的史学价值。他直言不讳，敢于突破许多传统观念，逆流而上。他不以成败论英雄，客观地再现了光武帝的对立面、失败者隗嚣的英雄气概与不凡的魅力，显示了其高远的历史眼光。

当然，范晔也不可能完全摆脱时代的局限与封建思想的束缚，虽然他基本不信鬼神，但他的《方术列传》却绘声绘色地描述了虚无缥缈的神仙，《范式列传》中张元伯死后托梦范式，无中生有。他的《列女传》虽为女性争取到一席之地，但在史学家班昭的传记中，又烦琐地罗列了束缚妇女的《女诫》七篇。他将名医华佗归入《方术列传》，将蔡伦置于《宦者列传》，似乎与这些人物的突出贡献不相适应。他对农民军怀有偏见，对于赤眉军这样的重要起义军也只是在《刘盆子列传》中附带介绍，称农民军为"贼"、"寇"。不过，这些局限与他的开创之功相比，可谓瑕不掩瑜，不影响《后汉书》成为一部史学巨著。

四、《后汉书》的文学成就

《后汉书》具有很高的文学价值，纪传中的诸多篇目都可当作文学佳作来欣赏。因为范晔"善为文章",又有丰富的资料供他参考,所以整部《后汉书》既有恢宏的气势,又极其精美深邃,使记录东汉历史的其他各种史书黯然失色。

范晔塑造人物时,能够十分敏锐地捕捉不同人物的特征,通过对人物的塑造把纷繁复杂的史实十分清晰地勾勒出来。《光武帝纪》是全书中篇幅最长的作品,范晔通过对光武帝的描写,详细地追溯了他打天下建立东汉王朝及夺取政权后整治江山的重要历史,整篇作品条理清晰,虽涉及众多的历史人物与重要史实,却井然有序,跌宕起伏,引人入胜。

范晔还特别擅长细节描写,纪传作品引人入胜,毫不枯燥。他用寥寥几笔就勾勒出"大树将军"冯异独屏树下的深沉(《冯异列传》)、公孙述的妄自尊大与光武帝的宽容大度(《马援列传》)、华佗的神奇医术(《华佗列传》)、严光的狂放不羁(《严光列传》)。他所叙写的一些史实可能是不合实际的传说,但在史书中却也显得合情合理。比如《董卓列传》中写到董卓死后,人们烧掉他的尸体:"天时始热,卓素充肥,脂流于地。守尸吏然火置卓脐中,光明达曙,如是积日。"一个人再胖,他的脂肪也不够烧几天,但在范晔的笔下,董卓肚脐上的火居然能点上几天,实在不可思议,但这一细节却十分准确地传达出人们在除掉董卓这样罪孽深重的大恶人之后畅快至极的心情。

范晔的"序""论"部分也有许多辞采精美的骈文佳作。他以骈偶的形式发表自己对人与事的精辟见解,后代的评论家认为他的论赞比《史记》《汉书》更加出色,几近完美,标志着骈文形式进入成熟阶段。

《后汉书》还辑录了东汉文学名士的著名诗赋与文章,如班固的《两都赋》《典引》、杜笃的《论都赋》、傅毅的《迪志诗》等等,这些作品具有很高的文学价值,在东汉名噪一时,因《后汉书》得以流传,成为后世研究东汉文学的宝贵资料。

五、关于《后汉书》的注解

最早为《后汉书》作注的是南朝梁人刘昭。刘注侧重补充史实，当时各家《后汉书》都未散佚，所以他有丰富的参考资料，使他能够对《后汉书》进行补充，但可惜他的注解后来也散佚了，到现在就只剩下"八志注"了。到了唐代，李贤等人又为《后汉书》作注，今天通行的《后汉书》就采用了李注。李注侧重训诂，也补充了一些史实。因为他还可以看到关于后汉的其他史书，所以能够指正范书的许多失误，标注《后汉书》各种史料的来源，对后人深入研究《后汉书》很有帮助。后代比较著名的还有清代惠栋的《后汉书补注》、王先谦的《后汉书集解》。王注博采众长，广泛收集唐宋以来各家的研究成果，对《后汉书》进行了翔实注解，是研究《后汉书》十分重要的参考材料。

总之，这样一部博大精深的伟大作品是值得一再品读的。尽管它也有一些不足，比如有时过于注重文采而影响对史实的记载，但这些瑕疵不足以影响《后汉书》的巨大成就。我们的选本采用中华书局标点本《后汉书》，选择了其中一些既具史学价值又具可读性的篇章，并对每一篇目作了题解、注释与白话翻译，目的是让读者对整个东汉历史有个粗略的认识；而要全面地认识东汉历史，则不可不细读《后汉书》原著。

陈芳

2015 年 10 月

目　录

光武帝纪

《光武帝纪》为《后汉书》本纪首篇，是《后汉书》篇幅最长、用力最深的佳作。

光武帝刘秀（前6—57），是汉高祖刘邦的第九代孙。王莽末年，与其兄刘縯（伯升）起兵造反，一路过关斩将，于公元25年登上帝位，光复了汉家的统治，建立了东汉王朝，定都洛阳。

《光武帝纪》分为上下两篇，上篇主要写光武帝创天下的艰难历程，塑造了一个有勇有谋、体恤下属、气宇轩昂的开国之君。下篇叙写光武帝治天下的种种琐事，着重记录光武帝拨乱反正、整治山河的漫漫征程，刻画了一个置百姓于心中、勤于政事、清明宽容的仁君形象。

刘秀是从田间走出的皇族。他的特殊出身是他日后能够以仁德治国的根基所在。他生性乐于耕种，又通晓经书大义，开创了世人赞誉的"光武中兴"时代。以柔术治取天下的刘秀虽没有刘邦的霸气、没有唐太宗的政治与军事才能、没有康熙帝的对外开拓能力，但他创下的伟业也毫不逊色，所以也赢得范晔诸多溢美之词。

世祖光武皇帝讳秀^①，字文叔，南阳蔡阳人，高祖九世之孙也^②，出自景帝生长沙定王发。发生春陵节侯买，买生郁林太守外，外生钜鹿都尉回，回生南顿令钦，钦生光武。光武年九岁而孤，养于叔父良。身长七尺三寸，美须眉，大口，隆准^③，日角^④。性勤于稼穑^⑤，而兄伯升好侠养士，常非笑光武事田业，比之高祖兄仲。王莽天凤中^⑥，乃之长安，受《尚书》，略通大义。

【注释】

①世祖：刘秀的庙号。光武：刘秀死后的谥号。讳：为表示尊敬帝王尊长，不能直呼其名，即要避讳。

②高祖：即汉高祖刘邦。

③准：鼻子。

④日角：额骨中央部分隆起，形状如日，旧时相术家认为是大贵之相。

⑤稼穑（sè）：耕种和收获。泛指农业劳动。

⑥天凤：王莽的第二个年号。

【译文】

东汉世祖光武皇帝刘秀，字文叔，南阳蔡阳人，是汉高祖刘邦第九代孙，属于汉景帝的儿子长沙定王刘发这一支。刘发生了春陵节侯刘买，刘买生了郁林太守刘外，刘外生了钜鹿都尉刘回，刘回生了南顿县令刘钦，刘钦生了光武皇帝。光武皇帝九岁就死了父亲，由叔父刘良抚养成人。他身高七尺三寸，须眉浓密，嘴宽鼻隆，天庭饱满。

他天性勤劳，乐于耕种，而他的兄长刘伯升好行侠义、养门客，常常讥笑光武只知在田间劳作，把他和刘邦的二哥刘仲相比较。直到王莽天凤年间，光武才来到长安，拜师学习《尚书》，粗略领会了经书的要旨。

莽末，天下连岁灾蝗，寇盗锋起。地皇三年^①，南阳荒饥，诸家宾客多为小盗。光武避吏新野，因卖谷于宛。宛人李通等以图谶说光武云^②："刘氏复起，李氏为辅。"光武初不敢当，然独念兄伯升素结轻客，必举大事，且王莽败亡已兆，天下方乱，遂与定谋，于是乃市兵弩。十月，与李通从弟轶等起于宛，时年二十八。

【注释】

① 地皇：王莽的第三个年号。

② 图谶（chèn）：古代方士或儒生编造的关于帝王受命征验一类的书，多为隐语、预言。始于秦，盛于东汉。

【译文】

王莽末年，天下连年遭受蝗灾，寇匪强盗肆虐。地皇三年，南阳饥荒严重，各家的门客大都出外打劫行盗。光武为躲避官府逃到新野县，于是把粮食运到附近的宛县去卖。宛县人李通等用帝王受命的预言符兆鼓动光武说："刘氏家族将要复兴，而李氏将辅佐他们成就大业。"光武起初不敢轻举妄动，但想到兄长刘伯升平素结交诸多豪杰，必要造反，况且王莽政权衰败灭亡的征兆已经出现，天下动荡不安，便答应与李氏共同造反，于是着手购置各种兵器。十月，他与李通的堂弟李轶等在宛县起兵，时年二十八岁。

十一月，有星孛于张①。光武遂将宾客还舂陵。时伯升已会众起兵。初，诸家子弟恐惧，皆亡逃自匿，曰"伯升杀我"。及见光武绛衣大冠②，皆惊曰"谨厚者亦复为之"，乃稍自安。伯升于是招新市、平林兵，与其帅王凤、陈牧西击长聚。光武初骑牛，杀新野尉乃得马。进屠唐子乡，又杀湖阳尉。军中分财物不均，众恚恨③，欲反攻诸刘。光武敛宗人所得物，悉以与之，众乃悦。进拔棘阳，与王莽前队大夫甄阜、属正梁丘赐战于小长安④，汉军大败，还保棘阳。

【注释】

①孛（bèi）：指彗星出现时光芒四射的现象。旧以为不祥之兆，预示有兵灾悖乱发生。张：星名，二十八宿之朱雀七宿的第五宿，对应今河南中部、西南部。

②绛衣：深红色的衣服。古代军服常用绛色。大冠：武冠。古代武官戴的一种帽子的名称。

③恚（huì）：发怒，怨恨。

④前队大夫：王莽设六队，南阳郡为前队，在郡中设

大夫，相当于太守。属正：王莽每队中设属正一人，相当于郡尉。小长安：小长安聚，在今河南南阳。

【译文】

十一月，彗星从张宿边上掠过，光武于是带着门客返回舂陵。这时刘伯升已聚集百姓起兵。起初，各家子弟都十分惊恐，跑的跑，躲的躲，说"伯升想要我们的命"。等见到光武身着绛红色的将军服，都惊叹道："谨慎厚道的人也要造反了！"于是就慢慢定下心来。刘伯升于是招来新市、平林两支起义军，在主帅王凤、陈牧的带领下进攻西边的长聚。光武最初只能骑牛，直到杀了新野县尉后才夺得马匹。接着屠灭唐子乡，又杀了湖阳县尉。军中财物分配不均，众怒难平，将士们想要反攻刘氏家族。光武把刘家人所得的财物聚拢起来，全部分给将士们，众人这才满意。进而攻取棘阳后，又和王莽前队大夫甄阜、属正梁丘赐在小长安交战，结果汉军大败，只得退守棘阳。

更始元年正月甲子朔①，汉军复与甄阜、梁丘赐战于沘水西，大破之。斩阜、赐。伯升又破王莽纳言将军严尤、秩宗将军陈茂于淯阳②，进围宛城。

【注释】

①更始：刘玄的年号，史称刘玄为更始帝。刘玄字圣公，是绿林军立的皇帝，原本是西汉皇族，是汉光武帝刘秀的族兄。甲子：干支纪年法或干支纪日法。天干是：甲、乙、丙、丁、戊、己、庚、辛、

壬、癸；地支是：子、丑、寅、卯、辰、巳、午、
未、申、酉、戌、亥。十天干配十二地支，天干在
前，地支在后，共后六十种组合，称为"六十甲
子"。"甲子"排序第一。朔：凌晨，清晨。

②纳言：王莽改大司农为纳言，掌出纳王命，后又掌
管军队。秩宗：王莽改太常为秩宗，掌郊庙祭祀，
后又掌管军队。

【译文】

更始元年正月初一清晨，汉军又与甄阜、梁丘赐所率
部队在沘水西岸再次作战，大破敌军。斩杀甄阜、梁丘赐
二人。刘伯升也在淯阳县打败了王莽的纳言将军严尤和秩
宗将军陈茂，进而包围宛城。

二月辛巳，立刘圣公为天子，以伯升为大司
徒①，光武为太常偏将军②。

【注释】

①大司徒：官名。东汉时为三公之一，主管教化。

②太常：官名。秦时设置，称奉常。汉景帝时改名太
常，为九卿之一。掌礼乐郊庙社稷事宜。

【译文】

二月辛巳日，刘玄被拥立为天子，他任命刘伯升为大
司徒，光武为太常偏将军。

三月，光武别与诸将徇昆阳、定陵、郾，皆下

之。多得牛、马、财物，谷数十万斛①，转以馈宛下。莽闻阜、赐死，汉帝立，大惧，遣大司徒王寻、大司空王邑将兵百万②，其甲士四十二万人，五月，到颍川，复与严尤、陈茂合。初，光武为舂陵侯家讼逋租于尤③，尤见而奇之。及是时，城中出降尤者言光武不取财物，但会兵计策，尤笑曰："是美须眉者邪？何为乃如是！"

【注释】

①斛（hú）：旧时量器。十斗为一斛。
②大司空：官名，东汉时为三公之一，主管水土及营建工程。
③逋（bū）租：欠租。逋，拖欠。

【译文】

三月，光武另外带领诸将士攻掠昆阳、定陵、郾等县，都攻打下来，缴获了大批的牛马财物，粮食几十万斛，光武把这些财物转运馈赠给宛城的部队。王莽得知甄阜、梁丘赐被斩，汉帝即位，大为恐惧，便派遣大司徒王寻、大司空王邑率领百万军马，其中包括四十二万身着盔甲的精锐部队，于五月抵达颍川，与严尤、陈茂的军队会合。当初，光武曾替舂陵侯家到严尤那儿去控告拖欠田租的佃户，严尤一见到他就对他另眼看待。如今，严尤又听从城里逃出来投降自己的人说光武并不敛取财物，只是操练士兵、谋划战事，笑着说："就是那个须眉浓密的家伙吧？他为什么要这么做！"

六月己卯，光武遂与营部俱进，自将步骑千余，前去大军四五里而陈。寻、邑亦遣兵数千合战。光武奔之，斩首数十级。诸部喜曰："刘将军平生见小敌怯，今见大敌勇，甚可怪也，且复居前。请助将军！"光武复进，寻、邑兵却，诸部共乘之，斩首数百千级。连胜，遂前。时，伯升拔宛已三日，而光武尚未知。乃伪使持书报城中，云"宛下兵到"，而阳堕其书①。寻、邑得之，不憙②。诸将既经累捷，胆气益壮，无不一当百。光武乃与敢死者三千人，从城西水上冲其中坚，寻、邑陈乱③，乘锐崩之，遂杀王寻。城中亦鼓噪而出，中外合执④，震呼动天地，莽兵大溃，走者相腾践，奔殪百余里间⑤。会大雷风，屋瓦皆飞，雨下如注，滍川盛溢，虎豹皆股战，士卒争赴，溺死者以万数，水为不流。王邑、严尤、陈茂轻骑乘死人度水逃去⑥。尽获其军实辎重、车甲珍宝⑦，不可胜算，举之连月不尽，或燔烧其余。

【注释】

① 阳：通"佯"，假装。

② 憙（xǐ）：通"喜"，喜悦，高兴。

③ 陈（zhèn）：阵势。后来写作"阵"。

④ 执（shì）：通"势"，势力，力量。

⑤ 殪（yì）：死亡。

⑥ 度：通"渡"，渡过。

⑦辎重：古代行军时由运输部队携带的军械、粮草、
被服等物资。

【译文】

六月己卯日，光武与各营部队一同出发，自己带领着千余名步骑兵，到离王莽大军四五里的地方驻扎下来。王寻、王邑也派了几千名的兵士应战。光武冲入敌阵，杀敌数十人。各部将领十分惊喜，说："刘将军素来看到弱小的敌人就害怕，今天遇上强敌反而勇不可当，真是奇怪，而且又冲在前面。我们也来协助将军吧。"光武继续前进，王寻、王邑的部队退却，各部将领共同乘胜追击，杀敌上千人。屡战屡胜，队伍又向前推进。那时刘伯升攻下宛城已有三天了，但光武尚未得知，他就假装派人拿着刘伯升的书信报告城里的人，说"宛城的援兵马上就要到了"，并假装把信丢在半路上。王寻、王邑看到这封信，很不开心。而汉军几战告捷，气势更盛，无不以一当百。光武又带上敢死队三千人，从城西的水面上冲击王莽军的中坚力量，王寻、王邑军阵大乱，汉军乘胜摧毁敌军，杀死了王寻。城里的部队也擂鼓呐喊冲出城门，里应外合，呼声震天动地，王莽的军队溃不成军，士兵奔逃相互践踏，百余里间处处可见奔逃和死亡的人。恰逢当时雷电大作，风雨交加，屋顶的瓦片都被刮飞了，大雨倾盆而下，滍川的洪水四处流溢，虎豹都吓得浑身发抖。士兵们争相渡水逃命，溺水而亡的数以万计，尸体阻塞了湍流的河水。王邑、严尤骑马踩着水中的尸体逃走了。光武军缴获了敌军所有的军需、辎重、战车、铠甲、珍宝，不可胜数，几个月都搬不完，

有的只好烧毁了。

光武因复徇下颍阳。会伯升为害，光武自父城驰诣宛谢。司徒官属迎吊光武，光武难交私语^①，深引过而已。未尝自伐昆阳之功^②，又不敢为伯升服丧，饮食言笑如平常。更始以是惭，拜光武为破虏大将军，封武信侯。

【注释】

①难：不能，不好。

②伐：自我夸耀。

【译文】

光武乘势攻下了颍阳县。这时刘伯升被更始帝刘玄杀死，光武立即从父城赶到宛城谢罪。司徒府的属官们都来慰问光武，光武不便和他们私下议论什么，只是深深地自责。他从没有自夸昆阳之战的功勋，也不敢为伯升服丧，饮食谈笑都如平常一样自然。更始帝对此感到内疚，拜光武为破虏大将军，封他为武信侯。

九月庚戌，三辅豪杰共诛王莽^①，传首诣宛。

【注释】

①三辅：指长安周边的京兆、左冯翊、右扶风三郡，分别统领几个县。

九月庚戌日，长安三辅豪杰联手杀了王莽，并把他的脑袋送到宛城。

更始将北都洛阳，以光武行司隶校尉^①，使前整修宫府。于是置僚属，作文移，从事司察^②，一如旧章。时三辅吏士东迎更始，见诸将过，皆冠帻^③，而服妇人衣，诸于绣镼^④，莫不笑之，或有畏而走者。及见司隶僚属，皆欢喜不自胜。老吏或垂涕曰："不图今日复见汉官威仪！"由是识者皆属心焉。

【注释】

①行：代理。司隶校尉：掌三辅、三河、弘农七郡纠
　察的长官。

②从事：从事史，司隶的属官，主管督促文书，察举
　非法。

③帻（zé）：古代包发髻的巾，多是地位卑贱的人所用。

④诸于：古代妇女穿的宽大上衣。镼（jué）：半袖短衣。

【译文】

更始帝于是准备北上定都洛阳，便让光武代理司隶校尉的职务，先行赶往洛阳修整皇宫官府。光武安排官员，起草公文，设置司法检察机制，一切都沿袭汉朝的旧规矩。到了迎接东边来的更始帝时，三辅地区的官吏们看见众位将领都极其随意地扎着头巾，穿着女人的衣服，宽大上衣

外面还套着绣花的半袖短衣，没有不笑话他们的，还有的害怕得跑开了。等看到司隶府的属官们时，都喜不自胜。有些老官吏流着泪说："想不到今天又看到我大汉官吏的威仪风采！"这件事后，有识之士都对光武心有所属。

进至邯郸，故赵缪王子林说光武曰："赤眉今在河东①，但决水灌之，百万之众可使为鱼。"光武不答，去之真定。林于是乃诈以卜者王郎为成帝子子舆，十二月，立郎为天子，都邯郸，遂遣使者降下郡国。

【注释】

①赤眉：以樊崇为首的起义军，因以赤色涂眉为标志，故称。

【译文】

到了邯郸，已故赵缪王的儿子刘林劝光武说："赤眉军如今在黄河以东，只要挖开黄河放水淹灌，百万军队顷刻就可成为鱼虾。"光武没有理会他，离开邯郸去了真定。赵林便让从事占卜的王郎伪装为成帝的儿子刘子舆，十二月，拥立王郎为天子，定都邯郸，并派使者说服各郡国归降。

二年正月，光武以王郎新盛，乃北徇蓟①。王郎移檄购光武十万户，而故广阳王子刘接起兵蓟中以应郎，城内扰乱，转相惊恐，言邯郸使者方到，二千石以下皆出迎②。于是光武趣驾南辕③，晨夜不敢入城邑，舍食道傍。至饶阳，官属皆乏食。光武乃自称邯郸使者，入传舍④。传吏方进食，从者饥，争夺之。传吏疑其伪，乃椎鼓数十通⑤，绐言邯郸将军至⑥，官属皆失色。光武升车欲驰，既而惧不免，徐还坐，曰："请邯郸将军入。"久乃驾去。传中人遥语门者闭之。门长曰："天下讵可知⑦，而闭长者乎？"遂得南出。晨夜兼行，蒙犯霜雪，天时寒，面皆破裂。至呼沱河，无船，适遇冰合，得过，未毕数车而陷。进至下博城西，遑惑不知所之。有白衣老父在道旁，指曰："努力！信都郡为长安守，去此八十里。"光武即驰赴之，信都太守任光开门出迎。世祖因发旁县，得四千人，先击堂阳、贳县⑧，皆降之。王莽和成卒正邳彤亦举郡降⑨。又昌城人刘植、宋子人耿纯，各率宗亲子弟，据其县邑，以奉光武。于是北降下曲阳，众稍合，乐附者至有数万人。

【注释】

①蓟（jì）：古县名。秦置。治所在今北京城西南。

②二千石：俸禄是二千石的官员。汉制，郡守俸禄为二千石，也因称郡守为二千石。

③趣：疾走，这里表示快速离开。

④传（zhuàn）舍：驿站，驿舍。古代供来往行人休止的住所。

⑤椎鼓：击鼓。椎，用椎击打。

⑥绐（dài）：欺诳。

⑦讵（jù）：表示否定，非，不。

⑧贳（shì）：汉侯国名。故地在今河北束鹿东南。

⑨和成：王莽时分钜鹿为和成郡。卒正：官名，相当
  于太守。

【译文】

更始二年正月，光武考虑到王郎新兴势力强盛，决定
向北攻伐蓟县。王郎发出公告，悬赏十万户捉拿光武，同
时已故广阳王的儿子刘接也在蓟县城内起兵响应王郎，蓟
县城内纷扰混乱，百姓惊恐，说是邯郸派来的使者马上就
要来了，城中郡守以下的官员都要出城迎接。光武因为这
样急忙驾车南逃，日夜都不敢进入城邑，连吃饭睡觉也只
在路边停留。到了饶阳，官兵都没有东西吃了。光武便假
称是邯郸来的使者，到驿站里休息。管理驿站的人刚送上
饭来，光武手下的人饥饿难忍，争着抢饭吃。他们怀疑光
武的队伍不是邯郸来的，就敲了几十通鼓，假报邯郸的将
军来了，光武的将士都吓得脸色大变。光武坐上车子想要
逃走，随即又担心难逃厄运，于是又慢慢走回来坐下说：
"有请邯郸的将军进来。"等了许久才驾车走了。驿站的人
暗中通报守城人关闭城门。看守城门的官员说："天下还不
知归谁呢，怎敢将尊贵的人困在城中？"光武于是从南门
出了城。他们日夜兼程，冒着严霜冷雪赶路，天寒地冻，
脸都冻裂了。到了呼沱河，没有船过河，恰逢此时河面封
冻，车子得以通过，几乎不等最后几部车完全通过，冰面
就塌了。往前到了下博县的城西，他们正彷徨困惑不知要

往哪里去。路边有个白衣老人，指点他们说："努力啊，信都郡仍然为长安坚守，离这还有八十里。"光武立即快马加鞭奔赴那里，信都太守任光打开城门迎接他们。光武便从邻近县城征集到四千人马，先攻打堂阳、贳县，两地都投降了。王莽手下的和成郡卒正邳彤也带领全郡前来投降。又有昌城人刘植、宋子人耿纯，各自带着同宗族子弟，占领了所在县城，奉送给光武。光武又向北降服了下曲阳县，手下的人马越聚越多，愿意跟随他的多达数万人。

　　复北击中山，拔卢奴。所过发奔命兵①，移檄边部，共击邯郸，郡县还复响应。南击新市、真定、元氏、防子，皆下之，因入赵界。

【注释】
　　①奔命兵：汉代遇到急难之时，就从州郡中选取骁勇善战的骑士，急赴救援，故称"奔命兵"。
【译文】
　　光武又向北攻击中山国，占领了卢奴县。光武每到一处，都征集"奔命兵"，并发文告到周边地区，号召大家共同抗击邯郸，各郡县纷纷回复响应。又向南攻下了新市、真定、元氏、防子等地，进入赵国的地界。

　　时王郎大将李育屯柏人，汉兵不知而进，前部偏将朱浮、邓禹为育所破，亡失辎重。光武在后闻之，收浮、禹散卒，与育战于郭门，大破之，尽得其所获。育还保城①，攻之不下，于是引兵拔广阿。会上谷太守耿况、渔阳太守彭宠各遣其将吴汉、寇恂等将突骑来助击王郎②，更始亦遣尚书仆射谢躬讨郎，光武因大飨士卒，遂东围钜鹿。王郎守将王饶坚守，月余不下。郎遣将倪宏、刘奉率数万人救钜鹿，光武逆战于南䜌，斩首数千级。四月，进围邯郸，连战破之。五月甲辰，拔其城，诛王郎。收文书，得吏人与郎交关谤毁者数千章③。光武不省④，会诸将军烧之，曰："令反侧子自安。"

【注释】

①保城：小城。

②突骑：用于冲锋陷阵的精锐骑兵。

③交关：串通，勾结。

④省（xǐng）：观看，阅览。

【译文】

当时，王郎的大将李育在柏人县屯驻，汉军没探到敌情，进军此地，先遣部队偏将朱浮、邓禹被李育击败，军中的物资都丢失了。光武在后面得知消息，收聚了朱浮、邓禹的散兵败将，与李育在外城门激战，大败李育，收缴了李育同朱、邓交战时所获得的粮草和物资。李育退守小城，光武攻不下来，于是带兵攻下广阿县。此时恰逢上谷太守耿况、渔阳太守彭宠分别派吴汉、寇恂等将军率领精锐骑兵前来协助攻击王郎，更始帝也派尚书仆射谢躬前来讨伐王郎，光武于是好好地犒劳了士兵，然后东进包围了钜鹿城。王郎的将军王饶坚守城中，光武一个多月也没攻下。王郎又派遣倪宏、刘奉率数万兵马解救钜鹿，光武到南䜌县迎头痛击，斩杀敌军数千人。四月，又进军围攻邯郸，连战连胜。五月甲辰日，攻破邯郸，杀了王郎。缴获文书，发现汉军官吏与王郎勾结毁谤光武的信函数千章。光武看也不看，召集众将军烧掉它们，说："让那些辗转反侧的人安下心来吧。"

更始遣侍御史持节立光武为萧王，悉令罢兵诣行在所①。光武辞以河北未平，不就征。自是始贰于更始。

【注释】
①罢兵：停战。行在所：天子所在的地方。
【译文】
更始帝派侍御史持符节立光武为萧王，要他停战回到更始帝所在地。光武推辞说河北尚未平定，不接受命令。从此光武开始对更始帝存有二心。

是时长安政乱，四方背叛。梁王刘永擅命睢阳，公孙述称王巴蜀，李宪自立为淮南王，秦丰自号楚黎王，张步起琅邪，董宪起东海，延岑起汉中，田戎起夷陵，并置将帅，侵略郡县。又别号诸贼铜马、大肜、高湖、重连、铁胫、大抢、尤来、上江、青犊、五校、檀乡、五幡、五楼、富平、获索等，各领部曲^①，众合数百万人，所在寇掠。

【注释】

①部曲：古时军队的编制单位。借指军队。

【译文】

当时长安政事混乱，各方面纷纷叛离更始帝。梁王刘永在睢阳县专权行事，公孙述在巴蜀称王，李宪则自立为淮南王，秦丰自称楚黎王，张步在琅邪起兵，董宪在东海起兵，延岑在汉中起兵，田戎在夷陵起兵，都委任将帅，侵占各郡县。又有别号为铜马、大肜、高湖、重连、铁胫、大抢、尤来、上江、青犊、五校、檀乡、五幡、五楼、富平、获索等的各地盗匪，各自领着手下的部队，总数多达数百万人，在各自所在的郡县掠夺。

光武将击之，先遣吴汉北发十郡兵。幽州牧苗曾不从，汉遂斩曾而发其众^①。秋，光武击铜马于鄡，吴汉将突骑来会清阳。贼数挑战，光武坚营自守；有出卤掠者^②，辄击取之，绝其粮道。积月余日，贼食尽，夜遁去，追至馆陶，大破之。受降未尽，而高湖、重连从东南来，与铜马余众合，光武复与大战于蒲阳，悉破降之，封其渠帅为列侯^③。降者犹不自安，光武知其意，敕令各归营勒兵^④，乃自乘轻骑按行部陈^⑤。降者更相语曰："萧王推赤心置人腹中，安得不投死乎！"由是皆服。悉将降人分配诸将，众遂数十万，故关西号光武为"铜马帝"。赤眉别帅与大肜、青犊十余万众在射犬，光武进击，大破之，众皆散走。使吴汉、岑彭袭杀谢躬于邺。

【译文】

光武准备讨伐这些盗贼，先派遣吴汉征发十郡的兵马北进。幽州的长官苗曾不服从，吴汉便杀了他，调发了他的部队。秋天，光武在鄡县攻打铜马军，吴汉率领精锐骑兵来到清阳县与光武会合。铜马军屡次挑战，光武坚守军营不予还击，而铜马军一旦有人外出抢掠财物，光武就派人截击他们，断绝铜马军的粮草通道。如此过了一个多月，铜马军粮食吃尽，半夜逃离，光武率军追至馆陶县，大败铜马军。未等铜马军全部投降，从东南方向又来了高湖、重连两路人马，与剩余的铜马军会合，光武于是又与他们在蒲阳激战，全线攻破敌军并使他们归降，封他们的将领为列侯。投降的将领心里还是不踏实，光武知道他们的疑虑，令他们回到各自的军队管理士兵，然后自己悠闲地骑马视察各营部队。投降的人互相议论说："萧王对我们推心置腹，我们怎么能不以死相报呢？"从此他们都心悦诚服。光武把投降的人马全部分配给诸位将领，他的部队也扩充至数十万人，关西的人因此称光武为"铜马帝"。赤眉军别部将领和大肜、青犊的十多万人马聚集在射犬，光武率兵攻击，大败赤眉军，各路人马都逃散了。光武又派吴汉、岑彭袭击邺城，杀了谢躬。

青犊、赤眉贼入函谷关，攻更始。光武乃遣邓禹率六裨将引兵而西，以乘更始、赤眉之乱。时，更始使大司马朱鲔、舞阴王李轶等屯洛阳①，光武亦令冯异守孟津以拒之。

【注释】

①朱鲔（wěi）：参与组织领导绿林军，消灭王莽。后拥立刘玄，建立政权。

【译文】

青犊、赤眉军进入函谷关，攻打更始帝。光武便派邓禹带领六路副将率兵西进，以利用更始帝与赤眉战乱的时机。更始帝此时派大司马朱鲔、舞阴王李轶等屯驻洛阳，光武也命令冯异坚守孟津对抗他们。

建武元年春正月，平陵人方望立前孺子刘婴为天子，更始遣丞相李松击斩之。

【译文】

建武元年春天正月，平陵人方望立前汉孺子刘婴为天子，更始帝派遣丞相李松出击并杀了刘婴。

于是诸将议上尊号①。马武先进曰："天下无主。如有圣人承敝而起，虽仲尼为相，孙子为将，犹恐无能有益。反水不收②，后悔无及。大王虽执谦退，奈宗庙社稷何！宜且还蓟即尊位，乃议征伐。今此谁贼而驰骛击之乎③？"光武惊曰："何将军出是言？可斩也！"武曰："诸将尽然。"光武使出晓之，乃引军还至蓟。

【注释】

①上尊号：此指让刘秀即皇帝位。尊号，尊崇帝后或其先王及宗庙等的称号。

②反水不收：水已泼出，不能收回。用指事成定局，无可改变。"反"，后来写作"返"。

③驰骛：奔走，奔竞。

【译文】

于是众将开始商议光武称帝之事。马武首先进言说："天下没有人主。假使有圣明的人趁着国运衰败之时兴起，您即便让孔子做丞相，孙子做大将，恐怕还是难以挽回。泼出去的水无法收回来，错过机会再后悔就来不及了。大王虽然坚持谦逊忍让，但国家社稷怎么办！应该先返回蓟县登上皇位，再来商讨征伐的事情。否则，现在连谁是盗

header on left margin

贼都分不清，东奔西跑地讨伐谁呢？"光武大吃一惊说："将军怎敢这样说话？要杀头的！"马武说："将军们都是这样说的。"光武让马武出去向众将说明自己的心意，便率军回到了蓟城。

夏四月，公孙述自称天子。

【译文】
夏季四月，公孙述自立为天子。

光武从蓟还，过范阳，命收葬吏士。至中山，诸将复上奏曰："汉遭王莽，宗庙废绝，豪杰愤怒，兆人涂炭①。王与伯升首举义兵，更始因其资以据帝位，而不能奉承大统，败乱纲纪，盗贼日多，群生危蹙②。大王初征昆阳，王莽自溃；后拔邯郸，北州弭定③；参分天下而有其二④，跨州据土⑤，带甲百万。言武力则莫之敢抗，论文德则无所与辞。臣闻帝王不可以久旷，天命不可以谦拒，惟大王以社稷为计，万姓为心。"光武又不听。

【注释】
①兆人：兆民，百姓，民众。
②危蹙：危急，危迫。
③弭（mǐ）定：平定。弭，止息。
④参（sān）：通"叁（三）"，三分。

⑤跨：据有，占有。

【译文】

光武从蓟县返回，途经范阳，下令收埋官兵的遗体。到达中山国，众将领又上奏说："汉朝遭遇王莽篡乱，宗庙祭祀废弃断绝，豪杰愤慨恼怒，黎民百姓正处在水深火热之中。大王和伯升首起义兵，更始帝凭借资历占据了帝位，却不能奉承汉朝大统，败乱纲常法纪，致使盗匪滋生，天下危急。而大王您昆阳初战，就让王莽溃不成军；后来又攻取邯郸，平定了北方各州；您占有了天下的三分之二，占据各州县的领地，拥有百万精兵。若论武力，没有谁能与您抗衡；若论文采仁德，没有人能与您相提并论。臣下听说帝王之位不可长期空缺，天意不可谦虚辞让，真诚地希望大王您能以社稷大计为重，把黎民百姓放在心上。"光武还是没有听从。

行到南平棘，诸将复固请之。光武曰："寇贼未平，四面受敌，何遽欲正号位乎？诸将且出。"耿纯进曰："天下士大夫捐亲戚，弃土壤，从大王于矢石之间者，其计固望其攀龙鳞，附凤翼，以成其所志耳。今功业即定，天人亦应，而大王留时逆众①，不正号位，纯恐士大夫望绝计穷，则有去归之思，无为久自苦也。大众一散，难可复合。时不可留，众不可逆。"纯言甚诚切，光武深感，曰："吾将思之。"

【注释】

①留时：延误时日。

【译文】

到了南平棘县，将军们又坚决要求光武称帝。光武说："盗贼还未平定，四面受敌困扰，为什么就要急匆匆地登上帝位呢？各位爱将请回去吧！"耿纯进言说："天下的士大夫远离亲人，背井离乡，跟随大王您厮杀于刀光剑影之间，心里当然是盼着自己能攀龙附凤，跟随天子，以实现心中的远大志向。如今就要功成名就了，天意人事也有了应验，然而大王您却延误时日违背民心，不就帝位，我担心士大夫期望落空，难免就要想着另谋出路，而不愿长久地白白辛苦自己。大家一旦离去，就再难以聚合。机不可失，时不再来，民心不可违。"耿纯的一席话说得十分恳切，光武深受感动，说："我再考虑考虑。"

六月己未，即皇帝位。

【译文】

六月己未日，光武即位，成为皇帝。

冬十月癸丑，车驾入洛阳，幸南宫却非殿，遂定都焉。

【译文】

冬十月癸丑日，光武帝车驾进驻洛阳，住在南宫却非殿，定都洛阳。

二年春正月庚辰，封功臣皆为列侯，大国四县，余各有差。博士丁恭议曰①："古帝王封诸侯不过百里，故利以建侯，取法于雷②，强干弱枝，所以为治也。今封诸侯四县，不合法制。"帝曰："古之亡国，皆以无道，未尝闻功臣地多而灭亡者。"乃遣谒者即授印绶③，策曰："在上不骄，高而不危；制节谨度，满而不溢。敬之戒之。传尔子孙，长为汉藩。"

【注释】

①博士，古为官名。秦汉时是掌管书籍文典、通晓史事的官职。

②取法于雷：《易·屯》卦"坎"上"震"下，"震"为雷，初九说"利建侯"，又说"震惊百里"，雷雨范围只及百里，所以封诸侯"取法于雷"，封地也以百里为限。

③谒者：官名。始置于春秋战国时期。掌宾赞受事，即为天子传达各种号令。

【译文】

建武二年春正月庚辰日，将功臣全部封为列侯，大的封邑有四个县，其他封邑大小不等。博士丁恭驳议说："古代帝王给诸侯的封邑不超过百里，分封诸侯要取法于雷，才恰到好处。主干强枝叶弱，才能治好天下。现在您给诸侯的封邑超过四个县，不符合法度。"光武帝说："古往今来国家的灭亡，都是由于没有道义，从未听说过因功臣封地大而亡国的。"于是立刻派谒者将印绶发给各诸侯，并传命说："居高位而不骄蛮，则位高而不危；节制而谨遵法度，则盛满而不溢。切记于心，时时警醒，并世代相传，做汉室永远的屏障。"

（建武五年）五月丙子，诏曰："久旱伤麦，秋种未下，朕甚忧之。将残吏未胜，狱多冤结，元元愁恨①，感动天气乎？其令中都官、三辅、郡、国出系囚②，罪非犯殊死一切勿案③，见徒免为庶人④。务进柔良，退贪酷，各正厥事焉。"

【注释】

①元元：百姓，庶民。

②中都官：汉代京师各官署的统称。

③殊死：殊死刑，斩刑。案：通"按"，查办，审理。

④见（xiàn）徒：现被拘禁执役的囚犯。

【译文】

（建武五年）五月丙子日，光武帝下诏说："长久干旱，毁了麦子，连秋种也不能按时进行，我很担忧。难道这是因为官吏过于残暴不能胜任，致使狱案有太多的冤屈，百姓愁苦抱恨，让上天为之动容吗？命令京中各官署、三辅地区、各郡、国释放囚犯，不是犯了殊死之罪的都不再审讯，正在服刑的赦免为平民。一定要让和善温良之士担任官职，免去贪婪残酷之徒，要履行好各自的职责。"

（六年春正月）辛酉，诏曰："往岁水、旱、蝗虫为灾，谷价腾跃，人用困乏。朕惟百姓无以自赡，恻然愍之^①。其命郡国有谷者，给禀高年、鳏、寡、孤、独及笃癃、无家属贫不能自存者^②，如《律》。二千石勉加循抚^③，无令失职。"

【注释】

①愍（mǐn）：怜悯，哀怜。

②给禀（jǐlǐn）：即给廪，官府供给粮食。禀，粮食。
笃癃（lóng）：困苦病废。笃，困苦。癃，衰老病弱。

③循抚：安抚。

【译文】

（建武六年春正月）辛酉日，颁布诏令说："往年水、旱、蝗灾，致使谷价暴涨，百姓困苦。我看着老百姓不能养活自己，心中十分悲悯。命令尚有存粮的郡国，赈济老人、鳏夫、寡妇、孤儿、老而无子、病重困苦，以及无家可归无法自立的人，一切都要遵照《汉律》的规定。郡守要努力安抚百姓，不要失职。"

六月辛卯，诏曰："夫张官置吏，所以为人也。今百姓遭难，户口耗少，而县官吏职所置尚繁，其令司隶、州牧各实所部，省减吏员。县国不足置长吏可并合者，上大司徒、大司空二府。"于是条奏并省四百余县，吏职减损，十置其一。

【译文】

六月辛卯日，下诏说："国家设置大小官吏，完全是为了百姓。现在百姓遭受苦难，户口减少，而县官及下属官吏过于繁复，请司隶、州牧检查所辖州县，裁减官吏。将那些不足以单立长官而可以合并的郡县，报送大司徒、大司空二府。"这之后各地逐条上奏合并了四百多个县，裁减官员，仅保留过去的十分之一。

（十二月）癸巳，诏曰："顷者师旅未解，用度不足，故行什一之税①。今军士屯田，粮储差积。其令郡国收见田租三十税一②，如旧制。"

【注释】

①什一之税：十分取一的税。

②三十税一：三十分取一的税。西汉景帝二年曾令田租三十税一，今依景帝制度，故后文说"如旧制"。

【译文】

（十二月）癸巳日，下诏说："过去因战事不断，军队用度太大，所以实行十税一的赋税。现在军队士兵实行了屯田，粮食储备得差不多了。现在命令各郡国恢复三十税一的旧制度。"

（七年春正月丙申）又诏曰："世以厚葬为德，薄终为鄙，至于富者奢僭①，贫者单财②，法令不能禁，礼义不能止，仓卒乃知其咎③。其布告天下，令知忠臣、孝子、慈兄、悌弟薄葬送终之义。"

【注释】

①奢僭（jiàn）：奢侈逾礼，不合法度。僭，超越本分，冒用在上者的名义、职权行事。

②单（dān）财：耗尽资财。单，通"殚"，尽，竭尽。

③仓卒（cù）乃知其咎：指遇到非常事变时厚葬的墓都被盗掘，才认识到错误。仓卒，指丧乱，非常事变。仓卒，也作"仓猝"。

【译文】

（建武七年春正月丙申日）又下诏说："世人都把厚葬作为美德，鄙视那些从俭办丧事的做法，以至于富人奢侈无度，穷人耗尽家财，法令禁不住，礼义止不了，等到丧乱之时厚葬的墓被偷盗，才认识到错误。现在布告天下，希望大家明白作忠臣、孝子、仁兄、贤弟，为死去的人薄葬送终，才是合乎道义的英明之举。"

三月丁酉，诏曰："今国有众军，并多精勇，宜且罢轻车、骑士、材官、楼船士及军假吏①，令还复民伍。"

【注释】

①轻车、骑士、材官、楼船士：汉高祖遗留下的编制，是从天下精选出来的勇猛刚强之士。轻车、骑士擅长平地作战，材官适合于山地作战，楼船用于水战。军假吏：指军中临时设置的下级官吏。

【译文】

三月丁酉日，下诏说："现在国家有大批的军队，其中不乏精悍勇猛之士，可暂且取消轻车、骑士、材官、楼船士及一些临时设置的军吏，让他们恢复平民身份。"

（建武十三年春正月）戊子，诏曰："往年已敕郡国，异味不得有所献御①，今犹未止，非徒有豫养导择之劳②，至乃烦扰道上，疲费过所。其令太官勿复受③。明敕下以远方口实所以荐宗庙④，自如旧制。"

【注释】

①异味：异常的美味。献御：指进献食物给皇上。

②豫养：预先养育。豫，同"预"，预先，事先。导（dào）择：精选。导，通"䆃"，选择，特指选择谷物。

③太官：掌皇帝膳食及燕享之事。

④口实：膳食，食物。荐：进献。

【译文】

（建武十三年春正月）戊子日，下诏说："往年已传令各郡国，奇特的食物不得进贡，但这种做法至今还未停止，这不仅要费心预先养殖、精心选择，还要烦扰所过之处，让路过的地方疲惫破费。命令太官不要再接受进贡之物。现明令按照旧的规定，把远方进贡的物品用于宗庙祭祀。"

（中元二年）二月戊戌，帝崩于南宫前殿，年六十二。遗诏曰："朕无益百姓，皆如孝文皇帝制度，务从约省。刺史、二千石长吏皆无离城郭^①，无遣吏及因邮奏^②。"

【注释】

①刺史：朝廷所派督察地方的官员，后沿用为地方官职名称。汉武帝时分全国为十三部（州），部设刺史。

②邮奏：指上书。邮，驿站。奏，臣子上给帝王的文书。

【译文】

（中元二年）二月戊戌日，光武帝驾崩于南宫前殿，享年六十二岁。他颁布遗诏说："我没为百姓做什么贡献。我死后，依照孝文皇帝订立的制度，一切务必从俭。刺史及郡守都不必离开自己的城郭奔丧，不要派人上书吊唁。"

初，帝在兵间久，厌武事，且知天下疲耗，思乐息肩^①。自陇、蜀平后，非儆急^②，未尝复言军旅。皇太子尝问攻战之事，帝曰："昔卫灵公问陈，孔子不对。此非尔所及。"每旦视朝，日仄乃罢。数引公卿、郎、将讲论经理，夜分乃寐。皇太子见帝勤劳不怠，承间谏曰："陛下有禹、汤之明，而失黄、老养性之福，愿颐爱精神③，优游自宁。"帝曰："我自乐此，不为疲也。"虽身济大业，兢兢如不及④，故能明慎政体，总揽权纲，量时度力，举无过事。退功臣而进文吏，戢弓矢而散马牛⑤，虽道未方古，斯亦止戈之武焉⑥。

【注释】

①息肩：休养生息。

②徼（jǐng）急：紧急（事件），一般指军情。徼，紧急的事件或情况，多指战争。

③颐爱：保养爱护。颐，保养。精神：精力体气。

④兢兢：小心谨慎的样子。

⑤戢（jí）：收藏兵器。

⑥止戈之武：止戈为武的武德精髓。《左传·宣公十二年》楚庄王把"武"字分为"止""戈"两部分，意思是"武"字是"止戈"两字合成的，所以要能止战，才是真正的武功。

【译文】

当初，光武帝长年驰骋沙场，对战争十分厌倦，也明白天下百姓疲于战事，国力不堪损耗，大家都向往和平安定的日子。自从平定陇、蜀两地后，若非万分紧急之事，就不再滥用兵力。皇太子曾向他请教战争之事，光武帝说："过去卫灵公咨询布阵用兵之事，孔子并不回答。这不是你应考虑的。"每天早晨上朝，直到太阳西斜才退朝。常常召见公卿、郎官和将领们议论经典理义，直到深夜才睡觉。皇太子见皇帝勤劳不知疲倦，乘他闲暇时劝谏说："陛下您有夏禹、商汤的贤德，却有失黄帝、老子所倡导的修身养性之福，希望您爱护自己的精神体力，求得自身悠闲安宁。"光武帝答道："我自己乐于这样，不觉得疲倦。"他虽成就了光复汉朝的大业，却始终兢兢业业，唯恐自己做得不够，因此能十分明智谨慎地处理政务，总揽权势朝纲，审时度势，决策也没什么失误。不用功臣而重用文官，收藏起刀剑，遣散战马，虽治国方略不能与古代圣贤相媲美，却也践行了"止戈为武"的武德精髓了。

献帝伏皇后纪

　　为皇后立纪，与皇帝本纪并列，是范晔《后汉书》的首创，《皇后纪》集中反映东汉各朝皇后及外戚事迹。东汉的皇后和外戚地位日益提高，其中临朝听政的就有章帝窦皇后、和帝邓皇后、安帝阎皇后、顺帝梁皇后、桓帝邓皇后、灵帝何皇后六位。记述历代皇后能更真实深入地反映东汉由盛而衰的历史。

　　伏皇后是汉献帝的皇后，献帝时天下一片混乱，汉献帝实际上已沦为曹操的囚徒。伏皇后曾想设法夺回王权，最终却难逃曹操的毒手，从夹壁中被拉出处死，其下场十分悲惨。

献帝伏皇后讳寿，琅邪东武人，大司徒湛之八世孙也。父完，沉深有大度，袭爵不其侯，尚桓帝女阳安公主，为侍中①。

【注释】

①侍中：秦时设置的官名，为丞相的属官。两汉沿用，是列侯、将军的加官，加此官者，得以出入宫廷，侍从皇帝左右，是亲近贵幸之官。

【译文】

汉献帝的皇后名叫伏寿，是琅邪郡东武县人，大司徒伏湛的第八代孙。她的父亲是伏完，深沉稳重气量宽宏，继承了不其侯的爵位，并娶了桓帝的女儿阳安公主为妻，任侍中。

初平元年，从大驾西迁长安①，后时入掖庭为贵人②。兴平二年③，立为皇后，完迁执金吾④。帝寻而东归，李傕、郭汜等追败乘舆于曹阳，帝乃潜夜度河走，六宫皆步行出营⑤。后手持缣数匹，董承使符节令孙徽以刀胁夺之，杀傍侍者，血溅后衣。既至安邑，御服穿敝，唯以枣栗为粮。建安元年⑥，拜完辅国将军，仪比三司。完以政在曹操，自嫌尊戚，乃上印绶，拜中散大夫，寻迁屯骑校尉。十四年卒，子典嗣。

【注释】

①"初平元年"二句：指袁绍率关东军征讨董卓，董卓于这一年挟持汉献帝从洛阳迁都长安。初平元年，公元190年。初平是汉献帝第二个年号。

②掖庭：宫中旁舍，嫔妃住的地方。

③兴平二年：公元195年。兴平是汉献帝第三个年号。

④执金吾：官名。秦汉时率禁兵保卫京城和官城的官员。

⑤"帝寻而东归"四句：董卓被杀后，其部将李傕（jué）与郭汜分别劫持了汉献帝和公卿，相互交战，后经张济调解，二人罢兵，李傕出屯池阳，郭汜、张济等人随汉献帝东归前往弘农。后来，李傕、郭汜、张济反悔，联合起来追击汉献帝，汉献帝在杨奉、董承等护卫下一路逃亡，到了洛阳。乘舆，皇帝乘坐的车，后借指皇帝，此指护送汉献帝的部队。度，通"渡"。六宫，后妃。

⑥建安元年：公元196年。建安是汉献帝第四个年号。

【译文】

初平元年，伏完跟随献帝向西迁都长安，伏皇后就在这时被选入后宫，封为贵人。兴平二年，她被立为皇后，伏完因此升迁做了执金吾。不久，献帝又东归洛阳，李傕、郭汜等随后追击，在曹阳大败献帝随从部队，献帝只得半夜偷渡黄河逃跑，他的后妃宫人都徒步逃出军营。伏皇后手上还拿着几匹缣帛，董承指派符节令孙徽持刀威逼抢走了缣帛，并杀死皇后身边的侍者，鲜血溅到了皇后的衣服上。等到了安邑后，帝后身上的御服都穿破了，只能靠吃些枣子、栗子来充饥。建安元年，伏完被任命为辅国大将军，和三公享受同等的待遇。伏完考虑到曹操已掌控国家大权，不愿自己因国戚的显赫地位而受猜疑，就上交了将军的印章绶带，改任中散大夫，不久又调任屯骑校尉。建安十四年，伏完去世，他的儿子伏典继承爵位。

【原文】

自帝都许，守位而已，宿卫兵侍，莫非曹氏党旧姻戚。议郎赵彦尝为帝陈言时策，曹操恶而杀之。其余内外，多见诛戮。操后以事入见殿中，帝不任其愤，因曰："君若能相辅，则厚；不尔，幸垂恩相舍。"操失色，俯仰求出。旧仪，三公领兵朝见，令虎贲执刃挟之①。操出，顾左右，汗流浃背，自后不敢复朝请②。董承女为贵人，操诛承而求贵人杀之。帝以贵人有妊，累为请③，不能得。后自是怀惧，乃与父完书，言曹操残逼之状，令密图之。完不敢发，至十九年，事乃露泄。操追大怒，遂逼帝废后，假为策曰："皇后寿，得由卑贱，登显尊极，自处椒房④，二纪于兹⑤。既无任、姒徽音之美⑥，又乏谨身养己之福，而阴怀妒害，苞藏祸心⑦，弗可以承天命，奉祖宗。今使御史大夫郗虑持节策诏，其上皇后玺绶，退避中宫，迁于它馆。呜呼伤哉！自寿取之，未致于理⑧，为幸多焉。"又以尚书令华歆为郗虑副，勒兵入宫收后。闭户藏壁中，歆就牵后出⑨。时帝在外殿，引虑于坐。后被发徒跣行泣过诀曰⑩："不能复相活邪？"帝曰："我亦不知命在何时！"顾谓虑曰："郗公，天下宁有是邪？"遂将后下暴室⑪，以幽崩。所生二皇子，皆鸩杀之。后在位二十年，兄弟及宗族死者百余人，母盈等十九人徙涿郡。

【注释】

①虎贲：官名。掌侍卫国君及保卫王官、王门。

②朝请：泛指朝见皇帝。

③累（lěi）：连续，屡次。

④椒房：椒房殿，皇后所居。后泛指后妃所居宫室。

⑤二纪：一纪是十二年，二纪是二十四年。伏皇后初平元年（190）入官，至建安十九年（214），正好二十四年。

⑥任：即太任，王季的妃子，文王的母亲。姒（sì）：即太姒，文王之妻，武王之母。徽音：德音，令闻美誉。

⑦苞藏：裹藏，隐藏。苞，通"包"。

⑧理：法纪，法律。

⑨就：趋，趋向。牵：拉。

⑩徒跣（xiǎn）：赤足，光着脚。

⑪暴室：汉官署名，主织作染练，后妃有罪者也住在这里。

【译文】

自从献帝定都许昌，只不过是空守其位而已，身边的卫兵侍者，没有一个不是曹操的朋党亲信。议郎赵彦曾向献帝进言献策，曹操因此厌恶他，把他杀了。其他宫廷内外的官员，被杀戮的也不在少数。后来曹操有事到殿中面见皇上，献帝无法控制内心的悲愤，就说："你如果真心辅佐我，则请宽厚待我；如果容不下我，就请开恩废掉我吧！"曹操听了惊慌失色，拜叩再三，请求退下。按照汉代旧时的礼仪，三公率军朝见皇帝，要令执刀的虎贲侍卫在两旁挟持。曹操一边退出，一边环顾左右，吓得汗流浃背。从此再也不敢朝见献帝。董承的女儿是献帝的贵人，曹操杀了董承后又向皇帝索要董贵人杀掉。皇帝以贵人有孕在身为由，多次请求曹操手下留情，还是没能保住贵人。伏皇后从此心怀恐惧，便给父亲伏完写信，叙说曹操残暴威逼的情况，请求父亲密谋除掉曹操。伏完不敢轻举妄动，到了建安十九年，这件事情还是泄露出来了。曹操大怒，追逼献帝废掉皇后，他伪造废后的策书说："皇后伏寿，出身卑贱，却登上了至为显赫尊贵之位，从进入后宫至今，已有二十四年了。她既无太任、太姒那样的美名，又缺少修身养性的福分，私下怀藏着嫉贤害能的祸心，不能上承天命，敬奉祖宗。现在命令御史大夫郗虑带着符节、策书，收缴皇后的印章绶带，皇后必须退离中宫，迁到其他地方去。唉！真令人感伤啊！伏寿自取其咎，没有依法处置她，已是她的大幸了。"曹操还派了尚书令华歆作郗虑的副手，带兵入宫捉拿皇后，皇后紧闭房门藏在夹壁中，华歆过去把她拉了出来。当时献帝正在外殿，招呼郗虑就座，皇后披头散发，赤脚经过献帝身旁，痛哭诀别说："不能救我一命吗？"献帝说："我自己也不知能活到哪一天！"又回头对郗虑说："郗公，天下竟有这样的事情吗？"伏皇后于是被关入暴室，幽禁而死，她所生的两个儿子，都被毒死，伏皇后在位二十年，兄弟及同宗族有百余人被杀，母亲盈等十九人被放逐到涿郡。

刘玄列传

刘玄（？—25），史称"更始皇帝"，王莽末年凭借绿林兵和平林兵的势力，夺取了业已破败的王莽政权，登上了帝位。毫无治国才能的更始帝只知纵情酒色，和属下一同胡作非为，致使政事混乱，叛兵四起，民不聊生，不出三年便将国家政权拱手让于赤眉军，自己也最终惨遭缢杀，成为一个无法承担历史重托的匆匆过客。

刘玄字圣公，光武族兄也。弟为人所杀，圣公结客欲报之。客犯法，圣公避吏于平林。吏系圣公父子张。圣公诈死，使人持丧归舂陵①，吏乃出子张，圣公因自逃匿。

【注释】

①持丧：护丧，服丧。

【译文】

刘玄字圣公，是光武帝的同族兄长。因为弟弟被人所杀，他便结交宾客准备为弟弟报仇。宾客犯了法，刘玄为了躲避官吏的追捕，逃到了平林。官吏逮捕了他的父亲刘子张。刘玄装死，让人运着灵柩回到舂陵，官吏就放了刘子张，刘玄从此就逃亡了。

王莽末，南方饥馑，人庶群入野泽，掘凫茈而食之①，更相侵夺。新市人王匡、王凤为平理诤讼，遂推为渠帅，众数百人。于是诸亡命马武、王常、成丹等往从之；共攻离乡聚②，臧于绿林中③，数月间至七八千人。地皇二年，荆州牧某发奔命二万人攻之，匡等相率迎击于云杜，大破牧军，杀数千人，尽获辎重，遂攻拔竟陵。转击云杜、安陆，多略妇女，还入绿林中，至有五万余口，州郡不能制。

【注释】

①凫茈（fúcí）：即荸荠。

②聚：村落。

③臧（cáng）：同"藏"，隐藏。绿（lù）林：绿林山，
在今湖北当阳东北。

【译文】

王莽末年，南方闹饥荒，人们成群结队地跑到野外的沼泽地，挖些荸荠充饥，甚至互相抢夺。新市人王匡、王凤经常为他们平理调解，被推为首领，跟从的群众有数百人。于是一些逃亡在外的人，像马武、王常、成丹等人都前往投奔，一同攻打离乡聚，并隐藏在绿林山中，数月间队伍壮大到七八千人。王莽地皇二年，荆州牧某人派两万"奔命兵"攻打他们，王匡等人共同率兵在云杜迎击，大破荆州牧的军队，杀死了数千人，缴获敌军全部军需装备，于是攻下了竟陵。他们转而攻击云杜、安陆，抢掠了许多妇女，返回绿林山中，至此有了五万多人，州郡已无法控制他们。

三年，大疾疫，死者且半，乃各分散引去。王常、成丹西入南郡，号下江兵；王匡、王凤、马武及其支党朱鲔、张卬等北入南阳①，号新市兵；皆自称将军。七月，匡等进攻随，未能下。平林人陈牧、廖湛复聚众千余人，号平林兵，以应之。圣公因往从牧等，为其军安集掾②。

【注释】

①支党：党羽。

②安集掾（yuàn）：负责安集军队的僚属。掾，官府中辅佐官吏的通称。

【译文】

地皇三年，发生大瘟疫，绿林山中的人死亡近半，队伍便各自分散离去。王常、成丹西下进入南郡，号称"下江兵"；王匡、王凤、马武及其党羽朱鲔、张卬等向北进驻南阳，号称"新市兵"；他们都自称将军。七月，王匡等进攻随县，未能攻下。平林人陈牧、廖湛又聚集千余人，号称"平林兵"，前来响应王匡部队。刘玄便投奔陈牧等人，在军中担任安集掾的职务。

是时，光武及兄伯升亦起春陵，与诸部合兵而进。四年正月，破王莽前队大夫甄阜、属正梁丘赐，斩之，号圣公为更始将军。众虽多而无所统一，诸将遂共议立更始为天子。二月辛巳，设坛场于淯水上沙中，陈兵大会。更始即帝位，南面立，朝群臣。素懦弱，羞愧流汗，举手不能言。于是大赦天下，建元曰更始元年。悉拜置诸将，以族父良为国三老①，王匡为定国上公②，王凤成国上公，朱鲔大司马，伯升大司徒，陈牧大司空，余皆九卿、将军③。五月，伯升拔宛。六月，更始入都宛城，尽封宗室及诸将，为列侯者百余人。

【注释】

①国三老：依古礼选出的德高望重者，地位尊崇，但
　非实职，多由致仕三公担任。

②上公：即太傅。

③九卿：古代中央政府九个重要高级官职。

【译文】

与此同时，光武帝及兄长刘伯升也在春陵起兵，和各支起义部队合力进击。地皇四年正月，攻破了王莽前队大夫甄阜、属正梁丘赐所率部队，并杀了他们，刘玄被推为更始将军。起义部队虽人马众多却没有统一领导，将军们就一同商议拥立刘玄为天子。二月辛巳日，在淯水的沙滩上设立坛场，大会兵马。刘玄登上帝位，向南而立，朝见群臣。刘玄历来性格懦弱，羞愧得汗流浃背，举着手却连话都说不出来。之后就大赦天下，建元为更始元年。诸位将领全都封了官爵，以族叔刘良为国三老，王匡为定国上公，王凤为成国上公，朱鲔为大司马，刘伯升为大司徒，陈牧为大司空，其余的都封为九卿或将军。五月，刘伯升攻下宛城。六月，更始帝进入宛城建都，同宗及众位将领都一一封给爵位，封为列侯的就有一百多人。

更始忌伯升威名，遂诛之，以光禄勋刘赐为大司徒。前钟武侯刘望起兵，略有汝南。时王莽纳言将军严尤、秩宗将军陈茂既败于昆阳，往归之。八月，望遂自立为天子，以尤为大司马、茂为丞相。王莽使太师王匡、国将哀章守洛阳①。更始遣定国

上公王匡攻洛阳，西屏大将军申屠建、丞相司值李松攻武关，三辅震动。是时海内豪桀翕然响应^②，皆杀其牧守，自称将军，用汉年号，以待诏命，旬月之间，遍于天下。

【注释】

①国将：王莽所置官职，位于三公上，四辅之一。

②豪桀：豪杰，指才能杰出的人。翕然：一致的样子。

【译文】

　　更始帝忌妒刘伯升的威望名声，就杀了他，改任光禄勋刘赐为大司徒。前汉的钟武侯刘望也带兵起义，攻占了汝南。这时王莽的纳言将军严尤、秩宗将军陈茂在昆阳一战惨败，归附刘望。八月，刘望自立为天子，以严尤为大司马，陈茂为丞相。王莽派太师王匡、国将哀章坚守洛阳。更始帝派定国上公王匡攻打洛阳，西屏大将军申屠建、丞相司直李松攻打武关，整个三辅地区都为之震动。这时，海内豪杰一致起兵响应，都杀掉州郡的长官，自封为将军，沿用更始的年号，等待着皇帝的诏命，不到一个月的时间，更始帝的支持者遍布全国。

　　长安中起兵攻未央宫。九月，东海人公宾就斩王莽于渐台^①，收玺绶，传首诣宛。更始时在便坐黄堂^②，取视之，喜曰："莽不如是，当与霍光等^③。"宠姬韩夫人笑曰："若不如是，帝焉得之乎？"更始悦，乃悬莽首于宛城市。是月，拔洛阳，生缚王匡、哀章，至，皆斩之。十月，使奋威大将军刘信击杀刘望于汝南，并诛严尤、陈茂。更始遂北都洛阳，以刘赐为丞相。申屠建、李松自长安传送乘舆服御，又遣中黄门从官奉迎迁都④。二年二月，更始自洛阳而西。初发，李松奉引，马惊奔，触北宫铁柱门，三马皆死。

【译文】

长安城中起义兵也攻打了未央宫。九月，东海人公宾就在渐台杀了王莽，收缴了玉玺绶带，把王莽的首级送到了宛城。更始帝那时正在便殿闲坐，拿过首级一看，高兴地说："王莽如果没有篡夺大汉政权，功勋应该和霍光一样。"宠姬韩夫人笑着说："他若不这样，您又怎能得到这个位置？"更始帝非常高兴，就把王莽的首级悬挂在宛城的市场上。当月，攻下洛阳，活捉王匡、哀章，送到宛城，将他们全部斩首。十月，派奋威大将军刘信到汝南击杀刘望，并杀了严尤、陈茂。于是更始帝北上定都洛阳，任命刘赐为丞相。申屠建、李松从长安送来皇帝的车驾与服饰器物，又派中黄门的官员恭迎更始迁都。更始二年二月，更始帝从洛阳西迁。临出发，李松为更始帝导引车马，马受惊狂奔，撞到了北宫门的铁柱上，三匹马都撞死了。

初，王莽败，唯未央宫被焚而已，其余宫馆一无所毁。宫女数千，备列后庭，自钟鼓、帷帐、舆辇、器服、太仓、武库、官府、市里①，不改于旧。更始既至，居长乐宫，升前殿，郎吏以次列庭中。更始羞怍②，俯首刮席不敢视。诸将后至者，更始问虏掠得几何，左右侍官皆宫省久吏，各惊相视。

【注释】

①太仓：古代京师储谷的大仓。武库：储藏兵器的仓库，亦泛指藏器物的仓库。

②羞怍（zuò）：羞愧。怍，羞惭。

【译文】

当初，王莽被打败时，只有未央宫被焚毁，其余的宫廷馆舍都完好无损。后宫里还留下数千名的宫女，从钟鼓、帷帐、车乘、器具、服饰，到太仓、武库、官府、街市、里巷，都和旧时一样。更始帝入宫后，在长乐宫起居，在前殿朝见百官，宫中的郎官属吏们在庭院里依次排列站立。

更始帝非常害羞，低着头用手刮着坐席不敢看他们。有几位将领迟到，更始帝问他们抢掠了多少东西，左右侍从官员都是宫中的老侍卫，都惊讶不已，面面相觑。

更始纳赵萌女为夫人，有宠，遂委政于萌，日夜与妇人饮宴后庭。群臣欲言事，辄醉不能见，时不得已，乃令侍中坐帷内与语。诸将识非更始声，出皆怨曰："成败未可知，遽自纵放若此！"韩夫人尤嗜酒，每侍饮，见常侍奏事，辄怒曰："帝方对我饮，正用此时持事来乎！"起，抵破书案①。赵萌专权，威福自己。郎吏有说萌放纵者，更始怒，拔剑击之。自是无复敢言。萌私忿侍中，引下斩之，更始救请，不从。时李轶、朱鲔擅命山东，王匡、张卬横暴三辅。其所授官爵者，皆群小贾竖，或有膳夫庖人，多着绣面衣、锦裤、襜褕、诸于②，骂詈道中。长安为之语曰："灶下养，中郎将。烂羊胃，骑都尉。烂羊头，关内侯。"

【注释】
①抵（zhǐ）：击。
②襜褕（chānyú）：古代一种较长的单衣，为男女通用的非正朝的服装。

【译文】
更始帝娶了赵萌的女儿作为夫人，十分宠爱她，于是就把朝政委托赵萌，日夜与女人在后庭饮酒作乐。群臣有事禀报，他都醉得无法接见，万不得已时，就让侍中坐在帷幕内和臣下对话。将军们听出不是他的声音，出来都埋怨说："成败还难以确定，就急着自我放纵到了这等地步！"韩夫人尤其爱喝酒，她侍奉皇帝喝酒时，看到常侍来奏事，就恼怒地说："皇上正与我对饮，一定要在这个时候禀告什么事情吗？"站起来，把桌面都砸破了。赵萌则独断专权，作威作福。官员中有人报告说赵萌放纵，更始帝很生气，拔出剑就把他杀了。从此再没人敢提及此事。赵萌和一名侍中结了私怨，要把侍中拉出去杀掉，更始帝请求放过侍中，赵萌不答应。这时，李轶、朱鲔在山东地区专权行事，王匡、张卬在三辅地区横行暴虐。更始帝所任用的官员，都是小人、商贩之流，还有厨子屠夫等人，大多穿着花大衣、花裤子、长罩衫，或是妇人穿的宽大上衣，在路上乱吵乱骂。长安城里有人编了歌谣说："灶下养，中郎将。烂羊胃，骑都尉。烂羊头，关内侯。"

军帅将军豫章李淑上书谏曰："方今贼寇始诛，王化未行，百官有司宜慎其任。夫三公上应台宿①，九卿下括河海②，故天工人其代之③。陛下定业，虽因下江、平林之执④，斯盖临时济用，不可施之既安。宜厘改制度⑤，更延英俊，因才授爵，以匡王国。今公卿大位莫非戎陈，尚书显官皆出庸伍⑥，资亭长、贼捕之用，而当辅佐纲维之任。唯名与器⑦，圣人所重。今以所重加非其人，望其毗益万分⑧，兴化致理，譬犹缘木求鱼，升山采珠。海内望此，有以窥度汉祚。臣非有憎疾以求进也⑨，但为陛下惜此举厝⑩。败材伤锦⑪，所宜至虑。惟割既往谬妄之失⑫，思隆周文济济之美⑬。"更始怒，系淑诏狱⑭。自是关中离心，四方怨叛。诸将出征，各自专置牧守，州郡交错，不知所从。

【注释】

①台宿：三台星。

②括：法，取法。

③天工：天的职任。

④执（shì）：通"势"，势力，力量。

⑤厘改：改革，改正。厘，改变，改正。

⑥庸伍：才识平庸之辈。

⑦名：名位，名号。器：古代标志名位爵号的器物。

⑧毗（pí）益：辅助，助益。毗，辅佐，帮助。

⑨憎疾：厌恶妒忌。

⑩举厝（cuò）：即"举措"，举动，措施。

⑪败材伤锦：比喻任用不称职的人会伤害国家。败材，把大木料砍小。典出《孟子·梁惠王下》。伤锦，用不会裁剪的人裁制就会糟蹋了美锦。典出《左传·襄公三十一年》。

⑫割：舍弃。谬妄：荒谬背理。

⑬隆：盛，兴盛。周文济济之美：周文王在众多贤士的辅助下安邦定国的美好景象。《诗经·大雅·文王》："济济多士，文王以宁。"济济，众多的样子。

⑭诏狱：监狱，拘禁皇帝亲自下令捉拿审理的人犯。

【译文】

军帅将军豫章人李淑上书劝谏说："现在乱贼寇匪刚刚除掉，王道教化还未推行，应谨慎任命百官僚属。三公上应天上的星宿，九卿下法江河湖海，所以人只是替天行事。陛下您立下伟业，虽然曾借助下江、平林兵的势力，但那只是一时之用，不可以在天下安定以后还继续施行。现在应该改革制度，招纳贤俊之才，将官位授予有才之人，才能匡正王国。而今公卿这样的高位没有一个不是由武将来担任，连尚书这样的显要官员也只是平庸之辈。这些人的才能只够得上当亭长，捉拿盗贼，却担负着辅佐朝纲国政的重任。圣人所注重的，是名位和器物。现在把这最重要的东西委托给不合适的人选，还指望他们对国家有助益，能够振兴教化、治理江山，这就像爬上树捉鱼，登上山采珍珠一样。天下的人看到这种情况，就难免要暗自图谋汉朝的天下了。我并非讨厌妒忌某些人，想要以此求得升官，只是对陛下的这些行为深感惋惜。任用不称职的人就会搞乱国家，这是最应该考虑的事情。希望能改正以往荒谬狂妄的过失，追求周文王在众多贤士的辅助下安邦定国的盛世美景。"更始帝大怒，把李淑关入监狱。从此关中人心背离，四方的人都怨恨背叛朝廷。将领们出征，各自委任州牧郡守，设立的州郡相互交错，百姓不知听从谁的指令。

十二月，赤眉西入关。

【译文】

十二月，赤眉军西向入关。

三年正月，平陵人方望立前孺子刘婴为天子①。初，望见更始政乱，度其必败，谓安陵人弓林等曰："前定安公婴，平帝之嗣，虽王莽篡夺，而尝为汉主。今皆云刘氏真人②，当更受命，欲共定大功，何如？"林等然之，乃于长安求得婴，将至临泾立之③。聚党数千人，望为丞相，林为大司马。更始遣李松与讨难将军苏茂等击破，皆斩之。又使苏茂拒赤眉于弘农，茂军败，死者千余人。

【注释】

①前孺子刘婴：宣帝玄孙。王莽毒死平帝后立他为帝，时年仅两岁，由王莽摄政，改年号为居摄，不久，王莽自称假皇帝（代理皇帝）。初始元年（8）十一月，王莽称帝，改国号为新，废黜刘婴，降封他为定安公，命令他闲居在长安，西汉灭亡。史称孺子婴。

②真人：指统一天下的真命天子。

③将：带领。

【译文】

更始三年正月，平陵人方望拥立前汉孺子刘婴为天子。方望看到更始帝政事混乱，料定他要失败，就对安陵人弓林等人说："从前的定安公刘婴，是平帝的后代，虽然被王莽篡夺了帝位，但也曾是大汉之主。现在世人都认为刘氏是真命天子，理应重受天命。我们一同来和他共立大业，怎样？"弓林等人表示赞同，他们就在长安找到了刘婴，把他带到临泾立为天子。他们聚集了数千人马，方望担任丞相，弓林任大司马。更始帝派李松和讨难将军苏茂等打败他们，并杀了他们。接着又派苏茂在弘农抗击赤眉军，结果苏茂部队大败，战死士兵达千余人。

三月，遣李松会朱鲔与赤眉战于菇乡①，松等大败，弃军走，死者三万余人。

【注释】
①菇（mǎo）乡：在今河南灵宝。
【译文】
三月，派遣李松与朱鲔在菇乡迎战赤眉，李松等又惨败，丢下军队逃跑了，死者达三万多人。

时王匡、张卬守河东，为邓禹所破，还奔长安。卬与诸将议曰："赤眉近在郑、华阴间①，旦暮且至。今独有长安，见灭不久②，不如勒兵掠城中以自富，转攻所在，东归南阳，收宛王等兵。事若不集③，复入湖池中为盗耳。"申屠建、廖湛等皆以为然，共入说更始。更始怒不应，莫敢复言。及赤眉立刘盆子，更始使王匡、陈牧、成丹、赵萌屯新丰，李松军掫④，以拒之。

【注释】

①郑：在今陕西华县东。

②见：被。

③集：成就，完成。

④掫（zōu）：掫城，在今陕西临潼东之鸿门亭。

【译文】

　　那时王匡、张卬镇守河东，被邓禹击败，逃回长安。张卬和将军们商议："赤眉军近在郑地和华阴之间，很快就会到达这里。现在只剩下长安了，估计不久也要被消灭；不如带兵抢掠城中物品，自己先富起来，再攻击沿途经过的地方，回到东面的南阳，夺取宛王等人的军队。事情如果不能成功，就再退回江湖当强盗算了。"申屠建、廖湛等都觉得他言之有理，一起前去说服更始帝。更始帝气得一言不发，没有谁敢再提及此事。等到赤眉军拥立刘盆子为天子，更始帝派王匡、陈牧、成丹、赵萌屯扎在新丰，李松在掫城驻军，抵抗赤眉军。

　　张卬、廖湛、胡殷、申屠建等与御史大夫隗嚣合谋，欲以立秋日貙膢时共劫更始①，俱成前计。侍中刘能卿知其谋，以告之。更始托病不出，召张卬等。卬等皆入，将悉诛之，唯隗嚣不至。更始狐疑，使卬等四人且待于外庐②。卬与湛、殷疑有变，遂突出③，独申屠建在，更始斩之。卬与湛、殷遂勒兵掠东西市。昏时，烧门入，战于宫中，更始大败。明旦，将妻子车骑百余，东奔赵萌于新丰。

【注释】

①貙膢（chūlú）：古代天子于立秋日射牲以祭宗庙之礼。又叫"貙刘"。貙，兽名。在立秋日祭兽，帝王也在此日出猎，用祭宗庙。膢，古代祭名，冀州八月尝新叫"膢"。

②庐：古代官员值宿所居的房舍。

③突出：冲出。

【译文】

张卬、廖湛、胡殷、申屠建等人与御史大夫隗嚣合谋，要在立秋日祭祀之时一起劫持更始帝，共同完成原先的计划。侍中刘能卿得知了他们的计谋，把这件事告诉更始帝。更始假装有病不去祭祀，在宫中召见张卬等人。张卬等人一齐入宫，更始帝准备把他们全部杀掉，只是隗嚣还没到。更始帝心存疑虑，就让张卬等四人先到宫廷外值宿的房舍等候。张卬和廖湛、胡殷怀疑事情有变，于是冲出皇宫，只有申屠建一人留下来，更始把他杀了。张卬和廖湛、胡殷于是带兵抢掠了东西市场。黄昏时，烧掉宫门，冲入皇宫，与宫内警卫混战，更始帝惨败。第二天一早，更始帝带着妻室儿女等一百多辆车子，向东逃到新丰投奔赵萌。

更始复疑王匡、陈牧、成丹与张卬等同谋，乃并召入。牧、丹先至，即斩之。王匡惧，将兵入长安，与张卬等合。李松还从更始，与赵萌共攻匡、卬于城内。连战月余，匡等败走，更始徙居长信宫。赤眉至高陵，匡等迎降之，遂共连兵而进。更始守城，使李松出战，败，死者二千余人，赤眉生得松。时松弟汜为城门校尉，赤眉使使谓之曰："开城门，活汝兄。"汜即开门。九月，赤眉入城。更始单骑走，从厨城门出，诸妇女从后连呼曰："陛下，当下谢城！"更始即下拜，复上马去。

【译文】

　　更始帝又怀疑王匡、陈牧、成丹与张卬等同谋，就召他们一同进宫。陈牧、成丹先到，更始帝马上杀了他们。王匡很害怕，带兵进入长安与张卬等会合。李松又回到了更始帝身边，与赵萌一起攻打城内的王匡、张卬。一直打了一个多月，王匡等人战败而逃，更始又搬回长信宫居住。赤眉军到达高陵，王匡等归降他们，于是共同联合兵力挺进长安。更始帝死守城中，派李松出城迎战，战败，死了两千多人，赤眉军活捉了李松。当时李松的弟弟李汜任守城门的校尉，赤眉军派使者对他说："你把城门打开，就不杀你哥哥。"李汜把门打开了。九月，赤眉军攻入长安城内。更始帝单人匹马从厨城门逃走，妇女们跟在后面连声大叫："陛下，要下马拜谢城池！"更始下马拜了拜，又上马逃跑了。

　　初，侍中刘恭以赤眉立其弟盆子，自系诏狱①；闻更始败，乃出，步从至高陵，止传舍。右辅都尉严本恐失更始为赤眉所诛，将兵在外，号为屯卫而实囚之。赤眉下书曰："圣公降者，封长沙王。过二十日，勿受。"更始遣刘恭请降，赤眉使其将谢禄往受之。十月，更始遂随禄肉袒诣长乐宫②，上玺绶于盆子。赤眉坐更始③，置庭中，将杀之。刘恭、谢禄为请，不能得，遂引更始出。刘恭追呼曰："臣诚力极，请得先死。"拔剑欲自刭，赤眉帅樊崇等遽共救止之，乃赦更始，封为畏威侯。刘恭复为固请，竟得封长沙王。更始常依谢禄居，刘恭亦拥护之④。

【注释】

①诏狱：主要是指九卿、郡守一级的二千石高官有罪，需皇帝下诏书始能系狱的案子。就是由皇帝直接掌管的监狱，意为此监狱的罪犯都是由皇帝亲自下诏书定罪。

②肉袒：古人在祭祀或请罪时裸露上身以表恭敬或惶恐。

③坐：判罪。

④拥护：跟随卫护。

【译文】

当初，侍中刘恭因赤眉军拥立他的弟弟刘盆子为天子，自己主动进了诏狱；听说更始帝败亡，就出了狱，徒步跟着更始帝到了高陵，住在驿站里。右辅都尉严本害怕更始帝逃掉自己要被赤眉军杀死，就带兵包围在旅馆外，名为驻扎守卫，实为囚禁他。赤眉军送信说："刘圣公如果投降，将封他为长沙王。二十日之后，就不接受投降。"更始帝派刘恭去请求投降，赤眉军派他们的将军谢禄前往受降。十月，更始帝打着赤膊随谢禄来到长乐宫投降，把玉玺绶带交给刘盆子。赤眉军判更始帝有罪，把他安置在庭院中，准备杀死他。刘恭、谢禄为他求情，却得不到允许，还是把更始帝拉了出去。刘恭边追边喊道："我已尽了全力，就让我先死吧！"说着拔出剑就要自刎。赤眉军帅樊崇等急忙制止了他，于是赦免了更始帝，封他为畏威侯。刘恭又为他一再求情，最后被封为长沙王。更始帝常依附谢禄居住，刘恭也跟随卫护着他。

三辅苦赤眉暴虐^①，皆怜更始，而张卬等以为虑，谓禄曰："今诸营长多欲篡圣公者^②。一旦失之，合兵攻公，自灭之道也。"于是禄使从兵与更始共牧马于郊下^③，因令缢杀之。刘恭夜往收臧其尸^④。光武闻而伤焉。诏大司徒邓禹葬之于霸陵。

【注释】
①苦：怨恨，嫌怨。
②篡：用强力夺取。
③从兵：亲随的兵卒。
④臧：通"葬"，埋葬。

【译文】
三辅地区人民怨恨赤眉军的残暴，都同情更始帝，张卬等人心有顾虑，对谢禄说："现在许多军队的将领都想抢夺刘圣公。大家一时得不到他，就会联合起来攻打您，您就自取灭亡了。"于是谢禄派亲兵和更始帝一起到郊外放马，暗中命令他们绞死了更始帝。刘恭连夜埋葬了他的尸体。光武帝得知此事非常伤心，下诏让大司马邓禹把他安葬在霸陵。

论曰："周武王观兵孟津①，退而还师，以为纣未可伐，斯时有未至者也。汉起，驱轻黠乌合之众②，不当天下万分之一，而旌旆之所㧑及③，书文之所通被④，莫不折戈顿颡⑤，争受职命。非唯汉人余思，固亦几运之会也⑥。夫为权首⑦，鲜或不及。陈、项且犹未兴，况庸庸者乎！"

【注释】

①观兵：检阅军队，显示兵力。

②轻黠：轻锐狡黠。

③旌旆（zhān）：泛指旗帜。旆，旗帜。㧑（huī）：同"麾"。

④通被：指传达所及。

⑤顿颡（sǎng）：屈膝下拜，以额角触地。多表示请罪或投降。颡，额头。

⑥几运：时机气运。

⑦权首：主谋，首先起事的人。

【译文】

史官评论说："周武王在孟津检阅军队后，又撤兵还师，认为纣王还不能攻伐，这是因为时机尚未成熟。汉朝要复兴，驱使着轻锐狡诈的乌合之众，虽人数还不到天下的万分之一，但旌旗飘过之地，文书所到之处，无不放下武器俯首归命，争相接受职务任命。不仅仅是因为身为汉朝人还有对汉室剩余的思念，这原本也是因为机会和运气一起到来的缘故。带头的人，很少有不惹祸上身的。陈胜、项羽都未能成就大业，何况是平庸之辈呢！"

刘盆子列传

　　《刘盆子列传》叙写了刘盆子被赤眉军推上帝座，又最终被光武帝征服的一生。记录了赤眉军发展壮大、显赫一时，又走向衰败没落的过程。刘盆子本是个放牛娃，只因他有刘家的血统，就哭哭啼啼地被人推上了帝座。赤眉军这支农民起义军，虽然有过雄厚的群众基础，曾有号称百万大军的辉煌历史，但他们只知造反，却没有明确的计划与目标，缺乏收复天下的宏伟战略，最终成为四处抢掠的"贼人"。

刘盆子者，太山式人，城阳景王章之后也。祖父宪，元帝时封为式侯，父萌嗣。王莽篡位，国除，因为式人焉。

【译文】

刘盆子，太山郡式县人，是城阳景王刘章的后代。他的祖父刘宪，在元帝时被封为式侯，父亲刘萌继承了爵位。王莽篡夺了王位后，封国被取消，刘盆子就成了式县人了。

天凤元年，琅邪海曲有吕母者，子为县吏，犯小罪，宰论杀之①。吕母怨宰，密聚客，规以报仇。母家素丰，资产数百万，乃益酿醇酒，买刀剑衣服。少年来酤者，皆赊与之，视其乏者，辄假衣裳，不问多少。数年，财用稍尽，少年欲相与偿之。吕母垂泣曰："所以厚诸君者，非欲求利，徒以县宰不道，枉杀吾子，欲为报怨耳。诸君宁肯哀之乎②！"少年壮其意，又素受恩，皆许诺。其中勇士自号猛虎，遂相聚得数十百人，因与吕母入海中，招合亡命③，众至数千。吕母自称将军，引兵还攻破海曲，执县宰。诸吏叩头为宰请。母曰："吾子犯小罪，不当死，而为宰所杀。杀人当死，又何请乎？"遂斩之，以其首祭子冢，复还海中。

【注释】

①论杀：判处死刑。

②宁肯：难道不肯。

③亡命：指逃亡他乡而失去名籍的人。

【译文】

王莽天凤元年，琅邪郡海曲县有个姓吕的老妇，她的儿子作县吏，犯了小罪，县宰判死罪杀了他。吕母怨恨县宰，秘密聚集宾客，谋划为儿子报仇。吕母家一直比较富裕，拥有数百万资产，就酿制了许多的好酒，购置刀剑和衣物。年青人来买酒，都让他们赊账，把酒送给他们，看到其中穷困的人，就借给他们衣物，从不问多少。几年之后，她的财物慢慢耗光了，年青人都争相偿还债务。吕母流着泪说："我所以要厚待你们，不是要贪图什么好处，只是因为县宰胡作非为，枉杀了我的儿子，我想为他报仇罢了。你们难道不同情我吗？"年青人认为吕母的想法很豪壮，又一直受到吕母的厚待，都答应要为她报仇。其中的勇士自号猛虎，聚集了几十上百个人，和吕母一起来到海上，又召集亡命之徒，队伍壮大到数千人。吕母自称将军，带兵回去攻下海曲县，捉拿了县宰。官吏们叩头为县宰请求恕罪。吕母说："我儿子只犯下小罪，本不该送命，却被县宰杀死。杀人者应该偿命，你们又为他请求恕罪做什么？"于是就把县宰杀了，并把他的首级送到坟上祭奠儿子，又回到了海上。

后数岁，琅邪人樊崇起兵于莒，众百余人，转入太山，自号三老。时青、徐大饥，寇贼蜂起，众盗以崇勇猛，皆附之，一岁间至万余人。崇同郡人逢安、东海人徐宣、谢禄、杨音，各起兵，合数万人，复引从崇。共还攻莒，不能下，转掠至姑幕，因击王莽探汤侯田况，大破之，杀万余人，遂北入青州，所过虏掠，还至太山，留屯南城①。初，崇等以困穷为寇，无攻城徇地之计②。众既浸盛③，乃相与为约：杀人者死，伤人者偿创。以言辞为约束，无文书、旌旗、部曲、号令。其中最尊者号三老，次从事，次卒史，泛相称曰巨人。王莽遣平均公廉丹、太师王匡击之。崇等欲战，恐其众与莽兵乱，乃皆朱其眉以相识别，由是号曰赤眉。赤眉遂大破丹、匡军，杀万余人，追至无盐，廉丹战死，王匡走。崇又引其兵十余万，复还围莒，数月。或说崇曰："莒，父母之国④，奈何攻之？"乃解去。时吕母病死，其众分入赤眉、青犊、铜马中。赤眉遂寇东海，与王莽沂平大尹战⑤，败，死者数千人，乃引去，掠楚、沛、汝南、颍川，还入陈留，攻拔鲁城，转至濮阳。

【注释】

①南城：南城县，属东海郡。

②徇地：掠取土地。

③浸（jìn）：日益，更加。

④父母之国：父母之邦，老家。

⑤沂平大尹：即东海郡守。沂平，王莽改东海郡为沂平。大尹，即郡守。

【译文】

几年后，琅邪人樊崇在莒县起兵，共聚集了一百多人，转移到太山，自称三老。当时青州、徐州正闹着严重的饥荒，盗贼四起，因为樊崇勇猛，许多盗贼都依附他，一年之内聚集了一万多人。樊崇的同郡人逄安、东海人徐宣、谢禄、杨音，各自起兵，一共有几万人，都前来跟随樊崇。他们一同回头攻打莒县，攻城不下，就转而前去进攻姑幕县，顺势向王莽的探汤侯田况发起攻击，大败田况，杀死士兵一万多人，接着向北挺进青州，抢掠沿途经过的地方，回到了太山，驻扎在南城县。起初，樊崇等人只是因为穷困窘迫才去做盗匪的，并没有攻占城池掠取土地的计划。现在人马日渐壮大，就互相约定：杀人者偿命，打伤人要赔偿。只有口头的约束，而没有文书、旌旗、部曲、号令。其中最尊贵的人称为三老，接着是从事、卒史，普通人之间就互相称为巨人。王莽派出平均公廉丹、太师王匡攻打他们。樊崇等要和他们交战，又怕手下的人和王莽的士兵混在一起，就把他们的眉毛全部染红以示区别，因此称为赤眉军。赤眉军大败廉丹、王匡部队，杀敌万余人，追到无盐县，廉丹战死，王匡逃走。樊崇又带着十多万人，再次回头攻打莒县，打了几个月。有人劝樊崇说："莒县，是咱们老家，你怎么能攻打它呢？"樊崇听后就撤军了。那时吕母病死了，她手下的人分别归入赤眉、青犊、铜马几个部队之中。赤眉军于是侵扰东海，和王莽的沂平大尹交战，结果失败了，死了几千人，只得带兵离去，侵掠楚、沛、颍川各地，回到了陈留，攻下鲁城，又转战到了濮阳。

会更始都洛阳，遣使降崇。崇等闻汉室复兴，即留其兵，自将渠帅二十余人①，随使者至洛阳降更始，皆封为列侯。崇等既未有国邑，而留众稍有离叛，乃遂亡归其营，将兵入颍川，分其众为二部，崇与逢安为一部，徐宣、谢禄、杨音为一部。崇、安攻拔长社，南击宛，斩县令；而宣、禄等亦拔阳翟，引之梁，击杀河南太守。赤眉众虽数战胜，而疲敝厌兵②，皆日夜愁泣，思欲东归。崇等计议，虑众东向必散，不如西攻长安。更始二年冬，崇、安自武关，宣等从陆浑关，两道俱入。三年正月，俱至弘农，与更始诸将连战克胜，众遂大集③。乃分万人为一营，凡三十营，营置三老、从事各一人。进至华阴。

【注释】
①渠帅：首领。旧时统治者称武装反抗者的首领。
②疲敝：非常疲乏。
③克：战胜。
【译文】
　　更始帝这时已定都洛阳，派人来招降樊崇。樊崇等人听说汉室已经复兴，就留下士兵，自己带着二十多个首领，跟从使者到洛阳归降更始，全部被封为列侯。樊崇等人没有封邑，而留下的部队又有人叛离，就逃回了自己的军营，带兵进入颍川，将部队一分为二，樊崇和逢安带领一支部队，徐宣、谢禄、杨音统领另一支。樊崇、逢安攻下长社，向南攻击宛城，斩杀县令；而徐宣、谢禄等也攻下阳翟，带兵来到梁县，杀死了河南太守。赤眉军虽然数战告捷，但军士困顿疲惫厌恶作战，都日夜忧愁哭泣，想要回到东边的故里。樊崇等商议，考虑到队伍东撤回乡必定要解散，倒不如西向攻打长安。更始二年冬天，樊崇、逢安从武关出发，徐宣等从陆浑关出发，两路齐驱并进。更始三年正月，一起到了弘农县，和更始帝各将领的部队连续作战，大获全胜，壮大了队伍，统一了军心。于是就把一万人分为一个军营，共有三十个军营，每个军营设置三老、从事各一人。进而又挺进华阴。

军中常有齐巫鼓舞祠城阳景王，以求福助。巫狂言景王大怒①，曰："当为县官②，何故为贼？"有笑巫者辄病，军中惊动。时方望弟阳怨更始杀其兄，乃逆说崇等曰："更始荒乱，政令不行，故使将军得至于此。今将军拥百万之众，西向帝城，而无称号，名为群贼，不可以久。不如立宗室，挟义诛伐③。以此号令，谁敢不服？"崇等以为然，而巫言益盛。前及郑，乃相与议曰："今追近长安，而鬼神如此，当求刘氏共尊立之。"六月，遂立盆子为帝，自号建世元年。

【注释】

①狂言：妄诞放肆的话。

②县官：古时天子的别称。

③挟义：倚仗名义。

【译文】

军中时常有齐地的巫师击鼓起舞祭祀城阳景王，以此祈求得到福祉。巫师口出狂言，称景王大怒，说："应该做天子，为什么要做盗贼？"有人取笑巫师，结果都生了重病，军中为此惊恐骚动。当时方望的弟弟方阳怨恨更始帝杀了他的兄长，于是反过来游说樊崇等说："更始帝荒淫昏乱，政令不能施行，所以才使将军有机会发展到这个程度。现在将军您拥有百万的兵力，直逼西面的京城，却无称号，被称为一群贼寇，这不是长久之计。不如拥立刘氏宗室的后代，倚仗名义讨伐敌人。用这个来号令天下，谁敢不服？"樊崇等都赞同他的建议，而巫师的话也越传越盛。到了郑县，大家相互商议说："现在迫近长安，而鬼神也如此指示我们，应当找个刘氏的后代，大家一同拥立他为天子。"六月，就拥立刘盆子为皇帝，自立国号称建世元年。

初，赤眉过式，掠盆子及二兄恭、茂，皆在军中。恭少习《尚书》，略通大义。及随崇等降更始，即封为式侯。以明经数言事，拜侍中，从更始在长安。盆子与茂留军中，属右校卒史刘侠卿，主刍牧牛①，号曰牛吏。及崇等欲立帝，求军中景王后者，得七十余人，唯盆子与茂及前西安侯刘孝最为近属。崇等议曰："闻古天子将兵称上将军。"乃书札为符曰"上将军"②，又以两空札置笥中③，遂于郑北设坛场，祠城阳景王。诸三老、从事皆大会陛下④，列盆子等三人居中立，以年次探札。盆子最幼，后探得符，诸将乃皆称臣拜。盆子时年十五，被发徒跣，敝衣赭汗⑤，见众拜，恐畏欲啼。茂谓曰："善藏符。"盆子即啮折弃之，复还依侠卿。侠卿为制绛单衣、半头赤帻、直綦履⑥，乘轩车大马，赤屏泥⑦，绛襜络⑧，而犹从牧儿遨。

【注释】

①刍（chú）：割草。

②札：古代书写用的小而薄的木片。

③笥（sì）：盛饭食或衣服的方形竹器。

④陛下：帝王宫殿的台阶之下。

⑤赭汗：面红流汗。赭，因羞愧而脸红。

⑥单（chán）衣：仅次于朝服的盛服。半头赤帻（zé）：红色的空顶帻。半头帻，空顶帻，古时一种空顶的童冠。帻，冠。直綦（qí）履：装饰有直线花纹的鞋子。綦，鞋子的花纹。

⑦屏泥：车轼前的装饰。亦用以遮挡泥土。

⑧襜（chān）络：装饰着交叉缠丝的车帷。襜，车帷。

【译文】

当初，赤眉军经过式县，抢掠了刘盆子以及他的两个兄长刘恭、刘茂，都安置在军中。刘恭从小学习《尚书》，通晓其中的大义。他跟随樊崇等投降更始帝，被封为式侯。因为精通经书多次进言论事，被封为侍中，在长安侍奉更始帝。刘盆子与刘茂留在军中，隶属于右校卒史刘侠卿，负责割草牧牛，被称为牛吏。到了樊崇想要拥立皇帝时，在军中寻找景王的后代，找到七十多人，只有刘盆子、刘茂以及前西安侯刘孝是最近的后裔。樊崇等商议说："听说古代天子带兵时称为上将军。"就在竹简上写上"上将军"作为符书，又拿了两个空竹简放在竹筐里，然后在郑县的城北设置坛场，祭祀城阳景王。所有的三老、从事都会合在台阶下，让刘盆子等三个人站在中间，按年纪长幼顺序抽取竹简。刘盆子最小，最后拿到了符书，将领们都向他称臣跪拜。刘盆子当时只有十五岁，披头散发，光着两只脚，穿着破衣服，涨红了脸，满头大汗，看到大家都向他跪拜，吓得快要哭出来。刘茂对他说："好好保管符书。"刘盆子随即将符书咬破，胡乱折叠，然后扔掉，还是回去依傍刘侠卿。刘侠卿为他缝制红色禅衣、红色空顶头巾，刺上直线花纹的鞋子，让他乘坐高车大马，车轼前装饰着红色屏泥，车上挂着红色有交叉络丝的帘子，但刘盆子还是跟着牧童们一起嬉戏。

崇虽起勇力而为众所宗，然不知书数①。徐宣故县狱吏，能通《易经》。遂共推宣为丞相、崇御史大夫、逄安左大司马、谢禄右大司马，自杨音以下皆为列卿②。

【注释】

① 书数：六艺中的六书、九数之学。此指识字、算数。

② 列卿：指身居九卿之列。

【译文】

樊崇虽然因为勇猛有力被大家奉为首领，但他不识字，不会算数。徐宣原来曾是县里的狱吏，通晓《易经》。所以大家就一起推举徐宣为丞相，樊崇为御史大夫，逢安为左大司马，谢禄为右大司马，自杨音以下的人都任命为九卿。

军及高陵，与更始叛将张卬等连和，遂攻东都门，入长安城，更始来降。

【译文】

赤眉军到了高陵，与更始帝的叛将张卬等联合，于是攻打东都门，进入长安城，更始帝投降。

盆子居长乐宫，诸将日会论功，争言讙呼①，拔剑击柱，不能相一。三辅郡县营长遣使贡献，兵士辄剽夺之②。又数虏暴吏民③，百姓保壁④，由是皆复固守。至腊日⑤，崇等乃设乐大会，盆子坐正殿，中黄门持兵在后，公卿皆列坐殿上。酒未行，其中一人出刀笔书谒欲贺⑥，其余不知书者起请之，各各屯聚⑦，更相背向。大司农杨音按剑骂曰："诸卿皆老佣也⑧！今日设君臣之礼，反更都乱⑨，儿戏尚不如此，皆可格杀⑩！"更相辩斗，而兵众遂各逾宫斩关⑪，入掠酒肉，互相杀伤。卫尉诸葛稺闻之，勒兵入，格杀百余人，乃定。盆子惶恐，日夜啼泣，独与中黄门共卧起，唯得上观阁而不闻外事。

【注释】

①譁（huān）呼：喧哗呼叫。譁，喧哗。

②剽夺：掳掠。

③虏暴：掳掠施暴。虏，通"掳"。

④保壁：保守壁垒。

⑤腊日：古时腊祭之日。腊，腊祭，岁终的祭祀。

⑥刀笔：古代书写的两种工具。旧时用笔把字写在竹简上，写错了用刀削除。谒：名刺，名帖。

⑦屯聚：聚集。

⑧老佣：年老的奴仆，常用为詈词。

⑨翻乱：混乱。

⑩格杀：击杀，杀死。

⑪逾宫：越过宫墙。斩关：砍断门闩。

【译文】

刘盆子住进长乐宫，将领们天天聚在一起争论战功，经常高声喧哗，拔出剑来砍柱子，难以有一致的意见。三辅地区的郡县长官派人来进贡财物，士兵就都来抢夺。他们还经常抢掠强暴官民，于是百姓关紧门户，坚守各自的壁垒。到了腊祭之日，樊崇等设置礼乐大会百官，刘盆子坐在正殿之上，中黄门手持兵器站在后面，公卿都列坐在殿上。酒宴还未开席，其中有一个人拿出刀笔写帖子以表庆贺，其他不会写字的人就都站起来请人代写，他们各自聚在一起，甚至背对刘盆子。大司农杨音按着剑大骂说：

"各位公卿都是老奴才！今天行的是君臣间重要的礼节，却搞得如此混乱，儿戏都不能这样，都该杀掉！"大家又互相争辩打斗，而士兵纷纷越过宫墙砍断门锁，冲进来抢夺酒肉，许多人都被刺伤了。卫尉诸葛穉听到这件事，带兵入宫，杀了一百多人，才使大家安定下来。刘盆子十分惊恐，日夜哭泣，只愿单独和中黄门一同起居，藏身于楼阁之中而不再过问外面的事情。

时掖庭中宫女犹有数百千人①，自更始败后，幽闭殿内，掘庭中芦菔根②，捕池鱼而食之，死者因相埋于宫中。有故祠甘泉乐人，尚共击鼓歌舞，衣服鲜明，见盆子叩头言饥。盆子使中黄门禀之米③，人数斗。后盆子去，皆饿死不出。

【注释】

①掖庭：宫中旁舍，宫女居住的地方。由掖廷令管理。

②芦菔（fú）：萝卜。

③禀：赐人以谷。

【译文】

当时后宫中还有上千名宫女，自从更始帝败亡之后，就被禁闭在宫中，挖宫中的萝卜根，捕捉池塘中的小鱼充饥，死去的人只能就地埋在宫中。还有过去为甘泉宫祭祀的乐人，还在一起击鼓唱歌跳舞，穿着明丽的衣服，看见盆子就磕头说肚子饿。刘盆子派中黄门送给他们每人几斗米。刘盆子离开后，他们就都饿死在宫里了。

刘恭见赤眉众乱，知其必败，自恐兄弟俱祸，密教盆子归玺绶，习为辞让之言。建武二年正月朔①，崇等大会，刘恭先曰：“诸君共立恭弟为帝，德诚深厚。立且一年，肴乱日甚②，诚不足以相成。恐死而无所益，愿得退为庶人，更求贤知，唯诸君省察。”崇等谢曰：“此皆崇等罪也。”恭复固请。或曰：“此宁式侯事邪！”恭惶恐起去。盆子乃下床解玺绶，叩头曰：“今设置县官而为贼如故③。吏人贡献，辄见剽劫，流闻四方，莫不怨恨，不复信向。此皆立非其人所致，愿乞骸骨④，避贤圣。必欲杀盆子以塞责者，无所离死⑤。诚冀诸君肯哀怜之耳！”因涕泣嘘唏。崇等及会者数百人，莫不哀怜之，乃皆避席顿首曰：“臣无状，负陛下。请自今已后，不敢复放纵。”因共抱持盆子，带以玺绶。盆子号呼不得已。既罢出，各闭营自守，三辅翕然⑥，称天子聪明。百姓争还长安，市里且满。

【注释】

①正月朔：农历正月初一。

②肴（xiáo）乱：纷乱。肴，通"殽"，混乱。

③县官：朝廷。西汉时常用以称政府或皇帝。

④乞骸骨：古代官吏自请退职，意谓使骸骨得以归葬故乡。

⑤离：避。

⑥翕然：安宁。

【译文】

刘恭看到赤眉军的混乱，知道他们必将失败，担心兄弟们要一起惹上灾祸，就偷偷地教刘盆子交还玺绶，学会辞让。建武二年正月初一，樊崇等举行大集会，刘恭先说："各位一同拥立我的弟弟为皇帝，德行实在深厚。立为皇帝已经一年了，但政事却一天比一天混乱，可知他实在没有能力帮助大家成就大业。恐怕至死也不会做出什么贡献，希望能退位做个普通的百姓，请你们重新寻找贤能智慧的人，希望各位好好考虑这件事情。"樊崇等谢罪说："这都是我等的罪过啊。"刘恭又坚决请求。有人说："这难道是你式侯该管的事吗？"刘恭惊恐不安，只得离去。刘盆子就从坐榻上下来，解下玺绶，叩头说："如今设置了天子但还是像过去一样做盗贼的事情。官员进贡物品，每次都被抢劫，事情传到各地去，没有人不抱怨怀恨的，不愿意再信任拥戴我们了。这都是因为你们拥立了不合适的人所致，希望让我保存自己的一把骨头，让位给圣贤之人。如果一定要把我杀了来追究罪责的话，我也无所逃避。真诚地希望各位能够哀怜我！"说完就涕泪交加，嘘唏不止。樊崇及在座的几百个人，没有人不同情他的，都离开坐席磕头说："臣等不守规矩，辜负了陛下。从今以后，我们保证不再放纵。"于是就一起抱着盆子，给他带上了玺绶。刘盆子号啕大哭，迫不得已地接受了。大家出宫后，各自坚守军营，三辅地区安然无事，都称道天子圣明。百姓争相回到长安，市场街里又拥挤起来。

后二十余日，赤眉贪财物，复出大掠。城中粮食尽，遂收载珍宝，因大纵火烧宫室，引兵而西。过祠南郊，车甲兵马最为猛盛，众号百万。盆子乘王车①，驾三马，从数百骑。乃自南山转掠城邑，与更始将军严春战于郿，破春，杀之，遂入安定、北地。至阳城、番须中，逢大雪，坑谷皆满，士多冻死，乃复还，发掘诸陵，取其宝货，遂污辱吕后尸，凡贼所发，有玉匣殓者率皆如生②，故赤眉得多行淫秽。大司徒邓禹时在长安，遣兵击之于郁夷，反为所败，禹乃出之云阳。九月，赤眉复入长安，止桂宫。

【注释】

①王车：各诸侯王乘坐的车。

②玉匣：即金缕玉衣。汉代帝王葬饰，亦以赐大臣，以示优礼。

【译文】

过了二十几天，赤眉军贪图财物，又出来大肆抢掠。城中的粮食吃光了，就收罗珍宝，装载上车，放大火烧了宫殿房屋，带着兵马向西进发。经过南郊时，祭祀天地，战车衣甲兵马最为强盛，号称有百万军马。刘盆子乘坐着三匹马拉的王车，后面跟着几百个骑兵。他们从南山开始，辗转抢掠城邑，和更始帝的将军严春在郿县交战，打败严春，并杀了他，接着就进入安定、北地两郡。到了阳城、番须两地，遭遇大雪，坑洼山谷全被冰雪填满，很多士兵都冻死了，他们就又回头，挖掘王陵，偷取其中的财宝，甚至玷污了吕后的尸体。这些贼军挖掘出用金缕玉衣装殓的死者，都还像活人一样，赤眉军就干了许多淫秽的事情。大司徒邓禹当时在长安，派兵在郁夷县攻击他们，反而被他们打败了，邓禹就离开长安到了云阳。九月，赤眉军又进入长安，住在桂宫。

时，汉中贼延岑出散关，屯杜陵，逢安将十余万人击之。邓禹以逢安精兵在外，唯盆子与羸弱居城中，乃自往攻之。会谢禄救至，夜战槁街中，禹兵败走。延岑及更始将军李宝合兵数万人，与逢安战于杜陵。岑等大败，死者万余人，宝遂降安，而延岑收散卒走。宝乃密使人谓岑曰："子努力还战，吾当于内反之，表里合势，可大破也。"岑即还挑战，安等空营击之，宝从后悉拔赤眉旌帜，更立己幡旗。安等战疲还营，见旗帜皆白，大惊乱走，自投川谷①，死者十余万，逢安与数千人脱归长安。时三辅大饥，人相食，城郭皆空，白骨蔽野，遗人往往聚为营保②，各坚守不下。赤眉虏掠无所得，十二月，乃引而东归，众尚二十余万，随道复散。

【注释】

①川谷：河谷。

②营保：即营堡，堡垒。

【译文】

　　那时，汉中乱贼延岑从散关出发，驻扎在杜陵，逢安率领十几万的人马前去攻击。邓禹看到逢安带着精兵在外征战，只有刘盆子和一些羸弱之兵留在长安城中，就亲自带兵前去攻打。恰好遇上谢禄的救兵赶到，连夜在长安城内棄街中交战，邓禹部队战败逃跑。延岑和更始帝的将军李宝联合，共有数万兵马，和逢安在杜陵交战。延岑等大败，死了一万多人，李宝就投降了逢安，而延岑聚集散兵败将逃跑了。李宝秘密派人对延岑说："你努力还击，我会在逢安军内反叛，里应外合，必可大败逢安。"延岑马上回师挑战，逢安等全军出动回击，李宝在后将赤眉的军旗全部拔掉，树立自己的军旗。逢安等打累了回到军营，看见旗帜全都变为白色的，惊慌逃窜，掉下河谷，死了十几万人，逢安和几千将士得以逃脱，回到长安。当时三辅地区正闹着饥荒，人吃人，城郭空空荡荡，白骨布满了荒野，剩下的人则聚集成营堡，各自坚守其中，不让外人侵犯。赤眉军抢掠不到东西，十二月，就带兵向东撤退，剩下二十几万兵力，沿途也慢慢解散了。

　　光武乃遣破奸将军侯进等屯新安，建威大将军耿弇等屯宜阳，分为二道，以要其还路。敕诸将曰："贼若东走，可引宜阳兵会新安；贼若南走，可引新安兵会宜阳。"明年正月，邓禹自河北度^①，击赤眉于湖，禹复败走，赤眉遂出关南向。征西大将军冯异破之于崤底。帝闻，乃自将幸宜阳，盛兵以邀其走路^②。

【注释】

①度：通"渡"。

②走路：逃奔之路。

【译文】

光武派出破奸将军侯进等驻扎新安，建威大将军耿弇等驻扎宜阳，分两路切断赤眉军的退路。光武命令众将领说："贼军如果往东走，可以率宜阳的士兵到新安会合；如果往南走，可以带新安的部队到宜阳会合。"第二年正月，邓禹从黄河北渡，在湖县攻击赤眉军，邓禹又被打败，赤眉军于是出关南行。征西大将军冯异在崤底击败赤眉。光武得知后，就亲自带兵到宜阳，以强大的兵力拦击逃跑的赤眉军。

赤眉忽遇大军，惊震不知所为，乃遣刘恭乞降，曰："盆子将百万众降，陛下何以待之？"帝曰："待汝以不死耳。"樊崇乃将盆子及丞相徐宣以下三十余人肉袒降。上所得传国玺绶，更始七尺宝剑及玉璧各一。积兵甲宜阳城西，与熊耳山齐。帝令县厨赐食^①，众积困馁^②，十余万人皆得饱饫^③。明旦，大陈兵马临洛水，令盆子君臣列而观之。谓盆子曰："自知当死不？"对曰："罪当应死，犹幸上怜赦之耳。"帝笑曰："儿大黠，宗室无蚩者^④。"又谓崇等曰："得无悔降乎？朕今遣卿归营勒兵，鸣鼓相攻，决其胜负，不欲强相服也。"徐宣等叩头曰：
"臣等出长安东都门，君臣计议，归命圣德。百姓
可与乐成，难与图始，故不告众耳。今日得降，犹
去虎口归慈母，诚欢诚喜，无所恨也。"帝曰："卿
所谓铁中铮铮⑤，庸中佼佼者也⑥。"又曰："诸卿
大为无道，所过皆夷灭老弱，溺社稷，污井灶。然
犹有三善：攻破城邑，周遍天下，本故妻妇无所改
易，是一善也；立君能用宗室，是二善也；余贼立
君，迫急皆持其首降，自以为功，诸卿独完全以付
朕，是三善也。"乃令各与妻子居洛阳，赐宅人一
区⑦，田二顷。

【注释】

①县：国家，官府。

②困馁：困乏饥饿。

③饱饫（yù）：吃饱。饫，饱食。

④蚩（chī）：痴愚。

⑤铮铮：比喻坚贞、刚强。

⑥佼佼：美好出众的人。

⑦区：量词，处，所。

【译文】

赤眉突然遭遇大军，惊慌恐惧不知所措，就派刘恭前
去乞求投降，说："刘盆子带着百万兵马前来投降，陛下将
如何对待他？"光武帝说："饶你们不死。"樊崇就带着刘
盆子以及丞相徐宣以下的三十多个人打着赤膊前去投降。

献上得到的传国玺绶，更始帝的七尺宝剑以及玉璧各一个。
盔甲堆积在宜阳城西，几乎和熊耳山一样高。光武帝命令
官府的厨子赐给赤眉军食物吃，众人连日疲困饥饿，十几
万人都饱餐了一顿。第二天，光武帝在洛水边上大会兵马，
让刘盆子及他的臣子们站在一旁列队观看。光武帝对刘盆
子说："自己觉得应当被处死吗？"刘盆子回答说："臣论罪
本该被处死，还幸亏皇上怜悯饶恕。"光武帝笑着说："小
家伙非常狡黠啊，看来刘氏宗室是没有痴呆的人了。"又
对樊崇等说："是不是后悔投降呢？我现在让你们回到军营
整治士兵，然后再敲响战鼓正式交战，决出胜负，不想勉
强降服你们。"徐宣等叩头说："我们从长安的东都门出来，
君臣就相互商议，要归顺贤明的圣上。我们可以与百姓共
享胜利的战果，但难以和他们一起开创事业，所以我们一
直没有对大家公布自己的想法。今天终于有机会向您投降，
就如同离开虎口回归慈母的怀抱，实在十分欢喜，没有什
么可怨恨的。"光武帝说："你们可以说是铁中的铮铮上品，
平庸之辈中的佼佼者。"又说："你们干了太多胡作非为的
事，所到之处杀戮老弱，在神坛上撒尿，玷污井水和灶台。
但还有三个值得肯定的方面：攻破天下城邑，却不更换原
配的妻子，这是第一个值得称道的；拥立天子，能用刘家
的后代，这是第二个值得称道的；其他盗匪拥立天子，紧
迫之时都拿着他的首级前来投降，作为自己的功劳，只有
你们把他完整地交给我，这是第三个值得称道的。"光武
帝让他们分别和自己的妻子儿女住在洛阳，赐给住宅一处，
农田两顷。

其夏，樊崇、逢安谋反，诛死。杨音在长安时，遇赵王良有恩，赐爵关内侯，与徐宣俱归乡里，卒于家。刘恭为更始报杀谢禄，自系狱，赦不诛。

【译文】

同年夏天，樊崇、逢安谋反，被处死。杨音在长安时，对赵王刘良有恩，光武帝赐给他关内侯的爵位，和徐宣一起回到故里，死于家中。刘恭为更始帝报仇，杀了谢禄，自首入狱，得到赦免，没有被杀。

帝怜盆子，赏赐甚厚，以为赵王郎中。后病失明，赐荥阳均输官地①，以为列肆②，使食其税终身。

【注释】

①均输：均输令，官名，大司农属下置均输令、丞，统一征收、买卖和运输货物。

②列肆：成列的商铺。

【译文】

光武帝可怜刘盆子，给他很丰厚的赏赐，让他做赵王的郎中。后来刘盆子因病失明，光武帝赐给他荥阳县的均输官地，作为商铺区，让他终身享用这里的官税。

隗嚣列传

隗（wěi）嚣（? —33），为"兴辅汉室"起兵征讨王莽残余势力，战功显赫，投靠更始。在对更始政权彻底失望之后，返回天水，成为汉蜀之间的一支强大势力。

"胜者为王败者寇"。光武帝和隗嚣在历史上留下了不同的痕迹。隗嚣是个极富感召力、令人迷恋的将领，他并非生不逢时，但机遇却不眷顾他；他曾以复兴刘氏江山为己任，最终却成为汉室的劲敌；他骁勇善战，驰骋疆场，却还是机关算尽悲愤而死；他占据一方水土，殊死顽抗，注定要灭亡，却有许多将士以死效忠于他；他并非缺少领袖的才略和威猛，却不可能逆转历史的大潮，只能选择悲壮地离去。

每个史学家都以独特视角透视他所认知的历史世界，对于这位游离于汉蜀两大势力间的英雄，范晔力求给予公正的记录与评价，在《后汉书》人物画廊中留下了浓墨重彩的一笔。

隗嚣字季孟，天水成纪人也。少仕州郡。王莽国师刘歆引嚣为士①。歆死，嚣归乡里。季父崔，素豪侠，能得众。闻更始立而莽兵连败，于是乃与兄义及上邽人杨广、冀人周宗谋起兵应汉。嚣止之曰："夫兵，凶事也。宗族何辜！"崔不听，遂聚众数千人，攻平襄，杀莽镇戎大尹②，崔、广等以为举事宜立主以一众心，咸谓嚣素有名，好经书，遂共推为上将军。嚣辞让不得已，曰："诸父众贤不量小子。必能用嚣言者，乃敢从命。"众皆曰："诺。"

【注释】

①国师刘歆引嚣为士：王莽设置国师，位为上公，士是其属官。王莽设置了九卿，分属三公，每一卿置大夫三人，每一大夫置元士三人。

②镇戎大尹：即天水郡太守。王莽改天水郡为镇戎郡，太守称大尹。

【译文】

隗嚣字季孟，是天水郡成纪县人。他年轻时在州郡任职。王莽的国师刘歆引荐他作自己的元士。刘歆死后，隗嚣回到故里。他的叔父隗崔，平素豪侠仗义，很受众人的拥戴。听说更始立为天子而王莽接连战败，便和兄长隗义以及上邽人杨广、冀州人周宗谋划着起兵响应汉军。隗嚣阻止说："出兵打仗，是凶险的事。我们的宗族有什么罪过！"隗崔不听，于是聚集了数千人马，攻打平襄，杀死了王莽的镇戎大尹。隗崔、杨广等认为举兵起义应该拥立一个主帅以使军心一致，大家认为隗嚣素有名望，喜好经书，共同推他为上将军。隗嚣再三辞让，推托不掉，就说："承蒙各位长辈贤人不小看晚辈。但一定要听从我的指挥，才敢从命。"大家都说："遵命。"

嚣既立，遣使聘请平陵人方望，以为军师。望至，说嚣曰："足下欲承天顺民，辅汉而起，今立者乃在南阳，王莽尚据长安，虽欲以汉为名，其实无所受命，将何以见信于众乎？宜急立高庙①，称臣奉祠，所谓'神道设教'，求助人神者也。且礼有损益，质文无常②。削地开兆③，茅茨土阶④，以致其肃敬。虽未备物，神明其舍诸。"嚣从其言，遂立庙邑东，祀高祖、太宗、世宗⑤。嚣等皆称臣执事⑥，史奉璧而告。祝毕，有司穿坎于庭⑦，牵马操刀，奉盘错锃⑧，遂割牲而盟。曰："凡我同盟三十一将，十有六姓，允承天道⑨，兴辅刘宗。如怀奸虑，明神殛之⑩。高祖、文皇、武皇，俾坠厥命⑪，厥宗受兵，族类灭亡。"有司奉血锃进，护军举手揖诸将军曰："锃不濡血，歃不入口，是欺神明也，厥罚如盟。"既而歃血加书⑫，一如古礼。

【注释】

①高庙：宗庙。

②质文：实质内容与外在形式。

③削地：除地。开兆：开辟建庙的基址。

④茅茨（cí）：茅草盖的屋顶。亦指茅屋。茨，茅屋的
　　顶。土阶：土台阶。指居室简陋。

⑤高祖：指汉高祖刘邦。太宗：指汉文帝刘恒。世宗：
　　指汉武帝刘彻。

⑥执事：有职守的人，官员。

⑦穿坎：挖祭祀用的坑穴。

⑧错：通"措"，放置，安置。锃（dī）：歃血器。

⑨允承：应允奉行。

⑩殛（jí）：惩罚。

⑪俾（bǐ）：使。坠：丧失，败坏。

⑫歃（shà）血：即口含血，古代订立盟誓的一种形式。

【译文】

　　隗嚣立为主帅后，派遣使者去聘请平陵人方望担任军
师。方望到了，劝隗嚣说："您想要秉承天意顺应民心，辅
佐汉室而起兵，但现在汉朝天子远在南阳，王莽还占据着
长安，虽然想以复兴汉朝为名，其实并未受命于汉室，准
备凭什么得到天下百姓的信任呢？现在当务之急是要建立
宗庙，向汉室称臣诚心祭祀，所谓'神道设教'，借助圣人
神灵的力量而已。况且礼仪可以有所增减，实质与形式也
不是一成不变的。收拾一块地方开辟建庙的基址，简单的
茅屋土阶，就能表达我们虔诚的心意。虽说器物还不完备，
神灵难道会拒绝我们吗？"隗嚣听从了他的建议，就在城
东建立宗庙，祭祀汉高祖、太宗、世宗。隗嚣等人都自称
臣子侍从，祝史手捧玉璧祷告。祝词念完，相关职司人员
在庭院中挖好祭祀用的坑穴，牵着马拿着刀，奉上盘子放

隗嚣列传

八七

置歃血器具，于是杀了牲畜立下盟誓。誓词如下："我等结为同盟的三十一位将士，共有十六个姓氏，将秉承天命，复兴辅佐刘氏宗族。如果怀有邪恶不正的目的，请神明处罚他。请高祖、文皇、武皇取了他性命，他的家族遭受战争的折磨，宗族灭亡。"相关职司人员手捧盛满鲜血的器皿走上前来，护军向诸将军举手作揖道："锲不沾上血，血没喝进口，就是欺骗神明，也要遭受盟约所说的惩罚。"接着就将沾满鲜血的牲口和盟书埋在了一起，一切都按照古人的礼制来执行。

事毕，移檄告郡国曰①：

【注释】

①移檄：发布文告晓示。

【译文】

仪式结束，发出文书通告各郡国说：

"汉复元年七月己酉朔。己巳，上将军隗嚣、白虎将军隗崔、左将军隗义、右将军杨广、明威将军王遵、云旗将军周宗等，告州牧、部监、郡卒正、连率、大尹、尹、尉队大夫、属正、属令①：故新都侯王莽，慢侮天地，悖道逆理。鸩杀孝平皇帝，篡夺其位。矫托天命，伪作符书②，欺惑众庶，震怒上帝。反戾饰文③，以为祥瑞。戏弄神祇，歌颂祸殃。楚、越之竹，不足以书其恶。天下昭然，所共闻见。今略举大端，以喻吏民。

【注释】

①州牧、部监、郡卒正、连率、大尹、尹、尉队（suì）大夫、属正、属令：王莽按《周官·王制》设置了卒正、连率、大尹等官职。大尹相当于太守，属令、属长职位相当于都尉。置州牧、部监二十五人，见礼如三公。监位上大夫，各主管五个郡。公爵称牧，侯爵称卒正，伯爵称连率，子爵称属令，男爵称属长，职位都相当于太守。没有爵位的称尹。又设置六队，各设大夫，职亦如太守。

②伪作符书：王莽派遣五威将军王奇等颁布四十二篇符书，说明其取代汉朝是正当的。

③反戾饰文：大风毁坏王莽的王路堂，还拔掉其昭宁堂池边的榆树。王莽却说："念《紫阁仙图》，天意立太子，正其名。"于是就立他的儿子王临为太子，作为对祥瑞征兆的回应。戾，乖张，罪行。饰文，文饰，遮盖。

【译文】

"汉复元年七月初一为己酉日。己巳日，上将军隗嚣、白虎将军隗崔、左将军隗义、右将军杨广、明威将军王遵、云旗将军周宗等，通告州牧、部监、郡卒正、连率、大尹、尹、尉队大夫、属正、属令：原新都侯王莽，傲慢骄横，侮辱天地，违背天理。用毒酒毒死孝平皇帝，篡夺皇位。假托天命，伪造符书，欺惑民众，震怒上天。违背上天给予的警示，还将此曲解为吉祥之兆。戏弄神灵，向天歌颂那些祸国殃民的事情。把楚、越两地的竹子都拿来做竹简，也写不完他的罪恶。对此天下的百姓有目共睹，一清二楚。现在只是简单地列出他的主要罪状，以告知官吏和百姓。

"盖天为父，地为母，祸福之应，各以事降①。莽明知之，而冥昧触冒②，不顾大忌，诡乱天术③，援引史传。昔秦始皇毁坏谥法④，以一二数欲至万世，而莽下三万六千岁之历，言身当尽此度。循亡秦之轨，推无穷之数。是其逆天之大罪也。

【注释】

①降：赐予，给予。

②冥昧：犹蒙昧。愚昧。

③诡乱：变易，扰乱。天术：天道。天理，天意。

④谥法：评定谥号的法则。秦始皇认为谥法是子议父，臣议君，所以废止不用。

【译文】

"天为父，地为母，对于祸福，分别用相应的事件予以感应。王莽明知如此，却愚昧触犯，不顾重要的禁忌，扰乱天道，引用史传来粉饰自己的罪状。过去秦始皇毁坏谥法，以一世、二世顺序计数，想要世代称帝直至万世。而王莽颁布三万六千年的历法，并声称王氏政权在这些年内将世代相传。遵循灭亡的秦朝的轨迹，推算无穷的纪年，这是违背天道的大罪。

"分裂郡国①，断截地络②。田为王田，卖买不得。规锢山泽③，夺民本业。造起九庙④，穷极土作⑤。发冢河东，攻劫丘垄。此其逆地之大罪也。

【注释】

①分裂郡国：王莽改变行政区划，先据《尧典》正十二州名分界，后又据《禹贡》改为九州。

②地络：犹地脉。土地的脉络，地势。

③规锢：划定区域，加以封禁。

④九庙：古代帝王立七庙祭礼祖先，至王莽时增建黄帝太初祖庙和帝虞始祖昭庙，共九庙。后来历代封建王朝沿用九庙。

⑤土作：土木建筑工程。

【译文】

"改变行政区划，截断土地脉络。把天下的田地都收为王田，人民不得买卖。封禁名山大泽百姓不得开采，剥夺了他们的本业。兴建九庙，大兴土木。在河东挖掘坟墓，劫取财物。这是违背地道的大罪。

"尊任残贼，信用奸佞，诛戮忠正，覆按口语①，赤车奔驰②，法冠晨夜③，冤系无辜，妄族众庶。行砲格之刑④，除顺时之法⑤，灌以醇醯，裂以五毒⑥。政令日变，官名月易，货币岁改，吏民昏乱，不知所从，商旅穷窘，号泣市道。设为六管⑦，增重赋敛，刻剥百姓，厚自奉养，苟且流行⑧，财入公辅⑨，上下贪贿，莫相检考，民坐挟铜炭，没入钟官⑩，徒隶殷积⑪，数十万人，工匠饥死，长安皆臭。既乱诸夏，狂心益悖⑫，北攻强胡，南扰劲越，西侵羌戎，东摘濊貊⑬。使四境之外，并入为害，缘边之郡，江海之濒，涤地无类。故攻战之所败，苛法之所陷，饥馑之所夭，疾疫之所及，以万万计。其死者则露尸不掩，生者则奔亡流散，幼孤妇女，流离系虏。此其逆人之大罪也。

【注释】

①覆按：审查，查究。口语：指言论或议论。

②赤车：古代抓捕犯人的官吏所乘之车。

③法冠：从秦汉起，御史、使者、执法官都戴的一种冠。

④炮格之刑：殷纣王所用的酷刑。即用炭火烧热铜柱，让人爬行柱上，直至坠入炭火上烧死。

⑤除顺时之法：按照汉朝规定，春夏万物生长之时不杀罪犯，只能在秋冬行刑。王莽却在春夏斩人。

⑥"灌以醇醯（xī）"两句：王莽认为董忠谋反，就收捕董忠的宗族，把他们和醇醯、毒药、白刃、丛棘一起埋掉。醇醯，纯醋。醯，醋。

⑦六管：王莽时设置的税法。即官府对酤酒、卖盐、铁器、铸钱、名山、大泽六个方面都要统一管理并收税。

⑧苞苴：原指馈赠的礼物，引申为贿赂。

⑨公辅：古代三公、四辅，均为天子之佐。借指宰相一类的大臣。

⑩钟官：主管铸钱的官。

⑪徒隶：刑徒奴隶，服劳役的犯人。殷积：大量聚积。殷，盛，大，众，多。

⑫狂心：狂妄的念头。悖：昏乱，惑乱。

⑬濊貊（wèimò）：古代东北地区的少数民族名。

【译文】

"将残暴的乱贼封为高官，信任重用奸诈之徒，诛杀忠义的正人君子，听信片面之词，抓捕犯人的车横冲直撞，执法官日夜捉人问罪，乱抓无辜，滥杀民众。实行残暴的砲格酷刑，废除春夏不斩人的顺应时节的法律，收捕董忠的宗族，把他们与醇醢、毒药、白刃、丛棘埋在一起。政令每天一变，官名月月更换，货币年年改变，官员民众被搞得晕头转向，不知所措，商人穷困窘迫，在集市道路上号啕哭泣。设立六管税法，加重赋税，剥削百姓，用于自己奢侈的享受，行贿受贿风行，财物全都收入三公四辅等大官的府库之中，上下一起贪污受贿，没有人来检举处置他们，老百姓藏有铜、炭，就被掌管铸钱的钟官抓起来，罪犯大量聚集，达到数十万人，饿死的工匠把长安城弄得臭气冲天。华夏大地已被破坏得混乱不堪，他狂妄的念头却越来越悖乱，向北进犯强大的胡人，向南侵扰强劲的越人，向西面侵犯羌戎，向东扰乱濊貊。致使四面边境外边的国家，都入侵祸害百姓，沿边沿岸的郡邑，被扫荡得荒无人烟。所以因战争失败受难的人，被苛刻的法律诬陷的人，因饥荒而丧命的人，因瘟疫而染病的人，有亿万之多。那些死去的人暴尸荒野，无人掩埋，活着的人也颠沛流离，小孩妇女，背井离乡成为奴隶。这是背逆人伦的大罪。

"是故上帝哀矜①，降罚于莽，妻子颠殒，还自诛刈②。大臣反据③，亡形已成。大司马董忠、国师刘歆、卫将军王涉，皆结谋内溃④，司命孔仁、纳言严尤、秩宗陈茂，举众外降。今山东之兵二百余万，已平齐、楚，下蜀、汉，定宛、洛，据敖仓，守函谷，威命四布，宣风中岳⑤。兴灭继绝，封定万国，遵高祖之旧制，修孝文之遗德。有不从命，武军平之。驰命四夷，复其爵号。然后还师振旅⑥，櫜弓卧鼓⑦。申命百姓，各安其所，庶无负子之责⑧。"

【注释】

①哀矜：哀怜，怜悯。

②"妻子颠殒"二句：指王莽杀死了儿子王宇、王临等，妻子王氏因为王莽几次杀死了自己的儿子，哭泣失明，不久也死了。颠殒，死亡。诛刈，杀戮。

③反据：反叛割据。

④内溃：内乱。

⑤中岳：中土，中州。

⑥振旅：整顿部队。

⑦櫜（tuó）弓：指的是收藏起弓箭，停止战争。櫜，

指收藏甲衣或弓箭的袋子。卧鼓：息鼓，常表示无
战争，或战争已停止。

⑧负子之责：意思是让百姓背着襁褓中的孩子流亡在
外，这是君王的罪责。

【译文】

"因此上天哀怜百姓，降下对王莽的惩罚，让他的妻
子儿子死去，自相杀戮。大臣反叛割据，灭亡的形势已定。
大司马董忠、国师刘歆、卫将军王涉，都谋划着内变，司
命孔仁、纳言严尤、秩宗陈茂，带着全部兵马在外投降。
而今崤山以东有二百余万士兵，已经平定齐、楚两地，攻
下蜀、汉地区，安定了宛、洛阳一带，占据敖仓，坚守函
谷关，威严的命令遍传四方。更始帝复兴被颠覆的汉室，
分封诸侯国，谨遵高祖留下的制度，推广孝文帝的遗德。
有谁不听从命令，就用武力扫平。派遣使者快马赶到四方
夷人之地，恢复他们的爵号。然后回师京城，整顿军队，
藏起弓箭，停止战鼓。告示百姓，各自安居乐业，大概不
会再犯下让百姓流离失所的罪责。"

嚣乃勒兵十万，击杀雍州牧陈庆。将攻安定。
安定大尹王向，莽从弟平阿侯谭之子也，威风独能
行其邦内，属县皆无叛者。嚣乃移书于向，喻以
天命，反复诲示，终不从。于是进兵虏之，以徇
百姓，然后行戮，安定悉降。而长安中亦起兵诛王
莽。嚣遂分遣诸将徇陇西、武都、金城、武威、张
掖、酒泉、敦煌，皆下之。

【译文】

隗嚣于是就带着十万兵马，攻打杀死了雍州牧陈庆。他们准备攻打安定郡。安定大尹王向，是王莽的堂弟平阿侯王谭的儿子，在郡内依然能够使用他的权威，属县都没有叛离他的人。隗嚣便寄文书给王向，向他晓谕天命，反复劝说，王向始终不听劝告。于是隗嚣就进兵俘虏了他，示众游行之后，把他杀了，安定郡也就全都投降了。而长安城中也起兵诛杀了王莽。隗嚣就分派各位将领去夺取陇西、武都、金城、武威、张掖、酒泉、敦煌，全部拿下这些地方。

更始二年，遣使征嚣及崔、义等。嚣将行，方望以为更始未可知，固止之，嚣不听。望以书辞谢而去。嚣等遂至长安，更始以为右将军，崔、义皆即旧号。其冬，崔、义谋欲叛归，嚣惧并祸，即以事告之，崔、义诛死。更始感嚣忠，以为御史大夫。

【译文】

更始二年，更始帝派使者前去征召隗嚣及隗崔、隗义等人。隗嚣准备前去，方望认为更始帝的前途未卜，坚决劝阻，隗嚣不听。方望留下一封信便辞别而去。隗嚣等到了长安，更始帝任他为右将军，隗崔、隗义还是用原来的名号。这一年的冬天，隗崔、隗义谋划着要叛离更始帝回去，隗嚣担心一起惹上灾祸，就将这件事情告知更始帝。

隗崔、隗义被处死。更始帝被隗嚣的忠心所感动，任他为御史大夫。

明年夏，赤眉入关，三辅扰乱。流闻光武即位河北，嚣即说更始归政于光武叔父国三老良，更始不听。诸将欲劫更始东归，嚣亦与通谋。事发觉，更始使使者召嚣，嚣称疾不入，因会客王遵、周宗等勒兵自守。更始使执金吾邓晔将兵围嚣，嚣闭门拒守；至昏时，遂溃围，与数十骑夜斩平城门关，亡归天水。复招聚其众，据故地，自称西州上将军。

【译文】

第二年夏天，赤眉军入关，三辅地区纷扰混乱。有流言传说光武在河北登上帝位，隗嚣就劝说更始帝把政权交给光武的叔父国三老刘良，更始帝不听。几个将领想劫持更始帝向东撤退，隗嚣也参与谋划。事情被发觉，更始帝派使者来召见隗嚣，隗嚣推说有病不去见他，然后就会合宾客王遵、周宗等带着士兵自我防守。更始帝派执金吾邓晔带兵围攻隗嚣，隗嚣紧闭大门抵抗坚守。到了黄昏时，突破包围圈，和数十个骑兵连夜攻破长安城南的平城关，逃回天水郡。又聚集了众多人马，占据原来的地盘，自称西州上将军。

及更始败，三辅耆老士大夫皆奔归嚣。

【译文】

等到更始帝失败，三辅地区的元老及士大夫都投奔归附隗嚣。

嚣素谦恭爱士，倾身引接为布衣交①。以前王莽平河大尹长安谷恭为掌野大夫②，平陵范逡为师友，赵秉、苏衡、郑兴为祭酒，申屠刚、杜林为持书，杨广、王遵、周宗及平襄人行巡、阿阳人王捷、长陵人王元为大将军，杜陵、金丹之属为宾客。由此名震西州，闻于山东。

【注释】

①倾身：身体前倾，多形容对人谦卑恭顺。引接：延见接待。

②平河：王莽改清河郡为平河。

【译文】

隗嚣一向谦恭有礼，亲近士人，接待他们，和他们像普通百姓一样交往。他任命王莽时的平河大尹、长安人谷恭为掌野大夫，平陵人范逡为师友，赵秉、苏衡、郑兴为祭酒，申屠刚、杜林为持书，杨广、王遵、周宗以及平襄人行巡、阿阳人王捷、长陵人王元为大将军，杜陵、金丹等人为宾客。从此名震西州，在崤山以东地区都享有盛名。

建武二年，大司徒邓禹西击赤眉，屯云阳，禹裨将冯愔引兵叛禹，西向天水，嚣逆击，破之于高平，尽获辎重。于是禹承制遣使持节命嚣为西州大将军①，得专制凉州、朔方事②。及赤眉去长安，欲西上陇，嚣遣将军杨广迎击，破之，又追败之于乌氏、泾阳间。

【注释】

①承制：秉承皇帝的旨意便宜行事。

②专制：控制，掌管。

【译文】

建武二年，大司徒邓禹西进攻打赤眉军，驻扎在云阳县，邓禹的副将冯愔带着士兵叛离邓禹，攻打西边的天水郡，隗嚣迎头反击，在高平县击败冯愔，缴获了他的军用物资。于是邓禹奉光武的旨意派使者带着符节正式任命隗嚣为西州大将军，准许他掌管凉州、朔方地区事务。等到赤眉军离开长安，准备西上陇地，隗嚣派将军杨广迎头痛击，打败赤眉部队，又乘胜追到乌氏、泾阳之间的地带。

嚣既有功于汉，又受邓禹爵，署其腹心①，议者多劝通使京师。三年，嚣乃上书诣阙。光武素闻其风声②，报以殊礼，言称字③，用敌国之仪④，所以慰藉之良厚。时，陈仓人吕鲔拥众数万，与公孙述通，寇三辅。嚣复遣兵佐征西大将军冯异击之，走鲔，遣歆上状。帝报以手书。

【注释】

①署：委任，任命。腹心：亲信。

②风声：声望，声誉。

③言称字：言谈时称对方的字。这是表示对对方的尊敬。

④敌国：地位或势力相等的国家。

【译文】

隗嚣已经为汉室立下了功劳，又接受了邓禹的封爵，成为亲信，许多人都劝他与京城互通使节。建武三年，隗嚣上书要求面见皇上。光武帝早就听闻了他的声望，以特殊的礼节接见了他，谈话时称他的字，采用对等国家的礼仪接待他，以极其优厚的待遇慰藉他。当时陈仓人吕鲔拥有数万军马，和公孙述勾结，入侵三辅地区。隗嚣又派兵辅佐征西大将军冯异攻打他，赶走吕鲔，并派使者来歙向光武帝通报战况。光武帝亲笔回信。

其后公孙述数出兵汉中，遣使以大司空扶安王印绶授嚣。嚣自以与述敌国，耻为所臣，乃斩其使，出兵击之，连破述军，以故蜀兵不复北出。

【译文】

此后公孙述多次出兵到汉中，并派使者将大司空扶安王的印绶授予隗嚣。隗嚣自认为与公孙述是势均力敌的对手，以向他称臣为耻，就杀了他的使者，出兵攻打公孙述，连败公孙述的军队，从此蜀地军队再也不敢向北出兵了。

时，关中将帅数上书，言蜀可击之状，帝以示嚣，因使讨蜀，以效其信①。嚣乃遣长史上书，盛言三辅单弱②，刘文伯在边③，未宜谋蜀。帝知嚣欲持两端④，不愿天下统一，于是稍黜其礼，正君臣之仪。

【注释】

①效：验证，证明。信：诚实不欺。此指忠诚。

②盛言：极力申说。

③刘文伯：卢芳，字君期，假称自己是汉武帝曾孙，原名刘文伯，于三水起兵，依附当地的少数民族羌匈奴，割据一方。刘文伯于公元25年被匈奴尊为皇帝。被汉击败后逃入匈奴。

④持两端：游移于两者之间。

【译文】

当时关中将领多次上书，诉说蜀军可以攻打的形势，光武帝就把这些上书给隗嚣看，想就势让他去讨伐蜀地，以考察他的忠心。隗嚣派长史上书，极力强调三辅地区势力单薄，刘文伯近在边境，攻伐蜀地的时机还不成熟。光武帝知道隗嚣想游移于汉、蜀二者之间，不愿天下统一，于是就慢慢降低对隗嚣的礼遇规格，以君臣的礼节对待他。

初，嚣与来歙、马援相善，故帝数使歙、援奉使往来，劝令入朝，许以重爵。嚣不欲东，连遣使深持谦辞，言无功德，须四方平定，退伏闾里。五年，复遣来歙说嚣遣子入侍，嚣闻刘永、彭宠皆已破灭，乃遣长子恂随歙诣阙①。以为胡骑校尉，封镌羌侯。而嚣将王元、王捷常以为天下成败未可知，不愿专心内事。元遂说嚣曰："昔更始西都，四方响应，天下喁喁②，谓之太平。一旦败坏，大王几无所厝③。今南有子阳④，北有文伯，江湖海岱，王公十数，而欲牵儒生之说，弃千乘之基，羁旅危国，以求万全，此循覆车之轨，计之不可者也。今天水完富，士马最强，北收西河、上郡，东收三辅之地，案秦旧迹⑤，表里河山⑥。元请以一丸泥为大王东封函谷关，此万世一时也。若计不及此，且畜养士马，据隘自守，旷日持久，以待四方之变，图王不成，其弊犹足以霸⑦。要之，鱼不可脱于渊⑧，神龙失势，即还与蚯蚓同。"嚣心然元计，虽遣子入质，犹负其险厄，欲专方面，于是游士长者，稍稍去之。

【注释】

①诣阙：指赴京都。

②喁喁（yóng）：仰望期待的样子。

③厝：通"措"，安置。

④子阳：公孙述，字子阳。

⑤案秦旧迹：按照秦的遗迹。

⑥表里河山：秦外有崤山而内有黄河。

⑦弊：坏。

⑧鱼不可脱于渊：老子说："鱼不可脱于泉。"脱，失。

【译文】

当初，隗嚣和来歙、马援很要好，所以光武帝就多次让来歙、马援充当使者，前去劝说隗嚣入朝，许诺要给他很高的爵位。隗嚣不想东行归顺，连连派使者向光武帝陈述许多谦让自责之辞，说自己无功无德，等到天下平定之后，就隐退故里。建武五年，光武帝又派来歙劝隗嚣派儿子进宫侍奉皇上，隗嚣听说刘永、彭宠都已被消灭，就派了长子隗恂跟随来歙一起去了京师。光武帝任命隗恂为胡骑校尉，封为镌羌侯。而隗嚣的将领王元、王捷总认为天下的成败还难以预测，不愿意专一顺从光武帝。王元劝说隗嚣说："过去更始帝定都长安，四方响应，天下百姓仰望期待，都以为天下太平了。可他一朝之间失去政权，大王您几乎没了安身之地。现在南有公孙述，北有刘文伯，天下河山，称王称公的有几十个，而您却要听从儒生马援的游说，放弃千乘之国的基业，流浪到异地去归附不可靠的国度，以求万无一失，这是沿着翻车的轨道行走，仔细考虑就知道是行不通的。现在天水一带统一富庶，军队马匹最为强盛，应该向北收复西河、上郡，向东攻取三辅地区，按照秦的遗迹，以崤山和黄河作为山河之屏障。我请求以泥丸之力为大王封住东面的函谷关，趁此大好时机建立千秋伟业。如果不能顺利实现我们的计划，就暂且畜养士兵战马，占据险要的关隘，守住自己的领地，长时间地坚持下去，以等待四方的变化，就算无法夺取王位，也足以在一方称霸。总之，鱼不能离开深渊，神龙失去势力，也就和蚯蚓没什么两样了。"隗嚣暗自赞同王元的计划，虽然派了长子去光武帝那里做人质，还是依靠自己占据的险要地势，想在地方专权，于是四方聚集来的才士和德高望重的长者，都渐渐离开了他。

六年，关东悉平。帝积苦兵间^①，以嚣子内侍，公孙述远据边陲，乃谓诸将曰："且当置此两子于度外耳。"因数腾书陇、蜀^②，告示祸福。嚣宾客、掾史多文学生，每所上事，当世士大夫皆讽诵之，故帝有所辞答，尤加意焉。嚣复遣使周游诣阙，先到冯异营，游为仇家所杀。帝遣卫尉铫期持珍宝缯帛赐嚣^③，期至郑被盗，亡失财物。帝常称嚣长者，务欲招之，闻而叹曰："吾与隗嚣事欲不谐，使来见杀，得赐道亡。"

【注释】

①积苦：长期苦于。

②腾书：传递书信。

③卫尉：汉代统率卫士守卫宫禁的官员。

【译文】

建武六年，关东地区全部平定了。光武帝长期苦于征战，因为隗嚣的儿子在宫内做侍卫，公孙述又远在边疆地带，就对将领们说："暂且将这两个人的问题置之度外吧！"于是几次给陇、蜀两地传递书信，告诉指示他们什么是祸什么是福。隗嚣的宾客、掾史多是文人出身的士子，每次上书，当朝的士大夫都争相传诵，所以光武帝每次有所答复，都特别在意文辞。隗嚣又派出使者周游到京城，先到了冯异的军营，周游被他的仇敌杀害。光武帝派卫尉铫期带着珍宝缯帛赏赐给隗嚣，铫期到郑地时被盗，把财物全都弄丢了。光武帝时常说隗嚣是谨厚的人，一心想要招纳他，听到这些事感叹说："我和隗嚣的事情恐怕难以办妥，使者来被杀，赐给他的珍宝又在路上弄丢。"

会公孙述遣兵寇南郡，乃诏嚣当从天水伐蜀，因此欲以溃其心腹^①。嚣复上言："白水险阻^②，栈阁绝败^③。"又多设支阁^④。帝知其终不为用，叵欲讨之^⑤。遂西幸长安，遣建威大将军耿弇等七将军从陇道伐蜀，先使来歙奉玺书喻旨。嚣疑惧，即勒兵，使王元据陇坻，伐木塞道，谋欲杀歙。歙得亡归。

【注释】

① 溃其心腹：从要害之处将其击溃。心腹，要害部位。

② 白水：白水县，有关隘。

③ 栈阁：栈道。

④ 支阁（hé）：障碍。阁，阻碍，妨碍。

⑤ 叵（pǒ）：遂，就。

【译文】

此时公孙述派兵侵扰南郡，光武帝诏令隗嚣从天水攻伐蜀地，想让他从要害之处将公孙述击溃。隗嚣又上书说：

"白水关山路险阻，栈道已破败断绝。"隗嚣还设置了许多障碍。光武帝知道隗嚣终归不愿效力，便想要讨伐他。光武于是亲临长安，派建威大将军耿弇等七位将军从陇道攻伐蜀地，先派来歙带着玺书前去传达圣旨。隗嚣心有疑虑，又很害怕，马上整治军队，并让王元据守陇坻，砍伐树木堵住通道，还想要杀死来歙。来歙逃回了汉军军营。

诸将与嚣战，大败，各引退。嚣因使王元、行巡侵三辅，征西大将军冯异、征虏将军祭遵等击破之。嚣乃上疏谢曰："吏人闻大兵卒至①，惊恐自救，臣嚣不能禁止。兵有大利，不敢废臣子之节，亲自追还。昔虞舜事父，大杖则走，小杖则受。臣虽不敏，敢忘斯义。今臣之事，在于本朝，赐死则死，加刑则刑。如遂蒙恩，更得洗心，死骨不朽。"有司以嚣言慢，请诛其子恂，帝不忍，复使来歙至汧，赐嚣书曰："昔柴将军与韩信书云：'陛下宽仁，诸侯虽有亡叛而后归，辄复位号，不诛也。'以嚣文吏，晓义理，故复赐书。深言则似不逊，略言则事不决。今若束手②，复遣恂弟归阙庭者，则爵禄获全，有浩大之福矣。吾年垂四十，在兵中十岁，厌浮语虚辞。即不欲，勿报。"嚣知帝审其诈，遂遣使称臣于公孙述。

【注释】

①卒（cù）：同"猝"，突然。

②束手：表示停止抵抗。

【译文】

汉军将士与隗嚣交战，溃不成军，各自撤退。隗嚣因此又让王元、行巡侵扰三辅地区，被征西大将军冯异、征虏将军祭遵等击退。隗嚣上疏谢罪说："我手下的官员听说大兵突然迫近，惊恐之下，慌乱自救，在下无法加以控制阻止，虽然我的部队大战告捷，但我还是不敢废除臣子应尽的礼节，亲自把他们追了回来。过去虞舜侍奉父亲，看到大的棍杖就逃跑，看到小棍杖就乖乖受罚。我虽然愚钝，但怎么敢忘记这种道义？我犯的错误，属于朝廷内的事务，皇上要我死我就死，要对我加刑我也愿意受刑。如果蒙皇上恩泽不被治罪，那就更要洗心革面，刻骨铭心，至死不变。"官员们看到隗嚣言辞傲慢，都请求光武帝杀了他的儿子隗恂，光武帝不忍心，又让来歙去了汧县，赐给隗嚣一封诏书，说："从前柴将军给韩信写信说：'陛下宽厚仁爱，诸侯中即便先前逃跑叛变但后来又能来归顺的，就恢复他的官位爵号，不杀他。'因为隗嚣您是通晓义理的文官，所以我再赐你这封信。话讲得太多太重则似乎显得不谦逊，讲得太简单又难以解决问题。如果你就此停止抵抗，再让隗恂的弟弟来宫廷侍奉皇帝，则将保全你的爵位和俸禄，拥有浩大的福分。我已年近四十，在军中已有十年之久，讨厌浮华虚伪的言辞。如果你不想归顺，就不要回复了。"隗嚣知道光武帝已洞察了他的欺诈行为，就派出使者向公孙述表明，自己愿意成为他的臣子。

明年，述以嚣为朔宁王，遣兵往来，为之援执①。秋，嚣将步骑三万侵安定，至阴槃，冯异率诸将拒之。嚣又令别将下陇，攻祭遵于汧，兵并无利，乃引还。

【注释】

①援执（shì）：援助力量。执，通"势"。

【译文】

第二年，公孙述任隗嚣为朔宁王，派遣军队相互往来，并给予援助。秋天，隗嚣带着三万步兵骑兵侵扰安定，一直打到阴槃县，冯异带着将军们与之对抗。隗嚣又另外派了一名将军离开陇地，到汧县攻打祭遵，没有取得什么战果，便带兵返回了。

帝因令来歙以书招王遵，遵乃与家属东诣京师，拜为太中大夫，封向义侯。遵字子春，霸陵人也。父为上郡太守。遵少豪侠，有才辩，虽与嚣举兵，而常有归汉意。曾于天水私于来歙曰："吾所以戮力不避矢石者①，岂要爵位哉②！徒以人思旧主，先君蒙汉厚恩，思效万分耳。"又数劝嚣遣子入侍，前后辞谏切甚，嚣不从，故去焉。

【注释】

①戮力：勉力，并力。

②要（yāo）：求取。

光武帝接着就让来歙用文书劝说王遵归顺,王遵和家属一起向东来到京城,被任为太中大夫,封为向义侯。王遵字子春,霸陵县人。他的父亲任上郡太守。王遵从小就有豪侠之气,有才略,善辩论,虽然和隗嚣一同起兵,但常有归顺汉军的心意。曾在天水县私下和来歙说:"我所以奋力作战,不避刀剑,难道只是想要个爵位?只是因为思慕过去的主人,先祖承蒙汉室厚待,我企盼能有机会报效汉室万分之一的恩德。"他还多次劝说隗嚣送儿子进宫侍奉皇上,一直都用非常恳切的言语来劝谏,但隗嚣不听,所以他只好离去了。

八年春,来歙从山道袭得略阳城。嚣出不意,惧更有大兵,乃使王元拒陇坻,行巡守番须口,王孟塞鸡头道,牛邯军瓦亭,嚣自悉其大众围来歙。公孙述亦遣其将李育、田弇助嚣攻略阳,连月不下。帝乃率诸将西征之,数道上陇,使王遵持节监大司马吴汉留屯于长安。

【译文】

建武八年春天,来歙从山路袭击,攻下略阳城。隗嚣没有思想准备,担心还有大军跟在后面,就派王元在陇坻抵抗,行巡镇守番须口,王孟堵住鸡头道,牛邯驻军瓦亭,隗嚣则亲自带领大队军马围攻来歙。公孙述也派出他的将军李育、田弇援助隗嚣攻打略阳,几个月都拿不下来。光武帝又带着将领们向西出征，分几路向陇地进发，让王遵带着符节，负责监督大司马吴汉，驻守在长安城中。

遵知嚣必败灭，而与牛邯旧故，知其有归义意，以书喻之。

【译文】

王遵知道隗嚣必定要灭亡，而与牛邯又是旧交故友，知道他有归顺汉朝的意向，就写信劝他。

邯得书，沉吟十余日，乃谢士众①，归命洛阳，拜为太中大夫。于是嚣大将十三人，属县十六，众十余万，皆降。

【注释】

①谢：辞别。

【译文】

牛邯收到信后，考虑了十多天，就辞别了手下的士兵，归顺洛阳，光武帝封他为太中大夫。这样隗嚣的十三员大将，十六个属县，十余万人马，都投降了。

王元入蜀求救，嚣将妻子奔西城，从杨广，而田弇、李育保上邽。诏告嚣曰："若束手自诣，父子相见，保无佗也。高皇帝云：'横来，大者王，小者侯①。'若遂欲为黥布者②，亦自任也。"嚣终不降。于是诛其子恂，使吴汉与征南大将军岑彭围西城，耿弇与虎牙大将军盖延围上邽。车驾东归。月余，杨广死，嚣穷困。其大将王捷别在戎丘，登城呼汉军曰："为隗王城守者，皆必死无二心！愿诸军亟罢，请自杀以明之。"遂自刎颈死。数月，王元、行巡、周宗将蜀救兵五千余人，乘高卒至，鼓噪大呼曰："百万之众方至！"汉军大惊，未及成陈，元等决围，殊死战，遂得入城，迎嚣归冀。会吴汉等食尽退去，于是安定、北地、天水、陇西复反为嚣。

【注释】

①"横来"三句：汉高祖刘邦为了招降齐王田横，许诺他如能归降，高则封为王，低则封为侯爵。

②欲为黥（qíng）布：做黥布做的事，指自立为帝。黥布原为项羽大将，后归降刘邦，立有大功，被封为淮南王，见刘邦相继杀死韩信、彭越等异姓诸侯王，害怕也被杀，遂起兵造反，后被平定。

【译文】

王元到蜀地请求救援，隗嚣带着家属跑到西城，跟随杨广，而田弇、李育则努力守住上邽县。光武帝下诏告示隗嚣说："如果束手前来就擒，父子就可相见，保证您平安无事。高祖皇帝曾说过：'田横若来归顺，大则封王，小也可封侯。'如果想像黥布那样自立为帝，也请自便。"隗嚣坚持不投降。于是光武帝杀了他的儿子隗恂，派吴汉和征南大将军岑彭围攻西城，派耿弇和虎牙大将军盖延围攻上邽。光武帝回到了洛阳。一个多月后，杨广死了，隗嚣也穷窘困乏了。他的大将王捷还在戎丘，爬上城墙对汉军高叫道："为隗王守城的人，都决无二心，誓死不变，请各个部队就此罢休吧。我愿以死来表明决心。"说完就刎颈自杀了。几个月后，王元、行巡、周宗带着五千多蜀地来的救兵，从高处突然冲出，猛击战鼓高喊："百万军马来了！"汉军大惊，来不及排好军阵，王元等就冲破重围，殊死决战，冲入城中，迎接隗嚣回到冀县。此时吴汉的部队吃完了军粮，就撤退了，于是安定、北地、天水、陇西又重新成为隗嚣的领地了。

九年春，嚣病且饿，出城餐糗糒^①，恚愤而死^②。王元、周宗立嚣少子纯为王。明年，来歙、耿弇、盖延等攻破落门，周宗、行巡、苟宇、赵恢等将纯降。宗、恢及诸隗分徙京师以东，纯与巡、宇徙弘农。唯王元留为蜀将。及辅威将军臧宫破延岑，元举众诣宫降。

【注释】

①糗糒（qiǔbèi）：干粮。糗，炒熟的米麦，亦泛指干粮。糒，干粮，干饭。

②恚（huì）愤：愤怒。恚，愤怒，怨恨。

【译文】

建武九年春天，隗嚣得了重病且饥饿难忍，出城找干粮吃，悲愤而死。王元、周宗拥立隗嚣的小儿子隗纯为王。第二年，来歙、耿弇、盖延等攻破落门聚，周宗、行巡、苟宇、赵恢等带着隗纯前来投降。周宗、赵恢以及隗氏宗族被迁徙到京城以东地区，隗纯和行巡、苟宇被迁徙到弘农县。只有王元留下来做蜀军的将领。后来辅威将军臧宫打败延岑，王元也带着手下到臧宫那里投降。

论曰：隗嚣援旗纠族①，假制明神，迹夫创图首事②，有以识其风矣。终于孤立一隅，介于大国，陇坻虽隘，非有百二之势，区区两郡，以御堂堂之锋，至使穷庙策③，竭征徭，身殁众解，然后定之，则知其道有足怀者，所以栖有四方之桀④，士至投死绝亢而不悔者矣⑤。夫功全则誉显，业谢则衅生⑥，回成丧而为其议者⑦，或未闻焉。若嚣命会符运⑧，敌非天力，虽坐论西伯⑨，岂多嗤乎？

【注释】

①援旗：举起旗帜。援，引，举。

②迹：考核，推究。首事：开始，首先发难。

③庙策：朝廷的谋略。

④栖：投身，附身。桀：杰出的人才。

⑤投死：效死。绝亢：刎颈。

⑥衅：嫌隙，争端。

⑦回成丧而为其议：不以成败论英雄而形成自己的观点。回，违背，违反。成丧，即成败。

⑧符运：符命，上天预示帝王受命的符兆。

⑨西伯：指周文王或周武王。

【译文】

史官评论说："隗嚣高举战旗纠集人马，建立高祖庙以假借神灵的威力。追寻他的创业历程，可以看到他的非凡风范。他最终独占了一方水土，游离于汉、蜀两大势力之间。陇坻虽然险隘，却没有秦地以二当百的险固势力。隗嚣凭借陇西、天水区区两个小郡，去抵御汉朝的强大军团，让汉室用尽谋略、征尽徭役，直到隗嚣染病而死，军队瓦解，汉军才最终平定了他们。由此可知他的道义的确值得大家迷恋，能让四方的豪杰归附他，让将士为他割颈自杀而无怨无悔。成就功业则得到无穷的赞誉，功业衰败则产生争端。不以成败评论功过，还没有听说过。如果隗嚣得到天赐的机遇，面对的又不是光武帝这样得助于天的强手，即使把他与西伯相提并论，谁又能加以嘲笑呢？

寇恂列传

　　寇恂（？—36）是个智勇双全的太守。时人认为他具有宰相的才能。更始帝执政时，他作为上谷郡的功曹，为耿况夺回太守之位，初显他的智谋与胆识。追随刘秀之后，被邓禹推举为太守，承担镇守河内的重任。刘邦和项羽交战时，留下萧何镇守关中；而刘秀北征，则留下寇恂镇守河内。与萧何在关中一样，他在河内深得人心，战功显赫，为前方部队源源不断地转运军粮，抵御敌军的进攻，为刘秀的全面胜利立下了汗马功劳，出色地解决了刘秀的后顾之忧。刘秀登上帝位后，作为功臣，他始终保持退让谦虚的明智态度，同时，他严于执法、博学多才、慷慨仁厚，享有很高的声望。

寇恂字子翼，上谷昌平人也，世为著姓①。恂初为郡功曹②，太守耿况甚重之。

【注释】

①著姓：有声望的族姓。

②功曹：汉代郡守有功曹史，简称功曹，除掌人事外，可以参与一郡事务。

【译文】

寇恂字子翼，是上谷郡昌平县人，世代都是有名望的大姓。寇恂早的时候曾担任郡里的功曹，太守耿况很器重他。

王莽败，更始立。使使者徇郡国，曰"先降者复爵位"。恂从耿况迎使者于界上，况上印绶，使者纳之，一宿无还意。恂勒兵入见使者，就请之。使者不与，曰："天王使者，功曹欲胁之邪？"恂曰："非敢胁使君，窃伤计之不详也①。今天下初定，国信未宣，使君建节衔命②，以临四方，郡国莫不延颈倾耳，望风归命。今始至上谷而先堕大信，沮向化之心③，生离畔之隙④，将复何以号令它郡乎？且耿府君在上谷，久为吏人所亲，今易之，得贤则造次未安⑤，不贤则只更生乱。为使君计，莫若复之以安百姓。"使者不应，恂叱左右以使者命召况。况至，恂进取印绶带况。使者不得已，乃承制诏之，况受而归。

①详：审慎，周详。

②建节：执持符节。衔命：接受使命。

③沮（jǔ）：败坏，毁坏。向化：归服。

④离畔（pàn）：离心，背叛。畔，通"叛"，背离。

⑤造次：仓猝，匆忙。

【译文】

王莽灭亡后，更始登上帝位，派使者去收取郡国，说："先投降的人就保存他的爵位。"寇恂跟随耿况在上谷郡的边界上迎接使者，耿况把印绶上交给使者，使者收下了，过了一个晚上还没有归还的意思。寇恂带兵进去面见使者，请求将印绶交还给耿况。使者不还，说："我是天子的使者，功曹想威胁我吗？"寇恂说："我不敢威胁您，只是暗自担忧您的计划不周全。现在天下刚刚平定，国家的信用还未宣扬，您接受了帝王的使命，带着符节俯临四方，郡国的人无不伸长了脖子竖起了耳朵，望风而动，准备归顺。如今刚刚到了上谷郡就要先毁弃信义，打击归服之心，催生叛离的裂痕，又将凭借什么来号令其他的郡国呢？况且耿府君在上谷郡，一直都为官吏百姓所拥戴，现在如果更换太守，即使能找到贤才也不能在仓促间安定局面，用了不贤能的人就会更加混乱。我建议您，不如恢复耿况的爵位来安定百姓。"使者不吭声，寇恂叱令左右的人用使者的命令召见耿况。耿况来了，寇恂上前拿了印绶给耿况带上。使者不得已，只好用更始帝的名义任命耿况，耿况接受后就回去了。

及王郎起，遣将徇上谷，急况发兵①。恂与门下掾闳业共说况曰②："邯郸拔起，难可信向。昔王莽时，所难独有刘伯升耳。今闻大司马刘公，伯升母弟，尊贤下士，士多归之，可攀附也。"况曰："邯郸方盛，力不能独拒，如何？"恂对曰："今上谷完实，控弦万骑③，举大郡之资，可以详择去就④。恂请东约渔阳，齐心合众，邯郸不足图也。"况然之，乃遣恂到渔阳，结谋彭宠。恂还，至昌平，袭击邯郸使者，杀之，夺其军，遂与况子弇等俱南及光武于广阿。拜恂为偏将军，号承义侯，从破群贼。数与邓禹谋议，禹奇之，因奉牛酒共交欢。

【注释】

①急：迫使，逼迫。

②门下掾（yuàn）：汉代州郡长官自己选荐的属吏。因常居门下，故称。

③控弦：拉弓持弓，借指士兵。

④去就：取舍。

【译文】

等到王郎起兵时，派将士攻取上谷郡，威逼耿况火速发兵。寇恂与自己的属官闳业一同劝耿况说："邯郸突然兴起，还不值得信任归顺。过去王莽当权时，难以对付的只有刘伯升。现在听说大司马刘公，是刘伯升的弟弟，尊重贤才，善待士人，士人大多归附他，我们也可前去攀附。"

耿况说:"邯郸现在兵力强盛,以我们的力量无法抵抗,怎么办?"寇恂回答说:"现在上谷郡完好充实,张弓持箭的骑兵有上万人,凭借大郡的实力,可以自由地选择去向。我请求您允许我到东面联合渔阳郡,齐心协力,共同抗敌,邯郸就不难对付了。"耿况赞同他的计划,就派寇恂到了渔阳郡,谋划与彭宠结盟的事宜。寇恂从渔阳回来,到了昌平县,袭击了邯郸来的使者,并杀死了使者,抢了他的军队,然后和耿况的儿子耿弇等一起到南边的广阿投奔光武。光武任寇恂为偏将军,封为承义侯。寇恂跟从光武攻打群贼。寇恂多次和邓禹谋划计议,邓禹认为他是个奇才,送上牛酒和他一同痛饮交欢。

光武南定河内,而更始大司马朱鲔等盛兵据洛阳,及并州未安,光武难其守,问于邓禹曰:"诸将谁可使守河内者?"禹曰:"昔高祖任萧何于关中,无复西顾之忧,所以得专精山东,终成大业。今河内带河为固①,户口殷实,北通上党,南迫洛阳。寇恂文武备足,有牧人御众之才,非此子莫可使也。"乃拜恂河内太守,行大将军事。光武谓恂曰:"河内完富,吾将因是而起。昔高祖留萧何镇关中,吾今委公以河内,坚守转运,给足军粮,率厉士马②,防遏它兵,勿令北度而已③。"光武于是复北征燕、代。恂移书属县,讲兵肄射④,伐淇园之竹⑤,为矢百余万,养马二千匹,收租四百万斛,转以给军。

【注释】

①带河：黄河环绕。

②率厉：率领督促。

③度：通"渡"，过江湖。

④讲兵：讲武练兵。肄（yì）射：演练射箭。肄，演习，练习。

⑤淇园：在淇县，原为卫国苑囿，多竹。

【译文】

光武向南平定了河内，而更始帝的大司马朱鲔等带领重兵据守洛阳，此外还有并州尚未平定，光武对河内太守的人选感到为难，问邓禹说："众将领中可以派谁去镇守河内？"邓禹说："过去高祖让萧何镇守关中，就不用再担忧西边的事了，所以能够专心致力于山东的事务，最终成就大业。现在河内黄河环绕，固不可摧，人口殷实，北通上党，南临洛阳。寇恂文武双全，有管理人民、整治军队的才略，除了他没有人可以派遣了。"于是光武就任命寇恂为河内太守，履行大将军的职务。光武对寇恂说："河内完好富庶，我要依靠它来发展势力。过去高祖留下萧何镇守关中，现在我委任您管理河内，坚守阵地，转运军需，给足军粮，训练好士卒战马，防备其他势力的入侵，不要让他们向北渡过黄河。"光武接着就向北征伐燕、代两地。寇恂下达文书到各个属县，讲武练兵，演练射箭，砍伐淇园的竹子，造了一百多万支箭，养了两千匹战马，收了四百万斛的租赋，全部供给军队。

朱鲔闻光武北而河内孤，使讨难将军苏茂、副将贾彊将兵三万余人，度巩河攻温①。檄书至，恂即勒军驰出，并移告属县，发兵会于温下。军吏皆谏曰："今洛阳兵度河，前后不绝，宜待众军毕集，乃可出也。"恂曰："温，郡之藩蔽，失温则郡不可守。"遂驰赴之。旦日合战，而偏将军冯异遣救及诸县兵适至，士马四集，幡旗蔽野。恂乃令士卒乘城鼓噪，大呼言曰："刘公兵到！"苏茂军闻之，陈动②，恂因奔击，大破之，追至洛阳，遂斩贾彊。茂兵自投河死者数千，生获万余人。恂与冯异过河而还。自是洛阳震恐，城门昼闭。时光武传闻朱鲔破河内③，有顷恂檄至，大喜曰："吾知寇子翼可任也！"诸将军贺，因上尊号，于是即位。

【注释】

①度：通"渡"。下面"今洛阳兵度河"中的"度"字与此义同。巩河：流经巩县的一段黄河，巩县为洛阳所辖。

②陈：军阵。

③传闻：听说。

【译文】

朱鲔听说光武北征而河内孤立，就派了讨难将军苏茂、副将贾彊带着三万多人，渡过巩河攻打温县。檄文一到，寇恂就带兵飞奔出城，并下达文书通告各属县，一齐出兵到温县之外会师。军中的官员都劝谏说："洛阳的部队正渡过黄河，队伍前后连绵不绝，应该等我们各路队伍全部集合完毕，才可出击。"寇恂回答说："温县是河内郡的屏障，丢掉温县整个郡就守不住了。"于是火速赶到温县。第二天两军交锋，偏将军冯异派来的援军及各属县的部队适时赶到，四方兵马齐至，旌旗遍野。寇恂命令士兵登上城头，擂鼓呐喊，高呼："刘秀的部队来了！"苏茂的军队听到后，军阵骚动，寇恂趁势冲击，把他们打得大败，一直追到洛阳，杀了贾彊。苏茂的士兵跳到黄河中淹死的有数千人，被活捉的有一万多人。寇恂与冯异渡过黄河回到了河内。从此洛阳震动惊恐，大白天都紧闭着城门。当时，光武听传闻说朱鲔攻破河内，不一会儿，寇恂的捷报传到了，他非常高兴，说："我就知道寇子翼是可用之才！"将军们都来祝贺，趁势劝他即位，于是光武正式登上皇位。

时军食急乏，恂以辇车骊驾转输①，前后不绝，尚书升斗以禀百官②。帝数策书劳问恂，同门生茂陵董崇说恂曰："上新即位，四方未定，而君侯以此时据大郡，内得人心，外破苏茂，威震邻敌，功名发闻，此谗人侧目怨祸之时也。昔萧何守关中，悟鲍生之言而高祖悦③。今君所将，皆宗族昆弟也，无乃当以前人为镜戒。"恂然其言，称疾不视事。帝将攻洛阳，先至河内，恂求从军。帝曰："河内未可离也。"数固请，不听，乃遣兄子寇张、姊子谷崇将突骑愿为军锋。帝善之，皆以为偏将军。

【注释】

①辇车：用人力挽拉的辎重车。骊驾：并列驾驶。骊，通"丽"，并驾。

②禀：赐以谷物。

③"昔萧何守关中"二句：刘邦与项羽交战，留下萧何镇守关中，又多次派使者慰劳萧何。鲍生劝他说："汉王自己在战场上露宿风餐，却一连几次派人来慰问您，这是因为他怀疑您了。为您考虑，不如把您的子孙兄弟凡是能拿起武器的全都送到前方，这样汉王就会更加信任您了。"萧何采纳了鲍生的建议，得到刘邦的信任。

【译文】

那时军中食物极度缺乏，寇恂用人力车和两匹马拉的车运输粮食，运送粮食的队伍前后相连，连绵不绝。尚书按升斗把谷物赐给百官。光武帝多次下策书慰问寇恂。寇恂的同窗茂陵人董崇劝寇恂说："皇上刚刚即位，四方还未平定，而您身为诸侯，此时却占据着大郡，在郡内深得人心，对外又大败苏茂，威震邻近的敌军，功名远扬，这正是谗佞的小人妒忌怨恨制造祸端的时候。过去萧何镇守关中，领悟了鲍生的话后而使高祖感到高兴。现在您所统领的，都是同宗族的兄弟，是不是应该以前人为鉴戒呢？"寇恂认为他说得很有道理，就称病不再过问政事。光武帝准备攻打洛阳，先到河内郡，寇恂请求跟从光武帝征战。光武帝说："河内离不开你。"寇恂多次坚决请求，光武帝都不肯，寇恂就派了他哥哥的儿子寇张、姐姐的儿子谷崇带领精锐骑兵去当光武帝军中的前锋。光武帝十分赞赏，把他们全部封为偏将军。

建武二年，恂坐系考上书者免①。是时颍川人严终、赵敦聚众万余，与密人贾期连兵为寇。恂免数月，复拜颍川太守，与破奸将军侯进俱击之。数月，斩期首，郡中悉平定。封恂雍奴侯，邑万户。

【注释】

①坐：犯罪。系：拘囚，拘禁。考：按问，刑讯。

【译文】

建武二年，寇恂因为拘禁讯问上书的人而被免官。当时，颍川人严终、赵敦聚集一万多人，与密县人贾期联合兵力一起作乱。寇恂被罢免几个月之后，又被任命为颍川太守，和破奸将军侯进一起去攻打他们。几个月后，斩了贾期的头，颍川郡内全部被平定了。光武帝因此封寇恂为雍奴侯，享受万户的食邑。

执金吾贾复在汝南，部将杀人于颍川，恂捕得系狱。时尚草创①，军营犯法，率多相容，恂乃戮之于市。复以为耻，叹。还过颍川，谓左右曰："吾与寇恂并列将帅，而今为其所陷②，大丈夫岂有怀侵怨而不决之者乎③？今见恂，必手剑之！"恂知其谋，不欲与相见。谷崇曰："崇，将也，得带剑侍侧。卒有变，足以相当。"恂曰："不然。昔蔺相如不畏秦王而屈于廉颇者，为国也④。区区之赵，尚有此义，吾安可以忘之乎？"乃敕属县盛供具⑤，储酒醪⑥，执金吾军入界，一人皆兼二人之馔。恂乃出迎于道，称疾而还。贾复勒兵欲追之，而吏士皆醉，遂过去⑦。恂遣谷崇以状闻，帝乃征恂。恂至引见，时复先在坐，欲起相避。帝曰："天下未定，两虎安得私斗？今日朕分之。"于是并坐极欢，遂共车同出，结友而去。

【注释】

①草创：开始兴办，创建。

②陷：陷害。

③侵怨：受他人侵害而产生的仇怨。决：决断。

④"昔蔺相如"二句：蔺相如完璧归赵并在渑池会上对秦国君臣毫不让步，维护了赵国的尊严，被封为上卿，比老将廉颇职位高，廉颇欲羞辱他，蔺相如总是避让廉颇，手下人抱怨他怯懦，他说："强秦之所以不敢进攻赵国，就因为有我们两个人在。现在如果我们两个人争执起来，那就如同二虎相争，肯定不能两全。我之所以对廉颇一再忍让，就是因为我要把国家利益放在前头，而把个人恩怨放在其次。"

⑤供具：陈设酒食的器具，亦指酒食。

⑥酒醪（láo）：泛指酒。醪，汁渣混合的酒，又称浊酒，又总称酒。

⑦过去：路过离去。

【译文】

执金吾贾复在汝南郡，他的部将在颍川杀了人，寇恂就把他逮捕关进了监狱。当时政权还处于草创的阶段，军营中的人犯法，一般都宽容，寇恂却在集市上当众杀了他。贾复以此为耻辱，大为叹息。归途经过颍川，对手下的人说："我和寇恂同为将帅，而现在却被他陷害，大丈夫岂能被人侵害心怀怨恨却不做决断？今天看到寇恂，一定要亲手用剑杀了他！"寇恂得知了他的计谋，不想和他相见。谷崇说："我是武将，可以带剑在身旁侍候。一旦有什么变故，我完全可以与他对抗。"寇恂说："不是这样。过去蔺相如不怕秦王却对廉颇委曲求全，是为了国家。小小的赵国，还有这样的道义，我怎么可以把它忘了呢？"于是明令下属各县准备大量食物，储备美酒，执金吾的部队一进入边界，将士们一人就得到了两个人的饭食。寇恂也出城到大道上迎接，然后又假托生病回去了。贾复带着兵想要追杀，但手下的将士都喝醉了，于是路过颍川离去了。寇恂派谷崇把情况报告给光武帝，光武帝就召见了寇恂。寇恂被引见时，贾复已经在座，想起身避开。光武帝说："天下还未平定，两虎岂能私下争斗？今天我替你们解除矛盾。"于是让他们坐在一起，尽情笑乐，接着同坐一辆车出宫，结成朋友后才分手。

恂归颍川。三年，遣使者即拜为汝南太守，又使骠骑将军杜茂将兵助恂讨盗贼。盗贼清静，郡中无事。恂素好学，乃修乡校，教生徒，聘能为《左氏春秋》者，亲受学焉。七年，代朱浮为执金吾。明年，从车驾击隗嚣，而颍川盗贼群起，帝乃引军还，谓恂曰："颍川迫近京师，当以时定。惟念独卿能平之耳，从九卿复出^①，以忧国可也。"恂对曰："颍川剽轻^②，闻陛下远逾阻险，有事陇、蜀，故狂狡乘间相诖误耳^③。如闻乘舆南向，贼必惶怖归死。臣愿执锐前驱。"即日车驾南征，恂从至颍川，盗贼悉降，而竟不拜郡。百姓遮道曰："愿从陛下复借寇君一年。"乃留恂长社，镇抚吏人，受纳余降。

【注释】

①从九卿复出：从九卿，当时寇恂任执金吾，虽然不属于九卿，但与九卿享受同样的俸禄，故称"从九卿"。

②剽（piāo）轻：强悍轻捷。剽，勇猛强悍。

③狂狡：狂妄狡诈之徒。诖（guà）误：贻误，连累。诖，贻误，欺骗。

【译文】

寇恂回到颍川。建武三年，光武帝派使者到郡中委任他为汝南太守，又派骠骑将军杜茂带兵协助寇恂讨伐群贼。盗贼被平息了，郡中清静无事。寇恂平素很好学，就整修了乡校，教授学生，聘请通晓《左氏春秋》的人，亲自向他学习。建武七年，接替朱浮任执金吾。第二年，跟从光武帝攻打隗嚣，而颍川的盗贼又蜂拥而起，光武帝只得带军返回，对寇恂说："颍川迫近京城，应该及时平定。只是考虑到唯有您能平定此地，所以将您从九卿的位置上再调离出去，是为国家考虑的意思。"寇恂回答说："颍川人剽悍轻捷，听说陛下不顾艰难险阻，远征陇、蜀两地，所以狂妄狡诈之徒乘机欺骗他们。如果听说您又掉头南返，这些乱贼必定要惶惑恐惧，归降请死。我请求带着锐利的武器充当您的前锋。"于是当天就向南进发，寇恂跟着光武帝到了颍川，群贼全部投降，但光武帝最后并没有任命寇恂为太守。百姓挡住去路说："希望能从陛下那里再借用寇君一年。"于是就把寇恂留在了长社县，安抚官吏百姓，接纳余下的盗贼来归降。

初，隗嚣将安定高峻，拥兵万人，据高平第一①，帝使待诏马援招降峻，由是河西道开。中郎将来歙承制拜峻通路将军，封关内侯，后属大司马吴汉，共围嚣于冀。及汉军退，峻亡归故营，复助嚣拒陇坻。及嚣死，峻据高平，畏诛坚守。建威大将军耿弇率太中大夫窦士、武威太守梁统等围之，一岁不拔。十年，帝入关，将自征之，恂时从驾，谏曰："长安道里居中，应接近便，安定、陇西必怀震惧，此从容一处可以制四方也②。今士马疲倦，方履险阻，非万乘之固，前年颍川，可为至戒。"帝不从。进军及汧，峻犹不下，帝议遣使降之，乃谓恂曰："卿前止吾此举，今为吾行也。若峻不即降，引耿弇等五营击之。"恂奉玺书至第一，峻遣军师皇甫文出谒，辞礼不屈③。恂怒，将诛文。诸将谏曰："高峻精兵万人，率多强弩④，西遮陇道，连年不下。今欲降之而反戮其使，无乃不可乎？"恂不应，遂斩之。遣其副归告峻曰："军师无礼，已戮之矣。欲降，急降；不欲，固守。"峻惶恐，即日开城门降。诸将皆贺，因曰："敢问杀其使而降其城，何也？"恂曰："皇甫文，峻之腹心，其所取计者也。今来，辞意不屈，必无降心。全之则文得其计，杀之则峻亡其胆，是以降耳。"诸将皆曰："非所及也。"遂传峻还洛阳。

【注释】

①高平第一：高平县第一城。第一，城名。

②从容：逗留盘桓。

③辞礼不屈：言辞礼节不顺从。

④强弩：硬弓，借指能开硬弓的射手。

【译文】

当初，隗嚣的将领安定人高峻，带着万人部队，据守在高平县第一城。光武帝派待诏马援前去招降了高峻，从此河西之道被开通了。中郎将来歙遵照光武帝旨意任命高峻为通路将军，封他为关内侯，后来跟从大司马吴汉，一起在冀地围攻隗嚣。等到汉军撤退时，高峻逃回了原来的军营，又协助隗嚣拒守陇坻。隗嚣死后，高峻占据着高平县，担心被杀死而坚守城池。建威大将军耿弇率领太中大夫窦士、武威太守梁统等围攻他，一年都无法攻下。光武帝进入关中后，准备亲自征伐他，寇恂当时也跟随着光武帝，劝谏说："长安在洛阳到高平的中间位置，接应快捷方便，安定、陇西必定要震惊恐惧，这样在一个地方留驻就可以牵制四方了。现在士兵军马已经疲倦不堪了，还要历经险阻，不能形成强大坚固的军阵，前年颍川之事，就是最好的鉴戒。"光武帝没有听从他的建议。进军到了沂县，还是拿不下高峻，光武帝和大家商量派使者前去招降他，对寇恂说："你之前已经阻止过我的这次行动，现在还得请你替我走一趟。如果高峻不马上投降，我就带着耿弇等五个军营的力量去前去攻打。"寇恂带上玺书到了第一城，高峻派遣军师皇甫文出城谒见他们，言辞礼节都不顺从。寇恂大怒，准备杀了皇甫文。将军们都劝谏说："高峻有万人精兵，且绝大多数是能开硬弓的箭手，霸守着陇西的大道，几年都无法攻破他们。现在想要招降他们却要杀了他们的使者，恐怕不行吧？"寇恂不答应，就把使者杀了。然后派了他的副手回去告诉高峻说："军师无礼，已经被杀了。想投降，快点来；不想投降，就请固守在城中吧。"高峻惶恐不安，当天就打开城门投降了。将军们都来祝贺，问他说："敢问杀了他们的使者而能让他们全城投降，是为什么呢？"寇恂回答说："皇甫文，是高峻的心腹，是他求取计策的人。他前来会见我们，言辞并不屈让，必定没有归降之心。保全他就中了皇甫文的计谋，杀了他则高峻胆量全无，所以才会来投降。"将军们说："这真是我们无法想到的。"接着，他们就把高峻押送回洛阳。

恂经明行修，名重朝廷，所得秩奉，厚施朋友、故人及从吏士。常曰："吾因士大夫以致此，其可独享之乎！"时人归其长者，以为有宰相器。

【译文】

寇恂通晓经书，注重修养，在朝廷中享有很高的声望，所得到的俸禄，总是很大方地馈赠给他的亲朋老友以及手下的将士。他经常说："我是靠着这些士大夫才能走到今天，怎么可以独自享受这些好处呢？"当时的人把他当作德高望重的人，认为他有宰相的器量。

十二年卒，谥曰威侯。子损嗣。恂同产弟及兄子、姊子以军功封列侯者凡八人，终其身，不传于后。

【译文】

建武十二年，寇恂去世，谥号威侯。他的儿子寇损继承爵位。寇恂同母的弟弟及兄长的儿子，姐姐的儿子因立下军功被封为列侯的一共有八个人，但只限于自己终身享用，没有传给后代。

冯异列传

　　冯异（？—34），是光武时期的名将。他曾为王莽抵御汉兵，被汉军捉拿后为刘秀所用。从此，冯异与刘秀患难与共，立下赫赫战功。冯异与将领们一起拥立刘秀为光武皇帝。接着就承担起平定关中的重任，与赤眉军展开了艰苦的决战，平定了各种割据势力，为刘秀赢得政权与民心。在军队中，冯异谦虚谨慎，身先士卒，享有"大树将军"的美名。

冯异字公孙，颍川父城人也。好读书，通《左氏春秋》、《孙子兵法》。

【译文】

冯异表字公孙，是颍川郡父城县人。他喜好读书，通晓《左氏春秋》、《孙子兵法》。

汉兵起，异以郡掾监五县，与父城长苗萌共城守，为王莽拒汉。光武略地颍川，攻父城不下，屯兵巾车乡。异间出行属县，为汉兵所执。时异从兄孝及同郡丁𬘓、吕晏，并从光武，因共荐异，得召见。异曰：“异一夫之用，不足为强弱。有老母在城中，愿归据五城，以效功报德^①。”光武曰：“善。”异归，谓苗萌曰：“今诸将皆壮士屈起^②，多暴横，独有刘将军所到不虏掠。观其言语举止，非庸人也，可以归身。”苗萌曰：“死生同命，敬从子计。”光武南还宛，更始诸将攻父城者前后十余辈，异坚守不下；及光武为司隶校尉，道经父城，异等即开门奉牛酒迎。光武署异为主簿，苗萌为从事。异因荐邑子铫期、叔寿、段建、左隆等，光武皆以为掾史，以至洛阳。

【注释】

①效功：效劳，立功。报德：报答恩德。

②屈（jué）起：崛起，兴起。屈，通“崛”。

【译文】

汉兵初起时，冯异以郡中副官的身份监察五个县，与父城长官苗萌共同守城，为王莽抵御汉军。光武抢占颍川时，攻不下父城，军队屯扎在巾车乡。冯异到所管辖的属县巡察时，被汉军抓获。当时冯异的堂兄冯孝以及同乡人丁綝、吕晏，都跟随着光武，一起向光武举荐冯异，得到了召见。冯异说："以冯异我一人的微薄之力，不足以影响您的强弱。我的老母尚在父城之中，请允许我回去据守五个城邑，立功来报答您的恩德。"光武回答说："很好。"冯异回去后，对苗萌说："当今许多将领都是由武士兴起，大多暴虐专横，只有刘将军所到之处不抢掠。我看他的言谈举止，并非庸俗之辈，可以归附他。"苗萌说："我与您生死与共，一切都听从您的安排。"光武南归宛城，更始攻打父城的将领前后有十几个，冯异严加防守，没有被攻破；等到光武担任司隶校尉，途经父城时，冯异等人随即打开城门奉上牛酒相迎。光武任命冯异为主簿，苗萌为从事。冯异于是推荐同乡人铫期、叔寿、段建、左隆等，光武都把他们收为自己的属官，带回洛阳。

更始数欲遣光武徇河北，诸将皆以为不可。是时左丞相曹竟子诩为尚书，父子用事，异劝光武厚结纳之。及度河北①，诩有力焉。

【注释】

①度：通"渡"，渡过。

【译文】

更始帝多次想派遣光武攻取河北，将领们都认为不妥。那时左丞相曹竟之子曹诩担任尚书，父子掌握朝政，冯异劝光武与他们深交。等到北渡黄河时，曹诩起到很大的作用。

自伯升之败，光武不敢显其悲戚，每独居，辄不御酒肉，枕席有涕泣处。异独叩头宽譬哀情。光武止之曰："卿勿妄言。"异复因间进说曰："天下同苦王氏，思汉久矣。今更始诸将从横暴虐，所至虏掠，百姓失望，无所依戴①。今公专命方面②，施行恩德。夫有桀、纣之乱，乃见汤、武之功；人久饥渴，易为充饱。宜急分遣官属，徇行郡县③，理冤结④，布惠泽。"光武纳之。至邯郸，遣异与铫期乘传抚循属县⑤，录囚徒，存鳏寡，亡命自诣者除其罪，阴条二千石长吏同心及不附者上之⑥。

【注释】

①依戴：依附拥戴。

②专命：不受上命自由行事。方面：一个地方的军政
　要职或其长官。

③徇行：巡行。

④理冤结：审理冤屈。

⑤传（zhuàn）：驿站的车马。

⑥二千石：汉制，郡守俸禄为二千石，世人因称郡守

为二千石。石，重量单位，重一百二十斤。这里作为官俸的计量单位。

【译文】

自从刘伯升被害之后，光武不敢显露出自己的悲戚之情，而当一个人独处时，就不沾酒肉，枕席上总是有泪痕。冯异独自叩头劝慰光武节哀。光武制止说："您不要乱说。"冯异又寻找机会向光武进言说："天下人都被王莽折磨得很苦，期盼汉室复兴已经很久了。但现在更始帝的将领们横行暴虐，每到一个地方就烧杀抢掠，百姓大失所望，没有可以依托拥戴的人。现在您在地方专权，向百姓施行恩德。因为有了夏桀、商纣的混乱，才造就了商汤、周武的功勋；长久饥渴的人，很容易就能让他饱足。您应该尽快分派属官，巡察各郡县，审理冤屈，广施恩泽。"光武采纳了他的建议。到了邯郸，就派冯异与铫期乘传车安抚各郡县，造册登记囚徒的名单，安置鳏夫、寡妇，对畏罪潜逃又回来自首的罪犯就免除他的罪责，秘密地记下郡守及其属吏中的支持者与反对者，交给光武。

及王郎起，光武自蓟东南驰，晨夜草舍①，至饶阳无蒌亭。时天寒烈，众皆饥疲，异上豆粥。明旦，光武谓诸将曰："昨得公孙豆粥，饥寒俱解。"及至南宫，遇大风雨，光武引车入道傍空舍，异抱薪，邓禹爇火，光武对灶燎衣。异复进麦饭菟肩②。因复度虖沱河至信都③，使异别收河间兵。还，拜偏将军。从破王郎，封应侯。

【注释】

①舍：休息。

②菟肩：植物名，属葵类，可食。

③度：通"渡"，渡过。

【译文】

等到王郎兴起，光武从蓟城城东快速南下，昼夜兼行，草草休息，来到了饶阳的无蒌亭。当时天寒地冻，众人饥渴疲惫，冯异送来了豆粥。第二天一早，光武对将领们说："昨天得到冯异送来的豆粥，饥饿寒冷就都解除了。"到了南宫县，遇上了大风雨，光武将车停到了路旁的空房子里，冯异抱来干柴，邓禹烧起火来，光武对着灶烘烤衣服。冯异又送上麦饭和野菜。光武于是又渡过滹沱河到了信都，派冯异另去聚集河间的军马。冯异回来后，就被封为偏将军。后来又跟着光武击败王郎，被封为应侯。

异为人谦退不伐①，行与诸将相逢，辄引车避道。进止皆有表识②，军中号为整齐。每所止舍，诸将并坐论功，异常独屏树下③，军中号曰"大树将军"。及破邯郸，乃更部分诸将④，各有配隶。军士皆言愿属大树将军，光武以此多之。别击破铁胫于北平，又降匈奴于林阖顿王，因从平河北。

【注释】

①伐：自我夸耀。

②表识（zhì）：标记，标识。

③屏（bǐng）：退避。

④部分：部署，安排。

【译文】

冯异为人谦让，从不自夸，路上与其他将领相遇，总是把自己的车避让到路边。进退都有标识，在军中最有秩序。每次军队停下来作短暂休息时，将领们都围坐在一起讲论战功，冯异却经常独自避坐大树之下，因此在军中有"大树将军"的称号。攻破邯郸后，军中调整将领部署，并分配各自的属官。士官们都说愿意跟从大树将军，光武因此更对他另眼相看。冯异独自率军击败北平县的铁胫军，又降服了匈奴的于林阐顿王，接着又跟从光武平定河北。

时更始遣舞阴王李轶、廪丘王田立、大司马朱鲔、白虎公陈侨将兵号三十万，与河南太守武勃共守洛阳。光武将北徇燕、赵，以魏郡、河内独不逢兵，而城邑完，仓廪实，乃拜寇恂为河内太守，异为孟津将军，统二郡军河上，与恂合执①，以拒朱鲔等。

【注释】

①合执（shì）：合势。执，通"势"。

【译文】

这时，更始帝派舞阴王李轶、廪丘王田立、大司马朱鲔、白虎公陈侨带领三十万军马，和河南太守武勃一同镇守洛阳。光武将要北取燕、赵，考虑到唯独魏郡、河内没有遭受过战争的摧残，城邑完好，仓库充实，就委任寇恂为河内太守，冯异任孟津将军，统领两郡的军队驻守在黄河边上，与寇恂联合兵力，抗拒朱鲔等人。

异乃遗李轶书曰："愚闻明镜所以照形，往事所以知今。昔微子去殷而入周，项伯畔楚而归汉①，周勃迎代王而黜少帝，霍光尊孝宣而废昌邑。彼皆畏天知命，睹存亡之符，见废兴之事，故能成功于一时，垂业于万世也。苟令长安尚可扶助，延期岁月，疏不间亲，远不逾近，季文岂能居一隅哉②？今长安坏乱，赤眉临郊，王侯构难③，大臣乖离④，纲纪已绝，四方分崩，异姓并起，是故萧王跋涉霜雪，经营河北。方今英俊云集，百姓风靡，虽邠岐慕周⑤，不足以喻。季文诚能觉悟成败，亟定大计，论功古人，转祸为福，在此时矣。如猛将长驱，严兵围城⑥，虽有悔恨，亦无及已。"

【注释】

①畔：通"叛"，背离。

②季文：李轶，字季文。

③构难：结仇交战。

④乖离：背离。

⑤邠（bīn）岐慕周：据《史记》记载，周族古公亶（dǎn）父，积德行义，国人都很爱戴他。戎狄人进攻邠国，他不忍交战，就带着家属离开邠国。邠国

的人就扶老携幼，跟随他定居在岐山之下。

⑥严兵：犹陈兵，部署军队。

【译文】

冯异便写信给李轶说："我听说明镜是用来照出原形的，追忆往事才能更好地洞察时事。过去微子离开殷商投奔周武王，项伯叛离项羽而归附汉室，周勃废黜少帝而迎立代王，霍光废掉昌邑王而尊立孝宣帝，他们都畏惧天意知晓天命，看到了存亡的征兆，深谙盛衰的规律，所以能抓住成功的时机，成就万世的功业。假如长安的更始帝还值得扶助，还能继续拖延时日，疏远的人不离间超越亲近的人，那么您怎么会被置放在边远的角落呢？如今长安破败混乱，赤眉军逼近郊区，王侯发难，大臣叛离，法纪规矩早已荡然无存，四方分崩离析，刘姓之外的势力纷然而起，所以萧王才长途跋涉，顶着严霜冷雪，苦心经营河北。如今这里英才俊杰云集，百姓人心齐向，即使是邠岐的百姓思慕古公亶父，也无法与此相比。您如果能明白成败的大势，立即做出决断，与古人比量功劳，转祸为福，现在正是最好时机。如果勇猛的将士长驱而来，部署军队包围城池，您悔恨也来不及了。"

初，轶与光武首结谋约，加相亲爱，及更始立，反共陷伯升。虽知长安已危，欲降又不自安。乃报异书曰："轶本与萧王首谋造汉，结死生之约，同荣枯之计。今轶守洛阳，将军镇孟津，俱据机轴①，千载一会，思成断金②。惟深达萧王，愿进愚策，以佐国安人。"轶自通书之后，不复与异争锋，故异因此得北攻天井关，拔上党两城，又南下河南成皋已东十三县，及诸屯聚，皆平之，降者十余万。武勃将万余人攻诸畔者，异引军度河，与勃战于士乡下，大破斩勃，获首五千余级，轶又闭门不救。异见其信效③，具以奏闻。光武故宣露轶书④，令朱鲔知之。鲔怒，遂使人刺杀轶。由是城中乖离，多有降者。鲔乃遣讨难将军苏茂将数万人攻温，鲔自将数万人攻平阴以缀异⑤。异遣校尉护军将兵，与寇恂合击茂，破之。异因度河击鲔，鲔走；异追至洛阳，环城一匝而归。

【注释】

①机轴：比喻关键重要的处所。

②断金：谓同心协力或情义深厚。

③信效：守信用并见诸行动收到实效。

④宣露：泄露，透露。

⑤缀（chuò）：牵制。

【译文】

当初，李轶最早与光武结下盟约，互敬互爱，但更始称帝后，李轶却一起陷害刘伯升。现在虽明知长安已危在旦夕，想要投降又十分不安，就回信给冯异说："我本来是最早与萧王共同谋划中兴汉室的，我们结下了生死之约，计划要同甘苦、共存亡。现在我驻守洛阳，将军您镇守孟津，占据的都是关键要害之地，这是千载难逢的机会，希望能够同心协力。请向萧王转达我的心迹，我愿进献策略，以辅佐国家、安定百姓。"李轶自从回信之后，就不再和冯异针锋相对了，冯异也因此攻取了北面的天井关，攻下了上党郡的两个城市，又南下平定了河南成皋以东的十三个县以及各地军队屯聚之地，投降的人有十余万。武勃带着万把人攻打投降的队伍，冯异带兵渡过黄河，与武勃在士乡亭交战，大败武勃，杀敌五千多人，李轶还是关着城门，没有援救武勃。冯异见他很讲信用，用行动证明了忠心，就向光武上奏了事情的全部经过。光武故意泄露了李轶的书信，让朱鲔知道这件事。朱鲔大怒，派人刺杀李轶。此后洛阳城中人心叛离，许多人都投降了。朱鲔派讨难将军苏茂领着几万人攻打温县，自己则带着几万兵力攻打平阴县以牵制冯异。冯异派校尉护军带兵和寇恂联合打败了苏茂，并趁势渡过黄河痛击朱鲔，朱鲔逃走；冯异一直追到洛阳，绕城一周才撤军。

移檄上状，诸将皆入贺，并劝光武即帝位。光武乃召异诣鄗，问四方动静。异曰："三王反畔①，更始败亡，天下无主，宗庙之忧，在于大王。宜从众议，上为社稷，下为百姓。"光武曰："我昨夜梦乘赤龙上天，觉悟②，心中动悸③。"异因下席再拜贺曰："此天命发于精神。心中动悸，大王重慎之性也。"异遂与诸将定议上尊号。

①三王反畔：指淮南王张卬，穰王廖湛，随王胡殷。更始帝想杀了他们，他们就带兵抢了东西市场，冲进宫中，大败更始帝。

②觉悟：睡醒。

③动悸：感情受到触动而心跳加速。

【译文】

冯异于是修文书通报各方，上奏光武，将领们都来表示祝贺，并劝他登上皇帝之位。光武便召冯异到鄗县，询问四方的动静。冯异说："三王反叛，更始衰败，天下无主，建立汉朝宗庙的大任，就落在大王您的身上了。应该听从大家的建议，上为了国家社稷，下为了黎民百姓。"光武说："我昨晚梦见自己坐着红色的龙飞上了天，睡醒后，感到心慌。"冯异赶紧从坐席下来行再拜之礼祝贺，说："这是上天托梦，委您以重任啊。感到心慌，那是您性情谨慎所致。"冯异就和各将领商议，请皇帝即位。

建武二年春，定封异阳夏侯。引击阳翟贼严终、赵根，破之。诏异归家上冢，使太中大夫赍牛酒①，令二百里内太守、都尉已下及宗族会焉。

【注释】

①赍（jī）：送给。

【译文】

建武二年春，正式封冯异为阳夏侯。冯异带兵攻打阳翟一带以严终、赵根为首的盗贼，击破他们。光武帝下诏让冯异回乡祭扫祖坟，派太中大夫送上牛酒，下令二百里内的太守、都尉以下的官员以及同宗族的人陪同祭坟。

时赤眉、延岑暴乱三辅，郡县大姓各拥兵众，大司徒邓禹不能定，乃遣异代禹讨之。车驾送至河南，赐以乘舆七尺具剑①。敕异曰："三辅遭王莽、更始之乱，重以赤眉、延岑之酷，元元涂炭②，无所依诉。今之征伐，非必略地屠城，要在平定安集之耳③。诸将非不健斗④，然好虏掠。卿本能御吏士，念自修敕，无为郡县所苦。"异顿首受命，引而西，所至皆布威信。弘农群盗称将军者十余辈，皆率众降异。

【注释】

① 乘舆：天子或诸侯乘坐的车。具剑：用宝玉装饰的剑。

② 元元：百姓。涂炭：蹂躏摧残。

③ 安集：安定和睦。

④ 健斗：善于战斗。健，善于。

【译文】

此时赤眉、延岑军还在三辅地区残暴作乱，各郡县大姓人家也都各自聚集兵马，大司徒邓禹无法平定他们，光武帝就派冯异代替邓禹讨伐他们。光武帝亲自将他送到河南，赐给他自己的乘车和用宝玉装饰的七尺宝剑。告诉冯异说："三辅地区饱受王莽、更始政权的折磨，继而又遭受赤眉、延岑军马的暴虐，黎民百姓饱受摧残，没有可以依靠与倾诉的对象。我们的征伐，不是为了侵占土地、抢掠城市，重要的是平定混乱，让百姓安定和睦而已。那些将领不是不善于战斗，但喜好抢掠。你本来就善于管理将士，希望加强约束，不要给郡县增添痛苦。"冯异叩首领命，带兵西征，所到之处都树立了很高的威信。弘农自称将军的盗贼有十几个团伙，都带着队伍投降冯异。

异与赤眉遇于华阴，相拒六十余日，战数十合，降其将刘始、王宣等五千余人。三年春，遣使者即拜异为征西大将军。会邓禹率车骑将军邓弘等引归，与异相遇，禹、弘要异共攻赤眉。异曰："异与贼相拒且数十日，虽屡获雄将，余众尚多，可稍以恩信倾诱①，难卒用兵破也②。上今使诸将屯黾池要其东，而异击其西，一举取之，此万成计也。"禹、弘不从。弘遂大战移日，赤眉阳败③，弃辎重走。车皆载土，以豆覆其上，兵士饥，争取之。赤眉引还击弘，弘军溃乱。异与禹合兵救之，赤眉小却。异以士卒饥倦，可且休，禹不听，复战，大为所败，死伤者三千余人。禹得脱归宜阳。异弃马步走上回谿阪，与麾下数人归营。复坚壁，收其散卒，招集诸营保数万人，与贼约期会战。使壮士变服与赤眉同，伏于道侧。旦日，赤眉使万人攻异前部，异裁出兵以救之④。贼见执弱⑤，遂悉众攻异，异乃纵兵大战。日昃，贼气衰，伏兵卒起，衣服相乱，赤眉不复识别，众遂惊溃。追击，大破于崤底，降男女八万人。余众尚十余万，东走宜阳降。玺书劳异曰："赤眉破平，士吏劳苦，始虽垂翅回谿⑥，终能奋翼黾池⑦，可谓失之东隅，收之桑榆⑧。方论功赏，以答大勋。"

【注释】

①稍：逐渐。倾诱：诱使人顺服。

②卒：同"猝"，即时，立刻。

③阳败：假装失败。阳，假装。

④裁：稍微，略微。

⑤执（shì）：通"势"。

⑥垂翅：垂下翅膀，比喻失利。

⑦奋翼：高举翅膀，比喻振奋而起。

⑧失之东隅，收之桑榆：原指在某处先有所失，在另一处又有所得。东隅，指日出之处，即早晨，喻初始。桑榆：日落时光照桑榆树端，因以指日暮，喻最终。

【译文】

冯异在华阴遭遇赤眉军，双方相持了六十多天，交战数十回合，降服赤眉将领刘始、王宣等五千多人。建武三年春，光武帝派使者到军中封冯异为征西大将军。恰逢邓禹带着车骑将军邓弘等率军东归，与冯异相遇，邓禹、邓弘邀请冯异一同攻打赤眉军。冯异说："我和敌军已经相持几十天了，虽然屡次俘获猛将，但赤眉还有很多的兵马，我们可以慢慢用恩惠信用去诱使他们顺服，难以一下子就用兵攻破他们。圣皇上现在派几个将领屯扎在黾池，从东面拦截他们，而我从西面进击，一举拿下他们，这才是万无一失的计划。"邓禹、邓弘不听。邓弘和赤眉大战一整天，赤眉假装失败，丢下军需车辆逃走。车上装满了土，上面用豆子覆盖着，士兵饥饿，争相抢夺。赤眉军回头痛击邓弘，邓弘溃不成军。冯异和邓禹合力相救，赤眉军才稍稍后撤。冯异认为士兵饥饿疲倦，可以暂且休战，邓禹不听从，又投入战斗，结果惨败，死伤了三千多人。邓禹得以逃脱到宜阳县。冯异弃马徒步逃到回谿阪，和几个部下一起回到军营。又加固了壁垒，聚集逃散的士兵，召集各营堡数万兵马，和敌军约定日期会战。冯异派壮士穿上和赤眉军一样的服装，埋伏在路旁。第二天一早，赤眉军派出万人部队攻打冯异前锋部队，冯异选派出一些士兵前去援救。赤眉军见他们势力单薄，就全军出动攻打冯异，冯异于是全力出击，大战赤眉。太阳快要落山，赤眉军士气衰退，这时埋伏的士兵突然冲出，他们的衣服和赤眉军混在一起，赤眉军无法识别敌我，很快就惊恐崩溃了。冯异乘胜追击，在崤底大败赤眉，降服八万男女。其余还有十多万人马，向东逃到宜阳，也投降了。光武帝下玺书慰劳冯异说："赤眉军被攻破平定了，将士们都很辛劳。虽然开始在回谿阪遭到挫折，但最终还是在黾池重振羽翼，大功告捷。这可以说是'失之东隅，收之桑榆'啊。我要论功行赏，以报答你们的功劳。"

时赤眉虽降，众寇犹盛：延岑据蓝田，王歆据下邽，芳丹据新丰，蒋震据霸陵，张邯据长安，公孙守据长陵，杨周据谷口，吕鲔据陈仓，角闳据汧，骆延据盩厔，任良据鄠，汝章据槐里，各称将军，拥兵多者万余，少者数千人，转相攻击。异且战且行，屯军上林苑中。延岑既破赤眉，自称武安王，拜置牧守，欲据关中，引张邯、任良共攻异。异击破之，斩首千余级，诸营保守附岑者皆来降归异。岑走攻析，异遣复汉将军邓晔、辅汉将军于匡要击岑①，大破之，降其将苏臣等八千余人。岑遂自武关走南阳。

【注释】

①要击：拦击，截击。

【译文】

那时赤眉虽然已经投降，许多盗匪还是非常强盛：延岑占据蓝田，王歆占据下邽，芳丹占据新丰，蒋震占据霸陵，张邯占据长安，公孙守占据长陵，杨周占据谷口，吕鲔占据陈仓，角闳占据汧县，骆延占据盩厔，任良占据鄠县，汝章占据槐里，都自称将军，多则拥有万余兵马，少则也有数千人马，轮番向汉军发起攻击。冯异一路边走边战，驻军在上林苑中。延岑自从打败赤眉军后，自称武安王，设置牧守，想要占据关中，就联合张邯、任良一同围攻冯异。冯异打败了他们，杀敌一千多人。各营堡中依附延岑的人都来归降冯异。延岑转而攻打析县，冯异派遣复汉将军邓晔、辅汉将军于匡拦击，大败延岑，降服了他的将领苏臣等八千多人。延岑只得从武关逃到了南阳。

时百姓饥饿，人相食，黄金一斤易豆五升。道路断隔，委输不至，军士悉以果实为粮。诏拜南阳赵匡为右扶风，将兵助异，并送缣谷，军中皆称万岁。异兵食渐盛，乃稍诛击豪杰不从令者，褒赏降附有功劳者，悉遣其渠帅诣京师，散其众归本业，威行关中。惟吕鲔、张邯、蒋震遣使降蜀，其余悉平。

【译文】

当时百姓饥荒，到了人吃人的地步，一斤黄金只能换五升豆子。道路被切断阻隔，粮食转运不到，军中的士兵都以果子为食。光武帝下诏任命南阳人赵匡为右扶风，带兵援助冯异，并送来了缣帛、谷物，军中都高呼万岁。冯异的队伍食物逐渐充足，就开始讨伐豪杰中不听使令的，褒奖前来投降归附立下功劳的，把首领全部送到京城，遣散士兵，让他们回乡重操旧业。他的威名传遍关中各地，除了吕鲔、张邯、蒋震派人向蜀地的公孙述投降，其他都平定了。

明年，公孙述遣将程焉，将数万人就吕鲔出屯陈仓。异与赵匡迎击，大破之，焉退走汉川。异追战于箕谷，复破之，还击破吕鲔，营保降者甚众。

其后蜀复数遣将间出，异辄摧挫之。怀来百姓^①，申理枉结，出入三岁^②，上林成都。

【注释】

①怀来：招来。

②出入：大概，接近。

【译文】

第二年，公孙述派遣将军程焉带着数万人跟随吕鲔出征，驻扎在陈仓。冯异与赵匡迎头痛击，大败吕鲔等，程焉逃跑到汉川。冯异一路追击到了箕谷，又把他们打败，回头痛打吕鲔，各营堡中投降的人非常多。之后蜀地公孙述多次派将领乘机出袭，冯异一次次地摧毁挫败他们。他招抚百姓，排解冤屈，三年左右，上林成了一座颇具规模的城市。

异自以久在外，不自安，上书思慕阙廷^①，愿亲帷幄^②，帝不许。后人有章言异专制关中，斩长安令，威权至重，百姓归心，号为"咸阳王"。帝使以章示异。异惶惧，上书谢曰："臣本诸生^③，遭遇受命之会^④，充备行伍，过蒙恩私，位大将，爵通侯，受任方面，以立微功，皆自国家谋虑^⑤，愚臣无所能及。臣伏自思惟^⑥：以诏敕战攻，每辄如意；时以私心断决，未尝不有悔。国家独见之明，久而益远，乃知'性与天道，不可得而闻也'^⑦。当兵革始起，扰攘之时，豪杰竞逐，迷惑千数。臣以遭遇，托身圣明，在倾危混殽之中⑧，尚不敢过差，而况天下平定，上尊下卑，而臣爵位所蒙，巍巍不测乎⑨？诚冀以谨敕，遂自终始。见所示臣章，战栗怖惧。伏念明主知臣愚性，固敢因缘自陈⑩。"诏报曰："将军之于国家，义为君臣，恩犹父子。何嫌何疑，而有惧意？"

【注释】

①思慕：思念，追慕。阙廷：朝廷。

②亲帷幄：侍奉皇帝。帷幄，指帝王。天子居处必设帷幄，故称。

③诸生：儒生。

④遭遇：遇到。会：时机。

⑤国家：犹言"官家"，指皇帝。

⑥伏：敬词，古时臣对君奏言多用。思惟：思量。

⑦"性与"二句：语出《论语》："夫子文章，可得而闻也。夫子之言性与天道，不可得而闻也。"以此来赞誉光武的圣明，说明自己的愚钝。

⑧混殽：即混淆，混杂，错乱。

⑨巍巍：崇高。不测：没有想到。

⑩因缘：依据，凭借。

【译文】

冯异长久在外征战，内心不安，就上书表白渴望回归朝廷之心，称愿意亲自侍奉皇帝，光武帝没有准许。后来有人上书说冯异在关中十分专制，斩杀长安县令，拥有至高的权势，百姓都拥戴他，称他为"咸阳王"。光武帝把奏章给冯异看。冯异十分惶恐，上书谢罪说："我本是一介书生，得到受命的机会，充当了汉军的一员，蒙受圣上过多的恩宠，高居大将之位，享有通侯的爵位，接受治理一方的使命，建立了微不足道的功勋，但这些都是圣上苦心思虑的成果，愚钝的臣下根本无力做到这些。我暗自思忖：天子下诏开战，每次都能旗开得胜；我偶尔私自做出征战的决断，没有不悔恨的。皇上有独到高明的眼光，时间越久越显得深远。我由此明白了：'人性与天道，是无法得知的。'刚开始起兵时，天下纷扰混乱，豪杰竞相崛起，相互逐利，迷惑众生。我能遇上圣上，将自己交托给圣明，在危乱混沌之时，都不敢有什么闪失，而今天下太平，上下尊卑有序，我怎么可能为自己的卑微爵位所蒙蔽，不知思量陛下的巍峨高大？我自始至终都想着要谨遵您的旨意。现在看到您给我看的奏章，战战栗栗，惊恐万状。我深知圣明的主上了解微臣的愚钝品性，所以才敢借机表白自己的心迹。"光武帝下诏回复说："将军您忠于国家，谨遵君臣的大义，恩情亲如父子。有什么可嫌疑和恐惧的呢？"

六年春，异朝京师。引见，帝谓公卿曰："是我起兵时主簿也。为吾披荆棘，定关中。"既罢，使中黄门赐以珍宝、衣服、钱帛。诏曰："仓卒无蒌亭豆粥，虖沱河麦饭，厚意久不报。"异稽首谢曰："臣闻管仲谓桓公曰：'愿君无忘射钩，臣无忘槛车①。'齐国赖之。臣今亦愿国家无忘河北之难，小臣不敢忘巾车之恩。"后数引宴见，定议图蜀，留十余日，令异妻子随异还西。

【注释】

①"愿君"以下两句：春秋时管仲曾射中过齐桓公的带钩，后来齐桓公假意令鲁国用囚车把他押送回齐国，不但没有杀他，还任他为宰相。槛车，囚车。

【译文】

建武六年春，冯异进京朝见光武帝。光武帝召见他，并对公卿们说："他是我起兵时的主簿。为我披荆斩棘，平定关中。"之后，让中黄门赐给他珍宝、衣服、钱币、布帛。下诏说："窘迫危急时冯异在无蒌亭送来豆粥，在虖沱河送上麦饭，浓情厚谊久久没能报答。"冯异叩首谢恩说："我听说管仲曾对齐桓公说过：'希望您不要忘记我曾射中您的带钩，我也不会忘记您押解我的囚车。'齐国就是依靠这种信任关系壮大起来的。我也希望圣上不要忘记河北的艰难日子，我也不敢忘记在巾车乡受到的恩遇。"之后光武帝多次宴请冯异，商议收复蜀地之事，过了十几天，才命令冯异带着妻子儿女返回关中。

耿弇列传

耿弇（yǎn，2—58），光武帝的主要将领。王莽政权被推翻后，群雄割据，耿弇选择到光武帝手下做一名小吏，并主动请求回乡征调人马，利用上谷太守耿况（耿弇的父亲）和渔阳太守彭宠的势力打败王郎，从此备受光武帝器重，战功也日渐显赫，以大将军的身份为光武帝征调幽州十郡兵马，先后击败铜马、高湖、赤眉、青犊、尤来各军。他是"常胜将军"，机智勇猛，善用谋略，共平定郡县四十六个；攻城三百座，从未遭挫，足以与西汉"连百万之众，战必胜、攻必取"的韩信相媲美。光武帝盛赞他立下了和韩信相当的功业，十分赏识他高超的军事才能。

耿弇字伯昭，扶风茂陵人也。其先武帝时，以吏二千石自钜鹿徙焉①。父况，字侠游，以明经为郎②，与王莽从弟伋共学《老子》于安丘先生，后为朔调连率③。弇少好学，习父业。常见郡尉试骑士④，建旗鼓⑤，肄驰射⑥，由是好将帅之事。

【注释】

①"其先"二句：指武帝时，将俸禄为两千石的高官及富人、豪杰连同家人一起迁徙到各皇陵去。

②郎：指皇帝的侍从官。

③朔调连率：王莽时改称上谷郡为朔调，改称郡守为连率。

④郡尉：武官名。秦汉时每郡有守、丞、尉。尉掌兵。

⑤旗鼓：旗与鼓。古代军中指挥战斗的用具。

⑥肄驰射：演习骑马射箭。驰射，骑马射箭。

【译文】

耿弇表字伯昭，是扶风郡茂陵人。他的先祖在汉武帝时，因为是俸禄为二千石的官员，从钜鹿迁徙到这里。他的父亲耿况，字侠游，因为通晓经书做了郎官，和王莽的堂弟王伋一起向安丘先生学过《老子》，后来担任朔调连率。耿弇从小十分好学，继承了父业。经常观看郡尉检阅骑士，树起旗鼓，演练骑马射箭，所以喜欢上了调兵遣将的事情。

及王莽败，更始立，诸将略地者，前后多擅威权，辄改易守、令。况自以莽之所置，怀不自安。时弇年二十一，乃辞况奉奏诣更始，因赍贡献，以求自固之宜。及至宋子，会王郎诈称成帝子子舆，起兵邯郸，弇从吏孙仓、卫包于道共谋曰："刘子舆成帝正统，舍此不归，远行安之？"弇按剑曰："子舆弊贼，卒为降虏耳。我至长安，与国家陈渔阳、上谷兵马之用，还出太原、代郡，反覆数十日，归发突骑以辚乌合之众①，如摧枯折腐耳。观公等不识去就，族灭不久也！"仓、包不从，遂亡降王郎。

【注释】

①辚（lìn）：辗轧，践踏。

【译文】

王莽灭亡后，更始登上帝位，在各地侵占土地的将领，个个都专权武断，随意更换郡守、县令。耿况因为自己是王莽任命的官员，心里很不踏实。当时耿弇二十一岁，就辞别耿况带着奏章去面见更始帝，顺便进贡财物，以求更好地巩固自己的势力。耿弇到了宋子县，刚好遇上王郎假冒成帝之子刘子舆，在邯郸起兵，跟从耿弇的官员孙仓、卫包在路上一同谋划说："刘子舆是成帝的正统后裔，舍弃他不去归附，还远行到哪里去？"耿弇握住剑鞘说："刘子舆是卑劣的寇贼，最终要成为俘虏。我到长安，向皇帝陈述渔阳、上谷兵马的战略作用，然后再从太原、代郡一路返回，来回需要几十天，再回来率领精锐骑兵铲平这些乌合之众，将像折断枯枝败叶一样。我看你们这些人不知取舍，不久就要让整个家族跟着你们一起灭亡！"孙仓、卫包不听，就逃去归降了王郎。

　　弇道闻光武在卢奴，乃驰北上谒，光武留署门下吏。弇因说护军朱祐，求归发兵，以定邯郸。光武笑曰："小儿曹乃有大意哉！"因数召见加恩慰①。弇因从光武北至蓟。闻邯郸兵方到，光武将欲南归，召官属计议。弇曰："今兵从南来，不可南行。渔阳太守彭宠，公之邑人；上谷太守，即弇父也。发此两郡，控弦万骑，邯郸不足虑也。"光武官属腹心皆不肯，曰："死尚南首，奈何北行入囊中？"光武指弇曰："是我北道主人也。"会蓟中乱，光武遂南驰，官属各分散。弇走昌平就况，因说况使寇恂东约彭宠，各发突骑二千匹，步兵千人。弇与景丹、寇恂及渔阳兵合军而南，所过击斩王郎大将、九卿、校尉以下四百余级，得印绶百二十五，节二，斩首三万级，定涿郡、中山、钜鹿、清河、河间凡二十二县，遂及光武于广阿。是时光武方攻王郎，传言二郡兵为邯郸来，众皆恐。既而悉诣营上谒。光武见弇等，说②，曰："当与渔阳、上谷士大夫共此大功。"乃皆以为偏将军，使还领其兵。加况大将军、兴义侯，得自置偏裨。弇等遂从拔邯郸。

【注释】

①恩慰：帝王的慰问。

②说（yuè）：同"悦"，高兴。

【译文】

耿弇在路上听说光武在卢奴，就快马北上去拜见他，光武留他做了门下的一名小官。于是，耿弇就去劝说护军朱祐，请求回乡征发士兵，去平定邯郸。光武笑着说："小小年纪还有这么大的抱负！"于是多次召见他加以慰问。耿弇于是跟着光武向北进发到了蓟城。听说邯郸的队伍刚到，光武想回头南下，召集属官们商议策略，耿弇说："现在敌军从南来，我们不能向南行进。渔阳太守彭宠，是您的同乡；上谷太守，就是我的父亲。调动这两郡的兵力，有上万名骑兵，邯郸就不必担忧了。"光武的属官心腹都不肯，说："死还要头朝南边，怎么能向北挺进自投罗网呢？"光武指着耿弇说："这是我北道上的主人。"此时正值蓟城骚乱，光武于是往南飞奔，属官们也都分散开来了。耿弇跑到昌平县找到耿况，说服耿况派寇恂去联合东边的彭宠，各派出精锐骑兵两千，步兵一千人。耿弇和景丹、寇恂以及渔阳的部队会合向南进发，沿途打败斩杀了王郎的大将、九卿、校尉以下的官员四百多人，得到印绶一百二十五个，符节两个，斩首三万多人，平定了涿郡、中山、钜鹿、清河、河间等共二十二个县，然后在广阿赶上了光武。当时光武正在攻打王郎，听传言说有两个郡的部队来增援邯郸，士兵们都很恐慌。过了不久，增援部队全都到光武的军营中拜谒。光武看见耿弇等人，非常高兴，说："应该和渔阳、上谷的士大夫共同成就这个大功。"就把他们全部任命为偏将军，让他们回去统领自己的部队。加封耿况为大将军、兴义侯，准许他自主设置副官。耿弇等人于是跟着光武攻取了邯郸。

时更始征代郡太守赵永，而况劝永不应召，令诣于光武。光武遣永复郡。永北还，而代令张晔据城反畔，乃招迎匈奴、乌桓以为援助^①。光武以弇弟舒为复胡将军，使击晔，破之。永乃得复郡。时五校贼二十余万北寇上谷^②，况与舒连击破之，贼皆退走。

【注释】

①招迎：招引迎接。

②五校贼：指当时由高扈率领的农民军。

【译文】

当时更始帝征召代郡的太守赵永，而耿况劝赵永拒绝征召，让他去见光武。光武派赵永回代郡。赵永北返，而代城的县令张晔却占据城池反叛了，并招引匈奴、乌桓的军队前来增援。光武让耿弇的弟弟耿舒担任复胡将军，派他去攻打张晔，把张晔打败了。赵永才得以回到代郡。那时五校军有二十多万人向北侵扰上谷郡，耿况和耿舒接连向他们发起攻击，打败了贼军，他们就都撤走了。

更始见光武威声日盛，君臣疑虑，乃遣使立光武为萧王，令罢兵与诸将有功者还长安；遣苗曾为幽州牧，韦顺为上谷太守，蔡充为渔阳太守，并北之部。时光武居邯郸宫，昼卧温明殿。弇入造床下请间①，因说曰："今更始失政，君臣淫乱，诸将擅命于畿内，贵戚纵横于都内。天子之命，不出城门，所在牧守，辄自迁易，百姓不知所从，士人莫敢自安。虏掠财物，劫掠妇女，怀金玉者，至不生归。元元叩心②，更思莽朝。又铜马、赤眉之属数十辈，辈数十百万，圣公不能办也。其败不久。公首事南阳，破百万之军；今定河北，据天府之地。以义征伐，发号响应，天下可传檄而定。天下至重，不可令它姓得之。闻使者从西方来，欲罢兵，不可从也。今吏士死亡者多，弇愿归幽州，益发精兵，以集大计。"光武大说③，乃拜弇为大将军，与吴汉北发幽州十郡兵。弇到上谷，收韦顺、蔡充斩之；汉亦诛苗曾。于是悉发幽州兵，引而南，从光武击破铜马、高湖、赤眉、青犊，又追尤来、大枪、五幡于元氏，弇常将精骑为军锋，辄破走之。光武乘胜战顺水上，虏危急，殊死战。时军士疲弊，遂大败奔还，壁范阳④，数日乃振，贼亦退去，从追至容城、小广阳、安次，连战破之。光武还蓟，复遣弇与吴汉、景丹、盖延、朱祐、邳肜、耿纯、刘植、岑彭、祭遵、坚镡、王霸、陈俊、马武十三将军，追贼至潞东，及平谷，再战，斩首万三千余级，遂穷追于右北平无终、土垠之间，至俊靡而还。贼散入辽西、辽东，或为乌桓、貊人所抄击⑤，略尽。

【注释】

①造：到，去。请间：请求在空隙时陈说事务，不想当众说。

②叩心：捶胸。悔恨、悲痛的样子。

③说（yuè）：同"悦"，高兴。

④壁：坚守营垒，驻守。

⑤抄击：包抄袭击。

【译文】

更始看到光武的威望声名日益盛大，君臣对此十分疑虑，就派使者来封光武为萧王，让他停止战斗，和立下战功的将军们一起回到长安，并派苗曾任幽州牧，韦顺任上谷太守，蔡充任渔阳太守，一同北上各郡赴任。当时光武正住在邯郸宫，白天在温明殿休息。耿弇径直走到床榻前请求单独面见，劝光武说："现在更始帝正逐渐丧失政权，君臣荒淫混乱，将领们在自己的境内各自擅权专命，皇亲国戚在都城里横行霸道。天子下达的命令，出不了京城的城门，各郡的牧守，随意改动，百姓不知所措，做官的心里也从没有踏实过。他们抢劫财物，掠夺妇女，以致带着金银珠宝的人，都无法活着回来。黎民百姓，开始怀念王莽政权。此外还有铜马军、赤眉军等数十种势力，每种势力都有百十万的兵马，更始帝无法拿下他们。他不久必定败亡。您最早在南阳起兵，攻破百万军马；现在又平定河北，占据了天府之地。您的征战都是符合道义的进攻，所以发号施令，一呼百应，天下顷刻之间就可平定。刘家的天下是何等的重要，不能把它交给其他的姓氏宗族。听说长安派来的使者想让您停止征战，不能接受这个指令。现在将士阵亡的人数很多，我愿意回到幽州，发动更多的精兵，以成就光复汉室的大业。"光武听了非常高兴，就任命耿况为大将军，和吴汉一起去北部征发幽州等十个郡的兵力。耿弇到了上谷，抓了韦顺、蔡充，把他们杀了。吴汉也杀了苗曾。于是征发了幽州的全部兵力，带着他们回到南边，跟着光武攻打铜马、高湖、赤眉、青犊，又去追击尤来、大枪、五幡军，一直追到了元氏县。耿弇时常带着精锐骑兵担任军队前锋，屡次击败并赶走敌军。光武乘胜在顺水之滨与敌军交战，敌军没有了退路，危急之下被迫殊死决战。当时光武的军队已经疲惫不堪，结果惨败逃回，在范阳筑起了壁垒，好几天才又振作起来，敌军也撤走了，光武的部队跟着追到容城、小广阳、安次，连续几仗，把他们打败了。光武回到了蓟县，又派耿弇和吴汉、景丹、盖延、朱祐、邳彤、耿纯、刘值、岑彭、祭遵、坚镡、王霸、陈俊、马武十三位将军，把敌军追到潞城以东，到了平谷县，再次交战，杀了一万三千多人，接着又穷追不舍，把敌人赶到了右北平无终、土垠县之间，直到俊靡县才回师。贼军分散到辽西、辽东两地，有些被乌桓、貊人包抄攻击，几乎全部灭亡。

　　光武即位，拜弇为建威大将军。与骠骑大将军景丹、强弩将军陈俊攻厌新贼于敖仓，皆破降之。建武二年，更封好畤侯，食好畤、美阳二县。三年，延岑自武关出攻南阳，下数城。穰人杜弘率其众以从岑。弇与岑等战于穰，大破之，斩首三千余级，生获其将士五千余人，得印绶三百。杜弘降，岑与数骑遁走东阳。

【译文】

光武登上帝位，封耿弇为建威大将军。耿弇和骠骑大将军景丹、强弩将军陈俊到敖仓攻打厌新军，将他们全部降服。建武二年，光武帝加封他为好畤侯，让他享受好畤、美阳两个县的食邑。建武三年，延岑从武关出发向南阳发起进攻，攻下好几个城池。穰县人杜弘带着他的兵马跟随延岑。耿弇和延岑等在穰县交战，大败延岑，杀敌三千多人，活捉了五千多将士，得到印绶三百多个。杜弘投降，延岑和一些骑兵一起逃到东阳。

弇从幸春陵，因见自请北收上谷兵未发者，定彭宠于渔阳，取张丰于涿郡，还收富平、获索，东攻张步，以平齐地。帝壮其意，乃许之。四年，诏弇进攻渔阳。弇以父据上谷，本与彭宠同功，又兄弟无在京师者，自疑，不敢独进，上书求诣洛阳。诏报曰："将军出身举宗为国①，所向陷敌，功效尤著②，何嫌何疑，而欲求征？且与王常共屯涿郡，勉思方略。"况闻弇求征，亦不自安，遣舒弟国入侍。帝善之，进封况为隃糜侯。乃命弇与建义大将军朱祐、汉忠将军王常等击望都、故安西山贼十余营，皆破之。时征虏将军祭遵屯良乡，骁骑将军刘喜屯阳乡，以拒彭宠。宠遣弟纯将匈奴二千余骑，宠自引兵数万，分为两道以击遵、喜。胡骑经军都，舒袭破其众，斩匈奴两王，宠乃退走。况复与舒攻宠，取军都。五年，宠死，天子嘉况功，使光禄大夫持节迎况，赐甲第，奉朝请。封舒为牟平侯。遣弇与吴汉击富平、获索贼于平原，大破之，降者四万余人。

【注释】

①出身：献身。

②功效：功劳，成绩。

【译文】

耿弇跟随光武帝到了舂陵，借机晋见，自动请命北上上谷去征集未被征发的士兵，到渔阳平定彭宠，到涿郡攻取张丰，回头再收复富平、获索，往东攻打张步，以平定齐地。光武帝认为他的意愿豪壮，就答应了他。建武四年，下诏命令耿弇攻取渔阳。耿弇因为父亲据守上谷郡，本来就和彭宠地位相当，自己的兄弟又没有在京城中供职，生怕被猜疑，不敢独自进军，就上书请求到洛阳拜诣。光武帝说："将军您与整个宗族都在为国献身，屡次征战所向披靡，功勋显赫，有什么嫌疑，而想要请求征召呢？您就和王常一起驻扎在涿郡，认真谋划战略吧。"耿况听说耿弇请求征召，心里很不安，就派耿舒的弟弟耿国到宫中去侍奉皇上。皇帝对此很赞赏，又加封耿况为隃糜侯。然后命令耿弇和建义大将军朱祐、汉忠将军王常等一起攻打望都、故安西山十多支贼军，大获全胜。当时征虏将军祭遵正驻扎在良乡县，骁骑将军刘喜驻扎在阳乡县，一起抗拒彭宠。彭宠派弟弟彭纯带着两千名匈奴骑兵，彭宠自己带着几万兵马，兵分两路攻打祭遵、刘喜。匈奴骑兵经过军都县时，耿舒突然袭击打败了他们，杀了两个匈奴的王，彭宠就撤兵逃跑了。耿况又与耿舒一起进攻彭宠，拿下军都县。建武五年，彭宠死了，皇上嘉奖耿况的战功，让光禄大夫带着符节去恭迎耿况，赐给他豪华的宅院，给予他参加朝会的资格。封耿舒为牟平侯。派耿弇和吴汉到平原县攻打富平、获索军，大败敌军，投降的有四万多人。

因诏弇进讨张步。弇悉收集降卒，结部曲，置将吏，率骑都尉刘歆、太山太守陈俊引兵而东，从朝阳桥济河以度。张步闻之，乃使其大将军费邑军历下，又分兵屯祝阿，别于太山钟城列营数十以待弇。弇度河先击祝阿，自旦攻城，日未中而拔之，故开围一角，令其众得奔归钟城。钟城人闻祝阿已溃，大恐惧，遂空壁亡去。费邑分遣弟敢守巨里。弇进兵先胁巨里①，使多伐树木，扬言以填塞坑堑②。数日，有降者言邑闻弇欲攻巨里，谋来救之。弇乃严令军中趣修攻具③，宣敕诸部④，后三日当悉力攻巨里城。阴缓生口⑤，令得亡归。归者以弇期告邑，邑至日果自将精兵三万余人来救之。弇喜，谓诸将曰："吾所以修攻具者，欲诱致邑耳。今来，适其所求也。"即分三千人守巨里，自引精兵上冈阪，乘高合战，大破之，临陈斩邑。既而收首级以示巨里城中，城中凶惧⑥，费敢悉众亡归张步。弇复收其积聚，纵兵击诸未下者，平四十余营，遂定济南。

【注释】

①胁：逼迫，威吓。

②坑堑：沟壑，山谷。

③严令：严厉命令。趣（cù）：同"促"，赶快，从速。

④宣敕：发布命令。

⑤缓：放松。生口：指俘虏。

⑥凶惧：恐惧。

【译文】

光武帝于是又下诏命令耿弇进而讨伐张步。耿弇把投降的士兵全部聚集在一起，集结部队，设置将领士官，带着骑都尉刘歆、太山太守陈俊带兵向东进发，从朝阳架桥渡过济河。张步听说后，就派了他的大将军费邑驻军历下县，又分出兵力驻扎祝阿县，另外在太山钟城布下数十营军马迎战耿弇。耿弇渡过黄河后先攻打祝阿县，清晨攻城，未到晌午就攻下来了，他故意打开包围圈的一角，让敌军能够逃回钟城。钟城人听说祝阿已被攻破，十分恐惧，留下空城逃走了。费邑就分派弟弟费敢拒守巨里聚。耿弇先进军威吓巨里，让人砍伐了许多树木，扬言要把坑洼沟壑全部填满。几天后，来投降的人说费邑听说耿弇要攻打巨里，准备前来救援。耿弇就严令军队从速制造攻城武器，通告各军营，三天后要全力进攻巨里城。暗地里又故意放松对俘虏的看管，让他们能逃回去。逃回去的人把耿弇的攻城日期告诉费邑，到了那一天，费邑果然亲自带着三万多精兵前来救援。耿弇大喜，对将军们说："我之所以要修造攻城用具，就是想引诱费邑来。现在来了，正是我希望的。"他马上分出三千人守住巨里，自己带着精兵登上山坡，居高而下发起攻击，大败敌军，在战场上斩杀了费邑。然后把他的脑袋挂在巨里城中展示，城中的人极度恐惧，费敢带着全部军队逃到张步那里去了。耿弇又收缴了他们留下的军需财物，带兵攻打那些还未投降的部队，降服了四十多个军营，从而平定了济南。

时张步都剧，使其弟蓝将精兵二万守西安①，诸郡太守合万余人守临淄，相去四十里。弇进军画中，居二城之间。弇视西安城小而坚，且蓝兵又精，临淄名虽大而实易攻，乃敕诸校会，后五日攻西安。蓝闻之，晨夜儆守②。至期夜半，弇敕诸将皆蓐食③，会明至临淄城④。护军荀梁等争之，以为宜速攻西安。弇曰："不然。西安闻吾欲攻之，日夜为备；临淄出不意而至，必惊扰，吾攻之一日必拔。拔临淄即西安孤，张蓝与步隔绝，必复亡去，所谓击一而得二者也。若先攻西安，不卒下⑤，顿兵坚城，死伤必多。纵能拔之，蓝引军还奔临淄，并兵合执，观人虚实，吾深入敌地，后无转输，旬日之间，不战而困。诸君之言，未见其宜。"遂攻临淄，半日拔之，入据其城。张蓝闻之大惧，遂将其众亡归剧。

【注释】

①西安：县名，在今山东临淄西北。

②儆（jǐng）守：戒备防守。儆，戒备，防备。

③蓐（rù）食：早晨未起身在床席上进餐，谓早餐时间很早。一说意为"饱食"。蓐，草席，草垫子。

④会明：黎明，及明。

⑤卒（cù）：同"猝"，立刻，即时。

【译文】

当时张步定都剧县，派他的弟弟张蓝带着两万精兵驻守西安县，各郡太守还有其他的一万多士兵守着临淄，两地相隔四十里。耿弇进军画中城，界于两城之间。耿弇看到西安县城虽小却很坚固，而且张蓝的部队又很精锐，临淄虽看似强大，实际上却容易攻破，就把校尉们聚集在一起，说五天后要攻打西安。张蓝听到这个消息，日夜戒备防守。到了第五天的半夜，耿弇命令将军们早早填饱肚子，天一亮就赶到临淄城。护军荀梁等人对此有争议，认为应该火速攻打西安城。耿弇说："不该这样。西安方面听说我要攻打他们，日夜戒备，而临淄则没有料到我们要来，必要惊恐纷扰，我们用一天的时间就一定能拿下。拿下临淄则西安孤立，张蓝和张步被隔绝，一定又要弃城而去，这可谓攻击一城而得到两城。如果先攻打西安，不能立即攻下，在坚固的城池前逗留，一定要死伤许多人。即使可以攻下，张蓝带兵跑回临淄，联合兵力，探我虚实，我们深入敌人地盘，后无粮草供应，不出一个月，就要不战自败了。你们的话，恐怕不太合适。"于是进攻临淄，半天就攻下了，进入城内据守。张蓝听到这个消息后非常恐惧，带着他的队伍逃回了剧县。

弇乃令军中无得妄掠剧下，须张步至乃取之①，以激怒步。步闻大笑曰："以尤来、大肜十余万众，吾皆即其营而破之。今大耿兵少于彼，又皆疲劳，何足惧乎！"乃与三弟蓝、弘、寿及故大肜渠帅重异等兵号二十万，至临淄大城东②，将攻弇。弇先出淄水上，与重异遇，突骑欲纵，弇恐挫其锋，令步不敢进，故示弱以盛其气，乃引归小城③，陈兵于内。步气盛，直攻弇营，与刘歆等合战，弇升王宫坏台望之，视歆等锋交，乃自引精兵以横突步陈于东城下④，大破之。飞矢中弇股，以佩刀截之，左右无知者。至暮罢。弇明旦复勒兵出。是时帝在鲁，闻弇为步所攻，自往救之，未至。陈俊谓弇曰："剧虏兵盛，可且闭营休士，以须上来。"弇曰："乘舆且到，臣子当击牛醹酒以待百官⑤，反欲以贼虏遗君父邪？"乃出兵大战，自旦及昏，复大破之，杀伤无数，城中沟堑皆满。弇知步困将退，豫置左右翼为伏以待之。人定时⑥，步果引去，伏兵起纵击，追至钜昧水上，八九十里僵尸相属⑦，收得辎重二千余两⑧。步还剧，兄弟各分兵散去。

【注释】

①须：等待。

②大城：外城。

③小城：内城。

④突：冲撞。

⑤酾（shī）酒：斟酒。酾，斟。

⑥人定：夜深人静时，中夜，夜半。

⑦属（zhǔ）：连续，连接。

⑧两（liàng）：借指车。

【译文】

耿弇命令军队不得轻易侵扰剧县，要等到张步出城才可攻取它，以此来激怒张步。张步听后大笑说："尤来、大彤拥有十几万大军，我每次都是冲到营前把他们打败。现在耿弇的兵力还不如他们，士兵又都很疲劳，有什么可怕的呢！"于是就和三个弟弟张蓝、张弘、张寿以及原大彤军的首领重异等率军号称二十万，到了临淄外城城东，准备攻打耿弇。耿弇先在淄水边上出兵，遇上重异，突骑队正想冲锋，耿弇担心挫败了敌军的锐气，使张步不敢前进，就故意示弱以助长他们的士气，带兵撤退到内城中，在城内布兵。张步气势旺盛，直攻耿弇军营，和刘歆等交战，耿弇登上原齐王宫残留下的破败高台观望，看到刘歆等已和敌军交锋，自己又带着精兵从横向冲击东城下的张步部队，大败张步。耿弇的大腿被飞箭射中，就用佩刀截断，左右没有人知道这件事。到了傍晚才休战。第二天耿弇又带兵出战。当时光武帝还在鲁地，听说耿弇被张步攻击，亲自前往救援，大军还未赶到。陈俊对耿弇说："剧县的敌军气势强盛，可以暂且关闭军营休整士卒，以等待皇上的救援。"耿弇说："皇上就要到了，做臣子的应该杀牛备酒迎接百官，反而想把敌军留给天子吗？"于是就出兵大战，从日出一直打到日落，又大败敌军，杀死杀伤无数，把城中的沟谷都填满了。耿弇知道张步十分疲顿将要撤退，就预先在其退路的两旁设下伏兵等着他们。夜半时分，张步果然带兵撤退，埋伏的士兵突然冲出猛击，一直追到钜昧水的岸边，八九十里间僵尸遍地，耿弇缴获了两千多车的物资。张步回到剧县，弟兄们都各自带着士兵分散走了。

后数日，车驾至临淄自劳军，群臣大会。帝谓弇曰："昔韩信破历下以开基，今将军攻祝阿以发迹①，此皆齐之西界，功足相方②。而韩信袭击已降③，将军独拔勍敌④，其功乃难于信也。又田横亨郦生⑤，及田横降，高帝诏卫尉不听为仇⑥。张步前亦杀伏隆⑦，若步来归命，吾当诏大司徒释其怨⑧，又事尤相类也。将军前在南阳建此大策，常以为落落难合⑨，有志者事竟成也！"弇因复追步，步奔平寿，乃肉袒负斧锧于军门。弇传步诣行在所，而勒兵入据其城。树十二郡旗鼓，令步兵各以郡人诣旗下，众尚十余万，辎重七千余两，皆罢遣归乡里。弇复引兵至城阳，降五校余党，齐地悉平。振旅还京师。

【注释】

①发迹：犹兴起，谓立功扬名。

②方：比较。

③韩信袭击已降：韩信听从蒯通的建议袭击田横，而当时郦食其已经说服田横归降刘邦，故田横未设防，所以一战而下。

④勍（qíng）敌：强敌。勍，强，有力。

⑤田横亨郦生：韩信攻齐，田横认为郦食其游说他归降是欺骗他，就烹杀了郦食其。亨，同"烹"，煮杀。郦生，郦食其，汉高祖刘邦的谋士。

⑥高帝诏卫尉不听为仇：刘邦为了让田横归降，下诏不许郦食其的弟弟郦商为其兄报仇。卫尉，指郦商，时为卫尉。不听，不允许。

⑦张步前亦杀伏隆：伏隆，字伯文，少时即以节操闻名。曾三次为光武前往齐地招降齐人，光武比之郦生。后因劝说张步降汉而被杀，光武帝曾赞其"有苏武之节"。

⑧大司徒：指伏湛，伏隆之父。

⑨落落：形容孤高，与人难合。

【译文】

过了几天，光武帝亲自到临淄慰劳士兵，群臣欢聚一堂。光武帝对耿弇说："过去韩信在历下攻破齐兵奠定了汉代的基业，现在将军您又攻破祝阿等地声名远扬，它们都是齐地的西界，您的功劳可以和韩信相媲美。韩信袭击的只是一座实已降服的城市，将军您独自攻下的则是势力强劲的敌人，建立这个功业要难于韩信。还有，田横曾烹杀了郦生，等到田横投降时，高祖下诏命令卫尉不得向他报仇。张步从前也杀过伏隆，如果他来归降，我也会下诏命令大司徒尽释前嫌，又是尤其相似的事。将军从前在南阳献此大策时，常感觉孤立无人赞成，但有志者事竟成。"耿弇又去追击张步，张步跑到平寿县，就打着赤膊背着斧子砧板到军门来投降了。耿弇把张步送到光武帝所在地，自己带兵进驻平寿县。他在城中树立起了十二郡的旗帜战鼓，让张步的士兵按自己所在的郡站到各郡的旗下，士兵还有十几万，物资七千多车，耿弇把他们全部遣散，让他们都回归故里。接着又带兵到了城阳，降服五校的余党，齐地至此全部被平定。耿弇整顿军队，返回京城。

六年，西拒隗嚣，屯兵于漆。八年，从上陇。明年，与中郎将来歙分部徇安定、北地诸营保，皆下之。

【译文】

建武六年，耿弇为抗拒西边的隗嚣，将部队驻扎在漆县。建武八年，跟随光武帝到陇地攻取隗嚣。第二年，和中郎将来歙分头攻下安定、北地各敌军营堡。

弇凡所平郡四十六，屠城三百，未尝挫折。

【译文】

耿弇共平定郡县四十六个，攻下城池三百座，从未遭挫。

年五十六，永平元年卒，谥为愍侯。

【译文】

明帝永平元年，耿弇去世，终年五十六岁，谥号愍侯。

马援列传

　　马援（？—49），光武时期的名将。他从小胸怀大志，为后世留下许多豪迈名言。他开明诚信，富有谋略，善识名马，告诫他人躲避灾祸，十分明智。王莽败亡后，马援到凉州避难，成为隗嚣的得力助手，周游于蜀汉两地，后渐渐和固执的隗嚣产生分歧，投奔开明的光武帝。他的谋划直接导致隗嚣势力的崩溃。马援的绝大部分时间是在疆场上驰骋的，为汉室平定凉州，征服乱贼。他总是在危急时刻主动请求出战，花甲之年还要抗击敌军，最后悲壮地死在战场之上，实践了自己"马革裹尸"的豪言壮语。

马援字文渊，扶风茂陵人也。其先赵奢为赵将，号曰马服君，子孙因为氏。武帝时，以吏二千石自邯郸徙焉。曾祖父通，以功封重合侯，坐兄何罗反①，被诛，故援再世不显②。援三兄况、余、员，并有才能，王莽时皆为二千石。

【注释】

①坐兄何罗反：汉武帝时江充以巫蛊之事诬陷太子，太子被迫起兵，失败后自杀。后冤案昭雪，江充全族及其同党都被诛杀了。马何罗（马援的曾祖父马通的兄长）与江充要好，害怕牵连到自己，打算谋反。他企图潜入汉武帝卧室行刺，被杀。坐：因……而获罪，定罪。

②再世：两代。

【译文】

马援字文渊，是扶风郡茂陵县人。他的祖先赵奢曾是赵国的大将，号称"马服君"，他的子孙就用"马"作为姓氏。汉武帝时，马家有人担任俸禄为二千石的官员，从邯郸迁徙过来。马援的曾祖父马通，因战功被封为重合侯，因兄长马何罗谋反受到牵连，被诛杀，所以马援的祖父和父亲都没有担任显要官职。马援的三个兄长马况、马余、马员，都很有才能，王莽时期都是二千石级别的大官。

援年十二而孤，少有大志，诸兄奇之。尝受《齐诗》，意不能守章句①，乃辞况，欲就边郡田牧。

况曰："汝大才，当晚成。良工不示人以朴，且从所好。"会况卒，援行服期年，不离墓所；敬事寡嫂，不冠不入庐。后为郡督邮，送囚至司命府，因有重罪，援哀而纵之，遂亡命北地。遇赦，因留牧畜，宾客多归附者，遂役属数百家②。转游陇汉间，常谓宾客曰："丈夫为志，穷当益坚，老当益壮。"因处田牧③，至有牛马羊数千头，谷数万斛。既而叹曰："凡殖货财产④，贵其能施赈也，否则守钱虏耳。"乃尽散以班昆弟故旧⑤，身衣羊裘皮绔⑥。

【注释】

①章句：剖章析句，经学家解说经义的一种方式。

②役属：谓使隶属于自己而役使之。

③处（chǔ）：治理，管理。

④殖货：增殖财货。

⑤班：赐予，分给。

⑥绔（kù）：套裤。

【译文】

马援十二岁那年父亲就去世了，他胸怀大志，几个兄长都很看重他。他曾拜师学习《齐诗》，却无法专注于离章析句的学习方式，于是就辞别兄长马况，想到边境郡县去种田畜牧。马况说："你有大才，应当会大器晚成。好的工匠不会把未加工的东西展示给别人看，去做你想做的事情吧。"不料这时马况去世了，马援为他服丧一年，从不离开墓地的住所；他敬心侍奉寡嫂，不戴帽子就绝不进她的屋子。后来，他做了郡里的督邮，要押送囚犯到司命府，囚犯犯了大罪，马援却因同情而放了他，自己逃亡到了北地郡。后来遇到大赦，他就留在那里饲养牲畜，很多宾客都来依附他，于是归他役使的有几百户人家。他辗转游历于陇、汉两地，经常对宾客说："大丈夫应该立志，越是窘迫越要坚强，越是年老越要壮烈。"于是管理耕作放牧，以致拥有了数千头的牛、马、羊，万斛的谷物。但不久他又感叹说："那些经营产业、拥有财产的，最为可贵的是能够施舍救助穷人，否则就只能当个守财奴。"于是他把所有的财物都分给兄弟和老友，自己只穿羊皮衣裤。

王莽末，四方兵起，莽从弟卫将军林广招雄俊，乃辟援及同县原涉为掾①，荐之于莽。莽以涉为镇戎大尹②，援为新成大尹③。及莽败，援兄员时为增山连率④，与援俱去郡，复避地凉州⑤。世祖即位，员先诣洛阳，帝遣员复郡，卒于官。援因留西州⑥，隗嚣甚敬重之，以援为绥德将军，与决筹策。

【注释】

①辟（bì）：征召，荐举。

②镇戎大尹：即天水太守。王莽改天水郡曰镇戎，改太守为大尹。

③新成大尹：即汉中太守。王莽改汉中郡曰新成。

④增山连率：即上郡太守。王莽改上郡为增山。连率，也是太守，本人如为伯爵，则称连率。

⑤避地：迁移他处以避灾祸。

⑥西州：指陕西。

【译文】

　　王莽末年，四面八方都是造反的军队，王莽的堂弟卫将军王林广招雄才俊杰，就征召马援和他的同乡原涉为掾吏，把他们举荐给王莽。王莽任命原涉为镇戎大尹，任命马援为新成大尹。到了王莽败亡时，马援的兄长马员也正担任着增山连率，就和马援一起离开所在郡，再次到凉州避难。世祖光武帝即位后，马员先到洛阳拜见，光武帝派马员再回原郡做太守，马员最后死在任上。马援于是留在西州，隗嚣十分敬重他，任他为绥德将军，与他一起筹谋决策。

　　是时公孙述称帝于蜀，嚣使援往观之。援素与述同里闬①，相善，以为既至当握手欢如平生②，而述盛陈陛卫③，以延援入，交拜礼毕，使出就馆，更为援制都布单衣、交让冠④，会百官于宗庙中，立旧交之位。述鸾旗旄骑⑤，警跸就车⑥，磬折而入⑦，礼飨官属甚盛，欲授援以封侯大将军位。宾客皆乐留，援晓之曰："天下雄雌未定，公孙不吐哺走迎国士⑧，与图成败，反修饰边幅⑨，如偶人形。此子何足久稽天下士乎⑩！"因辞归，谓嚣曰："子阳井底蛙耳，而妄自尊大，不如专意东方。"

【注释】

①里闬（hàn）：乡里。闬，里门，里巷。

②握手：执手，拉手。古人以握手表示亲近或信任。平生：旧交，老朋友。

③陛卫：帝王御前护卫的士兵。

④都布：白叠布，一种质地粗厚的布。单衣：禅衣，古代官吏的服装，朝服。交让冠：一种冠，形制不清。

⑤鸾旗：天子仪仗中的旗子，上绣鸾鸟，故称。旄骑：即旄头，古代皇帝仪仗中一种担任先驱的骑兵。

⑥警跸（bì）：古代帝王出入时，于所经路途侍卫警戒，清道止行。

⑦磬（qìng）折：弯腰，表示谦恭。

⑧吐哺：史载周公一顿饭中数次吐出口中食物，出来接待贤士。极言殷勤待士。

⑨边幅：指人的仪表，衣着。

⑩稽：留止。

【译文】

当时公孙述在蜀地称帝，隗嚣派马援前去探听虚实。马援和公孙述是同乡，一向关系很好，以为到了那里应当和老朋友一样握手言欢，然而公孙述却摆出众多宫中侍卫，然后才请马援进去，相互揖拜后，让他离开皇宫前往馆舍，还为他定制了白叠布做的朝服和交让冠，在宗庙大会百官，设下旧交的位置。公孙述摆出皇帝的仪仗，警卫清道后才登上车，弯腰恭敬地进入宗庙，依照礼节十分隆重地接待了属官，想封马援为侯，授予他大将军的职位。宾客们都乐意留下来，马援开导他们说："天下胜负未决，公孙述不像周公那样吐掉口中没有咽下的饭食跑出来迎接国之名士，和他们一同谋划成功的策略，反而重视仪表形式，就像木偶一样。这样的人如何能长久地留住天下的名士呢？"于是他就辞别回去，告诉隗嚣说："公孙子阳只是个井底之蛙，妄自尊大，我们不如一心向着东方。"

建武四年冬，嚣使援奉书洛阳。援至，引见于宣德殿。世祖迎笑谓援曰："卿遨游二帝间^①，今见卿，使人大惭。"援顿首辞谢，因曰："当今之世，非独君择臣也，臣亦择君矣。臣与公孙述同县，少相善。臣前至蜀，述陛戟而后进臣^②。臣今远来，陛下何知非刺客奸人，而简易若是^③？"帝复笑曰："卿非刺客，顾说客耳^④。"援曰："天下反覆^⑤，盗名字者不可胜数。今见陛下，恢廓大度^⑥，同符高祖，乃知帝王自有真也。"帝甚壮之。援从南幸黎丘，转至东海。及还，以为待诏^⑦，使太中大夫来歙持节送援西归陇右。

【注释】

①遨游：奔走周旋。
②陛戟：执戟侍卫立于殿阶两侧，表示戒备森严。
③简易：疏略平易。
④顾：关联词，表示转折。
⑤反覆：动荡，动乱。

⑥恢廓：宽宏。

⑦待诏：官名，汉代征士未有正官者，均待诏公车，
　特异者待诏金马门，备顾问，后遂以待诏为官名。
　没有实职。

【译文】

　　建武四年冬天，隗嚣派马援带着书信来到洛阳。马援
一到，光武帝就在宣德殿接见了他。世祖笑脸相迎，对马
援说："您在两个帝王之间奔走周旋，我现在才见到您，十
分惭愧。"马援叩头辞谢，回答说："当今世道，不单单是
君主选择臣子，臣子也在选择君主。我和公孙述同乡，小
时候很要好。我先前到蜀地时，公孙述在殿前严加戒备后
才让我进去。我现在远道而来，陛下怎么知道我不是刺客
或奸诈小人，而如此平易随便地接见我？"光武帝又笑着
说："您不是刺客，而是说客。"马援说："天下动乱，盗用
帝号的人不可胜数。今天我见到陛下，看您恢宏大度，和
高祖皇帝一样，才知道自有真正的帝王。"光武帝十分赞赏
他的豪迈。马援就跟着光武帝到了南边的黎丘，又辗转到
了东海。等到他要回去时，光武帝让他做了待诏，派太中
大夫来歙带着符节送马援西归陇右。

　　隗嚣与援共卧起，问以东方流言及京师得失。
援说嚣曰："前到朝廷，上引见数十，每接谦语①，
自夕至旦，才明勇略，非人敌也。且开心见诚，无
所隐伏，阔达多大节，略与高帝同。经学博览，政
事文辩，前世无比。"嚣曰："卿谓何如高帝？"援

曰："不如也。高帝无可无不可②；今上好吏事③，动如节度④，又不喜饮酒。"嚣意不怿，曰："如卿言，反复胜邪？"然雅信援，故遂遣长子恂入质。援因将家属随恂归洛阳。居数月而无它职任。援以三辅地旷土沃，而所将宾客猥多⑤，乃上书求屯田上林苑中⑥，帝许之。

【注释】

①谚（yàn）语：即谚话，聚谈。

②无可无不可：指对人对事不拘成见。

③吏事：政事，官务。

④节度：节制，约束。

⑤猥（wěi）多：众多，繁多。猥，多，繁多。

⑥屯田：动用戍卒、农民、商人开垦荒地，汉以后用此措施取得军饷和税粮。

【译文】

隗嚣和马援同睡同起，询问他有关东方的传言以及京城中政事的得失。马援劝隗嚣说："我这次到朝廷，皇上引见我几十次，每次接见聚谈，都可以从晚间一直聊到天明，他的雄才伟略，无人可以抗衡。而且他心胸坦诚开明，不隐瞒或遮掩什么，他开朗豁达而讲求大节，很像汉高祖。他博览经书，处理政事的能力和文才辩略，前人中没有谁可以与他相媲美。"隗嚣说："您说他和汉高祖比怎么样？"马援说："那当然比不上。高祖对人对事不拘成见；当今的皇上喜爱处理政事，行动有节有度，又不喜好饮酒。"隗嚣听了不太高兴："像您所说的，好像他比高祖反而要略胜一筹？"不过他素来信任马援，于是就派长子隗恂到宫中做人质。马援也就带着家属跟随隗恂回到洛阳。在洛阳住了几个月都没有担任什么官职。马援看到三辅地区土地辽阔肥沃，自己带的宾客又多，就上书请求让他到上林苑中去开垦田地，光武帝准许了他的要求。

会隗嚣用王元计，意更狐疑，援数以书记责譬于嚣，嚣怨援背己，得书增怒，其后遂发兵拒汉。援乃上疏曰："臣援自念归身圣朝，奉事陛下，本无公辅一言之荐，左右为容之助^①。臣不自陈，陛下何因闻之？夫居前不能令人轻^②，居后不能令人轩^③，与人怨不能为人患，臣所耻也。故敢触冒罪忌，昧死陈诚。臣与隗嚣，本实交友。初，嚣遣臣东，谓臣曰：'本欲为汉，愿足下往观之。于汝意可，即专心矣。'及臣还反，报以赤心，实欲导之于善，非敢谤以非义^④。而嚣自挟奸心，盗憎主人^⑤，怨毒之情遂归于臣。臣欲不言，则无以上闻。愿听诣行在所，极陈灭嚣之术，得空匈腹^⑥，申愚策，退就陇亩，死无所恨。"帝乃召援计事，援具言谋画。因使援将突骑五千，往来游说嚣将高峻、任禹之属，下及羌豪，为陈祸福，以离嚣支党。

【注释】
①容：介绍，引荐。

②轾（zhì）：车顶前倾貌。喻看重。

③轩：车子前高后低貌。喻看重，抬高。

④谲（jué）：诡诈、欺骗。

⑤盗憎主人：比喻奸恶的人怨恨正直的人。

⑥匈（xiōng）腹：胸襟。匈，同"胸"。

【译文】

那时，隗嚣采用了王元的计谋，对朝廷更加猜疑，马援多次写信责备劝导他。隗嚣埋怨马援背叛自己，看到信后更加恼怒，之后就起兵抗拒汉朝。马援上书说："马援一心想着归依圣明的汉朝，侍奉陛下，本来就没有三公宰相的一句推荐，左右亲信的介绍帮助。我如果不自我表白，陛下又怎么可以了解到我的心声？如果站前靠后都无足轻重，被人怨恨却成不了别人的祸患，这是让我感到可耻的。所以我才胆敢触犯罪忌，冒死表白我的忠心。我和隗嚣，本来确实是交情很深的朋友。当初，隗嚣派我来到这里，对我说：'本来就是要为汉室效力，请您到那里去看一看。您觉得可以，我就一心向着汉朝。'等到我回去时，把自己的心里话都掏给他了，一心想着要劝导他向善，不敢以不义之心来欺骗他。但隗嚣自己却挟藏着奸诈之心，憎恨自己的主上，于是就把怨恨全部集中到我的身上来。我如果不说，您就永远不会得知真相。我愿意听从您的召唤，到您那儿详细陈述消灭隗嚣的办法，如果能够说出心中藏着的所有的话，陈述自己不成熟的策略，然后再引退田间，做一农夫，那我就死而无憾了。"光武帝召见他来商议战事，马援就把他的谋划全部说了出来。于是光武帝就派马援带着五千骑兵，往来游说于

隗嚣的将领高峻、任禹和羌族豪杰之间，向他们说明各种利
害关系，以离间隗嚣的支党。

援又为书与嚣将杨广，使晓劝于嚣，广竟
不答。

【译文】

马援又写信给隗嚣的将领杨广，要他去开导劝诫隗嚣，
杨广始终没有给他答复。

八年，帝自西征嚣，至漆，诸将多以王师之
重，不宜远入险阻，计犹豫未决①。会召援，夜
至，帝大喜，引入，具以群议质之。援因说隗嚣将
帅有土崩之执，兵进有必破之状。又于帝前聚米为
山谷，指画形执，开示众军所从道径往来，分析曲
折，昭然可晓。帝曰："虏在吾目中矣。"明旦，遂
进军至第一，嚣众大溃。

【注释】

①犹（yóu）豫：犹疑，迟疑不定貌。

【译文】

建武八年，皇帝亲自带兵西征隗嚣，到达漆县，将领
们都认为帝王之师极其尊贵，不宜远征到险阻的地带，一
直犹豫不决。刚好此时马援应召半夜赶到，光武帝大喜，
马上引见他，就大家商议的问题一一向他询问。马援认为

隗嚣的将帅有瓦解的态势，向他们发动进攻必定能够摧毁他们。然后在光武帝面前把米堆成山谷的形状，分析山川形势，指点各支部队行进的路径，指出曲折艰险的地方，可谓一目了然。光武帝说："敌军已尽在我眼底了。"第二天一早，就进军第一城，隗嚣的部队溃不成军。

九年，拜援为太中大夫，副来歙监诸将平凉州。自王莽末，西羌寇边，遂入居塞内，金城属县多为虏有。来歙奏言陇西侵残①，非马援莫能定。十一年夏，玺书拜援陇西太守。援乃发步骑三千人，击破先零羌于临洮②，斩首数百级，获马牛羊万余头。守塞诸羌八千余人诣援降，诸种有数万，屯聚寇抄，拒浩亹隘③。援与扬武将军马成击之。羌因将其妻子辎重移阻于允吾谷，援乃潜行间道，掩赴其营④。羌大惊坏，复远徙唐翼谷中，援复追讨之。羌引精兵聚北山上，援陈军向山，而分遣数百骑绕袭其后，乘夜放火，击鼓叫噪，虏遂大溃，凡斩首千余级。援以兵少，不得穷追，收其谷粮畜产而还。援中矢贯胫⑤，帝以玺书劳之，赐牛羊数千头，援尽班诸宾客。

【注释】

①侵残：侵害摧残。

②先零（lián）羌：汉代羌族的一个分支。

③亹（mén）：峡中两岸对峙如门的地方。

④掩赴：乘其不备而至。掩，突然袭击。

⑤胫（jìng）：从膝盖到脚跟的部分。

【译文】

建武九年，朝廷任用马援为太中大夫，辅佐来歙监督将军们平定凉州。从王莽末年以来，西羌就经常侵扰边境，进入塞内定居，金城的属县大多被他们抢夺。来歙上奏描述陇西被摧残的情形，并指出除了马援，没有人能够平定这里。建武十一年夏天，皇帝下玺书任命马援为陇西太守。马援就征发了三千步骑兵，在临洮攻破先零羌，斩首了几百个人，缴获一万多头的马、牛、羊。驻守在要塞的各部羌人八千多人都来投降马援。羌人各部落有几万人聚集在一起烧杀抢掠，拒守浩亹关隘。马援和扬武将军马成一起去抗击他们。羌人就带着他们的妻子儿女，带着辎重转移到了允吾谷，马援悄悄地从小路进发，突然向他们的军营发起进攻。羌人惊慌失措，乱成一团，又长途迁徙到唐翼谷中，马援紧随其后，讨伐敌军。羌人带领精兵聚集在北山之上，马援对着北山布下军阵，然后又调派了几百名骑兵绕到山后袭击敌军，并乘着夜色放起大火，击鼓呐喊，敌军大败，被斩首的有一千多人。马援因为兵力太少，不敢穷追，收缴了他们的谷物和牲畜及其财产撤回了。马援小腿被箭穿透了，皇帝下玺书慰劳他，赏赐给他几千头的牛羊，马援把它们全都分给了宾客。

是时，朝臣以金城破羌之西，涂远多寇①，议欲弃之。援上言，破羌以西城多完牢，易可依固；

其田土肥壤，灌溉流通。如令羌在湟中，则为害不休，不可弃也。帝然之，于是诏武威太守，令悉还金城客民。归者三千余口，使各反旧邑。援奏为置长吏，缮城郭，起坞候②，开导水田，劝以耕牧，郡中乐业。又遣羌豪杨封譬说塞外羌，皆来和亲。又武都氐人背公孙述来降者，援皆上复其侯王君长，赐印绶，帝悉从之。乃罢马成军。

【注释】

①涂：同"途"，道路。

②坞（wù）候：犹坞壁，防御用的土堡，土障。坞，小型城堡。候，同"堠"，边境伺望、侦察敌情的设施，哨所、土堡。

【译文】

当时，朝臣们因为金城破羌县的西部，距离内地太远，又时常受到侵扰，商议说要放弃那里。马援上书说，破羌以西城池完好牢固，很容易加固，那里的土地肥沃，灌溉十分便利。如果听任羌人在湟中一带活动，那他们将为害不止，所以不能丢掉那里。光武帝采纳他的建议，于是就下诏给武威太守，让他将客居在武威的金城人全部遣返。被遣返回去的有三千多人，让他们各自回到原来所在的城市。马援上奏，请求为他们设置长官县吏，修缮城郭，建起城堡哨所，疏导水利，鼓励他们耕作放牧，郡中一片安居乐业的景象。之后又派遣羌族的豪杰杨封去游说塞外的羌人，让他们都来和亲。还有武都郡中背叛了公孙述前来投降的氐族人，马援都上书请求恢复他们的侯王君长的称号，赐给他们印绶，光武帝都允许了。于是就撤回了马成率领的军队。

十三年，武都参狼羌与塞外诸种为寇，杀长吏。援将四千余人击之，至氐道县，羌在山上，援军据便地①，夺其水草，不与战，羌遂穷困，豪帅数十万户亡出塞，诸种万余人悉降，于是陇右清静。

【注释】

①便地：形势便利之地。

【译文】

建武十三年，武都郡的参狼羌和塞外的各部落联合起兵作乱，杀死了郡中的长官。马援带着四千多人攻打他们，到了氐道县，羌人跑到山上，马援的军队占据了有利地势，切断了他们的水草供应，不和他们交战，羌人陷入了困境，首领们带着数十万户人家逃出塞外，另外几个部落有一万多人都投降了，于是陇右一带又清静无事了。

援务开恩信，宽以待下，任吏以职，但总大体而已。宾客故人，日满其门。诸曹时白外事，援辄曰："此丞、掾之任，何足相烦。颇哀老子①，使得遨游。若大姓侵小民，黠羌欲旅距②，此乃太守事耳。"傍县尝有报仇者，吏民惊言羌反，百姓奔入城郭。狄道长诣门，请闭城发兵。援时与宾客饮，大笑曰："烧虏何敢复犯我③？晓狄道长归守寺舍④，良怖急者⑤，可床下伏。"后稍定，郡中服之。视事六年⑥，征入为虎贲中郎将。

【注释】

①哀：同情，爱惜。老子：老人的自称，犹老夫。

②旅距：聚众抗拒，违抗。

③烧虏：即烧羌，羌人的一支。

④寺舍：官舍。

⑤良：甚，很。

⑥视事：就职治事。

【译文】

马援开明诚信，对部下十分宽厚，能把职权交给下级的官吏，自己只是把握大的方向而已。他的官府，每天都挤满了宾客和老朋友，有时下属们向他报告外面的事务，马援就说："这是属丞、掾吏职权范围的事，何必来麻烦我呢。你们要是爱惜我，就让我能够自由一点。如果是豪门大姓要侵犯普通百姓，狡黠的羌人聚众抗命，这才是太守应该管的事情。"邻县有人要报仇，那些官吏和百姓都惊慌失措地报告说是羌人要造反了，百姓争相跑进城郭。狄道县长跑上门来，请求关闭城门，出兵应对。当时马援正在和宾客畅饮，大笑说："烧羌哪里还敢再来侵犯我？告诉狄道长回去好好守着他的官府，实在感到恐怖危急的时候，可以躲到床底下。"后来果然就慢慢安定了下来，郡中的人都很佩服他。他在那里任职六年，被征召回朝，担任虎贲中郎将。

初，援在陇西上书，言宜如旧铸五铢钱。事下三府^①，三府奏以为未可许，事遂寝^②。乃援还，从公府求得前奏，难十余条，乃随牒解释^③，更具表言。帝从之，天下赖其便。援自还京师，数被进见。为人明须发，眉目如画。闲于进对^④，尤善述前世行事。每言及三辅长者，下至闾里少年，皆可观听。自皇太子、诸王侍闻者，莫不属耳忘倦^⑤。又善兵策，帝常言"伏波论兵，与我意合"，每有所谋，未尝不用。

【注释】

①三府：汉制，三公皆可开府，因称三公为"三府"。亦泛称国家最高行政长官。

②寝：止息，废置。

③牒：古代可供书写的简札。此指表章。

④闲：通"娴"，熟习。

⑤属耳：注意倾听。

【译文】

当初，马援曾在陇西上书，说应该像过去一样，铸造五铢钱。皇上让三府去执行这件事情，三府认为这件事情不能做，事情就被搁置在一旁了。等到马援回来时，就从公府那里要回从前的奏书，其中有别人提出的十几条责难，马援在表章上一一标注，加以解释，再详细向皇帝表白。光武帝采纳了他的建议，天下因此得到了便利。马援自从回到京城以来，多次被皇上召见。他须发分明，眉目如画。很善于进言对策，特别善于讲述前代的政事。他所说的，上至三辅地区的长者，下至乡里少年，都适合听。从皇太子到各个陪侍听讲的王侯，一听他讲话没有不伸长耳朵忘掉疲倦的。他还善于制定用兵策略，光武帝常说"伏波讲起用兵之道，经常和我想到一起了"，马援每次谋划的事情，都没有不被采纳的。

封援为新息侯，食邑三千户。援乃击牛酾酒^①，劳飨军士。从容谓官属曰："吾从弟少游常哀吾慷慨多大志，曰：'士生一世，但取衣食裁足，乘下泽车^②，御款段马^③，为郡掾史，守坟墓，乡里称善人，斯可矣。致求盈余，但自苦耳。'当吾在浪泊、西里间，虏未灭之时，下潦上雾，毒气重蒸，仰视飞鸢跕跕堕水中^④，卧念少游平生时语，何可得也！今赖士大夫之力，被蒙大恩，猥先诸君纤佩金紫^⑤，且喜且惭。"吏士皆伏称万岁。

【注释】

①酾（shī）：滤酒。

②下泽车：一种适于在沼泽地行驶的短毂轻便车。

③款段：马行迟缓貌。

④飞鸢（yuān）：鸟名。跕跕（dié）：坠落的样子。

站，坠落。

⑤猥：谬，错误地。纡（yū）佩金紫：纡，系结，垂挂。金紫，黄金印章和系印的紫色绶带，后用以代指高官显爵。

【译文】

朝廷又封马援为新息侯，食邑三千户。马援就杀牛置酒，慰劳犒赏将士。他平静地对属官们说："我的堂弟马少游常哀叹我感情激昂，胸怀大志，说：'人活一世，但求丰衣足食，乘坐便捷的车辆，驱使着迟钝的马匹，作郡中的一名掾吏，守着祖上的坟墓，在乡里做一个好人，这就可以了。如果要谋求多余的东西，就要自找苦吃了。'当我在浪泊、西里之间时，敌军还没消灭，脚下踩着积水，上面雾气重重，被层层的毒气笼罩着，抬头可以看到飞鸟扑腾扑腾地堕入水中，躺在床上时想着少游平日里的话，可是自己如何才能享受那样的生活呢！现在有了诸位的鼎力相助，得到了皇上的恩待，居然比各位先戴上金印紫绶，心中真是又高兴又惭愧。"将士们都伏地高呼万岁。

援将楼船大小二千余艘，战士二万余人，进击九真贼徵侧余党都羊等，自无功至居风，斩获五千余人，峤南悉平①。援奏言西于县户有三万二千，远界去庭千余里，请分为封溪、望海二县，许之。援所过辄为郡县治城郭，穿渠灌溉，以利其民。条奏越律与汉律驳者十余事，与越人申明旧制以约束之，自后骆越奉行马将军故事②。

①峤（jiào）南：指岭南。峤，特指五岭。

②骆越：古种族名，居住于今云南、贵州、广西之间。

【译文】

马援带着大小楼船两千多艘、战士两万多人，进击九真郡的强盗徵侧的余党都羊等人，从无功到居风之间，斩首抓获五千多人，岭南全部得到平定。马援上奏说西于县有三万两千户人家，但它最远的边界距离治县有一千多里，请求皇上把它分为封溪、望海两县，皇上准许了。马援每经过一个地方，就为郡县修整城郭，开引渠道，灌溉庄稼，使人民的生活更加便利。他上奏陈述越人和汉人的法律中互相矛盾的十几个地方，向越人申明旧的制度，以此约束他们，从此以后，骆越人就奉行着马将军定下的规矩。

二十年秋，振旅还京师，军吏经瘴疫死者十四五。赐援兵车一乘，朝见位次九卿。

【译文】

建武二十年秋天，马援整顿军旅凯旋回京，军中的将士因瘴气瘟疫死了十分之四五。朝廷赐给马援兵车一辆，朝见时位于九卿之后。

援好骑，善别名马，于交阯得骆越铜鼓，乃铸为马式①，还上之。因表曰："夫行天莫如龙，行地莫如马。马者甲兵之本，国之大用。安宁则以别尊卑之序，有变则以济远近之难。昔有骐骥，一日千里，伯乐见之，昭然不惑。近世有西河子舆，亦明相法。子舆传西河仪长孺，长孺传茂陵丁君都，君都传成纪杨子阿，臣援尝师事子阿，受相马骨法。考之于行事，辄有验效。臣愚以为传闻不如亲见，视景不如察形^②。今欲形之于生马，则骨法难备具，又不可传之于后。孝武皇帝时，善相马者东门京铸作铜马法献之，有诏立马于鲁班门外，则更名鲁班门曰金马门。臣谨依仪氏䩭^③，中帛氏口齿，谢氏唇鬐^④，丁氏身中，备此数家骨相以为法。"马高三尺五寸，围四尺五寸。有诏置于宣德殿下，以为名马式焉。

【注释】

①马式：铜铸的骏马的样式。

②景：同"影"，影子。

③䩭（jī）：同"羁"，马络头。

④鬐（liè）：马鬣。

【译文】

马援喜好骑马，善于鉴别名马，他在交阯得到一面骆越铜鼓，就把它铸成马的样式，回来后交给皇帝。他上奏说："天上飞的没有什么能胜过龙，地上走的没有什么能胜过马。马是兵甲之本，是安邦定国的重要工具。安定时可以用来分别尊卑的次序，动乱之时则可以排解远近的危难。过去有骏马骐骥，一天能奔驰千里，伯乐看到它，一眼就把它识别出来。近代有西河的子舆，也通晓相马骨的方法。子舆把这一密法传给西河仪长孺，长孺又传给茂陵的丁君都，君都又传给成纪的杨子阿，我曾拜子阿为师，所以也通晓相马骨的方法。每次试着用这种方法去相马，都很灵验。我个人认为道听途说不如亲眼所见，观看影子比不上观察实物。现在我想用活马表现好马的形状，但骨骼的结构难以一一体现，又无法传给后代。孝武皇帝时，擅长相马的东门京曾铸造铜马献给他，孝武帝就下诏把马立在鲁班门外，于是就把鲁班门更名为金马门。我严格依照仪氏所描绘的马络头，中帛氏说的马嘴，谢氏说的马的嘴唇鬃毛，丁氏说的马身，把这几家观察骨骼的方法综合起来，铸造了这匹马的模型。"马高三尺五寸，胸围四尺五寸。皇帝下诏把它放在宣德殿下，作为名马的一种模式。

初，援军还，将至，故人多迎劳之，平陵人孟冀，名有计谋，于坐贺援。援谓之曰："吾望子有善言，反同众人邪？昔伏波将军路博德开置七郡①，裁封数百户；今我微劳，猥飨大县，功薄赏厚，何以能长久乎？先生奚用相济？"冀曰："愚不及。"援曰："方今匈奴、乌桓尚扰北边，欲自请击之。男儿要当死于边野，以马革裹尸还葬耳，何能卧床上在儿女子手中邪！"冀曰："谅为烈士②，当如此矣。"

【注释】

①伏波将军路博德开置七郡：汉武帝时南越王相吕嘉叛乱，命路博德为伏波将军，进行讨伐，平定南越，分置南海、合浦、珠崖、儋耳、苍梧、桂林、九真、日南、交趾等九郡。

②谅：确实。

【译文】

当初，马援军队回来，快到京城时，他的许多老朋友都来迎接慰劳他，平陵人孟冀，以擅长谋略闻名，也来祝贺马援。马援对他说："我希望您能说出好的谋略，怎么反而和大家没什么不同？过去伏波将军路博德开辟七个郡，才封给他几百户的食邑；我现在只是立下微不足道的战功，却忝获大县的奖赏，功劳少赏赐多，如何能够长久呢？先生您用什么来帮助我呢？"孟冀说："我想不出来。"马援说："现在匈奴、乌桓还在侵扰北方的边境，我想自告奋勇前去抗击匈奴。大丈夫死也应死在边疆荒野之地，用马革裹着尸体送回来安葬，怎么可以躺在床上死在老婆孩子面前呢？"孟冀回答说："真正的壮士，就应该这样。"

还月余，会匈奴、乌桓寇扶风，援以三辅侵扰，园陵危逼，因请行，许之。自九月至京师，十二月复出屯襄国。诏百官祖道①。援谓黄门郎梁松、窦固曰："凡人为贵，当使可贱，如卿等欲不可复贱，居高坚自持，勉思鄙言。"松后果以贵满致灾②，固亦几不免③。

【注释】

①祖道：古代为出行者祭祀路神，并饮宴送行。

②松后果以贵满致灾：梁松娶光武帝的长女舞阴公主为妻，光武帝驾崩时遗诏让梁松任汉明帝的辅政大臣。汉明帝继位后，梁松受到弹劾，说他怀私推荐官员，事发被免官，后来又牵涉写匿名书诽谤，结果下狱论死。其家人也被迫迁到交州九真郡（今越南清化省境内）。

③固亦几不免：窦固是窦融的侄子，好读书，喜兵法。汉光武帝时袭父爵，封显亲侯。明帝时，因从兄窦穆获罪，受牵连，罢职家居十余年。

【译文】

回来一个多月，匈奴和乌桓就开始侵扰扶风郡了，马援看到三辅地区受到侵扰，帝王园陵受到威胁，就请求出战，朝廷准许了他的请求。他九月份回到京城，十二月就又出兵驻扎襄国县。皇帝诏示百官为他祭拜路神送行。马援对黄门郎梁松、窦固说："人在尊贵时，就应该学会做低贱的普通人，如果你们不想再成为低贱人，身居高位得意自满的话，就请想想我这些粗野的话。"梁松后来果然因为高贵自满而招致杀身之祸，窦固也差点惹上灾祸。

明年秋，援乃将三千骑出高柳，行雁门、代郡、上谷障塞。乌桓候者见汉军至，虏遂散去，援无所得而还。

【译文】

第二年秋天，马援就带着三千名骑兵从高柳出发，向雁门、代郡、上谷几个要塞行进。乌桓的探马看到汉军来了，敌军就纷纷逃散了，马援没什么俘获就回来了。

援尝有疾，梁松来候之，独拜床下，援不答。松去后，诸子问曰："梁伯孙帝婿，贵重朝廷，公卿已下莫不惮之，大人奈何独不为礼？"援曰："我乃松父友也①。虽贵，何得失其序乎？"松由是恨之。

【注释】

①我乃松父友也：梁松之父梁统，曾为武威太守。

【译文】

马援曾生了一场病，梁松来看望他，独自走到床前向他行拜见礼，马援没有回礼。梁松走后，大家问他："梁伯孙是皇上的女婿，在朝廷中是显要尊贵的人物，公卿以下的官员没有不怕他的，大人您为什么不回礼呢？"马援说："我是梁松父亲的朋友。他虽然显贵，但我怎么能丢掉长幼的次序呢？"梁松因此怀恨在心。

二十四年，武威将军刘尚击武陵五溪蛮夷，深入，军没，援因复请行。时年六十二，帝愍其老，未许之。援自请曰："臣尚能披甲上马。"帝令试之。援据鞍顾眄①，以示可用。帝笑曰："矍铄哉是翁也②！"遂遣援率中郎将马武、耿舒、刘匡、孙永等，将十二郡募士及弛刑四万余人征五溪③。援夜与送者诀，谓友人谒者杜愔曰："吾受厚恩，年迫余日索④，常恐不得死国事。今获所愿，甘心瞑目，但畏长者家儿或在左右⑤，或与从事，殊难得调，介介独恶是耳⑥。"明年春，军至临乡，遇贼攻县，援迎击，破之，斩获二千余人，皆散走入竹林中。

【注释】

①据鞍：跨在马上。顾眄（miǎn）：左顾右眄。眄，看，望。

②矍铄（juéshuò）：形容目光炯炯，精神健旺。

③募士：招募的士兵。弛刑：弛刑徒，解除枷锁的囚徒。

④索：尽。

⑤长者家儿：指权要子弟。

⑥介介：形容有心事，不能忘怀。

【译文】

建武二十四年，武威将军刘尚攻打武陵郡的五溪蛮夷，深入敌界，全军覆没，马援就又请求出战。当时他已经六十二岁，光武帝考虑到他年事已高，没有允许。马援亲自请战说："我还可以披着盔甲骑上战马。"光武帝让他试试看。马援坐在马鞍上，故意回头斜视，表示自己还能打仗。光武帝笑着说："你这个老头还是精神矍铄啊！"于是就让马援率领中郎将马武、耿舒、刘匡、孙永等人，带着从十二郡中招募来的勇士及解除刑罚的罪犯共计四万多人出征五溪。马援连夜和送别的人诀别，对为帝王传递号令的朋友杜愔说："我受到皇帝的恩待，年岁日增，日子所剩无几，经常担心不能以死报效国家。现在如我所愿，就算死了，也能甘心瞑目了。我只怕权要人物的子弟有人呆在我身边，或者和我共事，很难协调，这是最让我耿耿于怀和讨厌的事情。"第二年春天，汉军到达临乡，遇上敌军攻打县城，马援迎头痛击，大破敌军，杀死俘获的共有两千多人，其余的敌军都逃到竹林中去了。

初，军次下隽，有两道可入，从壶头则路近而水崄①，从充则涂夷而运远，帝初以为疑。及军至，耿舒欲从充道，援以为弃日费粮，不如进壶头，扼其喉咽，充贼自破。以事上之，帝从援策。

【注释】

①崄（xiǎn）：险要，险阻，危险。

【译文】

当初，汉军临时驻扎在下隽县，有两条路可走，从壶头走，路途近，但水势险阻，从充县走路途平坦，但要长途转运，光武帝当初也感到迟疑不决。军队到达那里时，耿舒想从充县走，马援认为那样会延误时日，浪费粮食，不如挺进壶头，掐住敌军的咽喉，充县的贼军就不攻自破了。这件事情请示朝廷后，光武帝采用了马援的计策。

三月，进营壶头。贼乘高守隘，水疾，船不得上。会暑甚，士卒多疫死，援亦中病①，遂困，乃穿岸为室，以避炎气。贼每升险鼓噪，援辄曳足以观之②，左右哀其壮意，莫不为之流涕。耿舒与兄好畤侯弇书曰："前舒上书当先击充，粮虽难运而兵马得用，军人数万争欲先奋。今壶头竟不得进，大众怫郁行死③，诚可痛惜。前到临乡，贼无故自致，若夜击之，即可殄灭④。伏波类西域贾胡⑤，到一处辄止，以是失利。今果疾疫，皆如舒言。"弇得书，奏之。帝乃使虎贲中郎将梁松乘驿责问援，因代监军。会援病卒，松宿怀不平，遂因事陷之。帝大怒，追收援新息侯印绶。

【注释】

①中病：得病。

②曳足：拖着脚。

③怫（fú）郁：忧郁，心情不舒畅。怫，抑郁，心情不舒畅。行：将。

④殄（tiǎn）灭：消灭，灭绝。殄，灭绝。

⑤贾（gǔ）胡：做生意的胡人。贾，做买卖。

【译文】

三月，进军壶头。敌军占据高处，守住险要关隘，水流湍急，船过不去。正逢当时酷暑难忍，士兵大多病死，马援也得了重病，于是全军困乏，就在岸边穿洞为室，以躲避暑气。每次敌军登上险要关隘击鼓高喊时，马援就拖着病腿前去观望，左右的人都被他的壮举感动了，没有人不为他流下眼泪来。耿舒给他兄长好畤侯耿弇写信说："先前我上书说要先攻打充县，粮草虽难转运但兵马用得上，几万士兵都想奋勇当先。现在壶头终究还是无法前行，大批人马郁闷困惑，即将死去，实在值得痛惜。先前到临乡时，敌军无故自己送上门来，如果连夜攻击，就可以歼灭他们。而伏波好像西域来经商的胡人，到了一个地方就停了下来，所以才会失利。现在果然就遇了瘟疫，一切都被我言中了。"耿弇收到信，就上奏皇上。皇帝派了虎贲中郎将梁松乘坐驿车前去责问马援，并请梁松代理监领军队。这时刚好马援病逝，梁松本来对他就心怀不满，就趁机诬陷他。光武帝大怒，收回了马援的新息侯印绶。

初，援在交阯，常饵薏苡实，用能轻身省欲①，以胜瘴气。南方薏苡实大，援欲以为种，军还，载之一车。时人以为南土珍怪，权贵皆望之②。援时方有宠，故莫以闻。及卒后，有上书谮之者③，以为前所载还，皆明珠文犀。马武与於陵侯侯昱等皆以章言其状，帝益怒。援妻孥惶惧，不敢以丧还旧茔，裁买城西数亩地槁葬而已④。宾客故人莫敢吊会。严与援妻子草索相连，诣阙请罪。帝乃出松书以示之，方知所坐，上书诉冤，前后六上，辞甚哀切，然后得葬。

【注释】

①轻身：使身体轻健。省欲：节制欲望。

②望：怨恨，责怪。

③谮（zèn）：诋毁，诬陷。

④槁葬：草草埋葬。

【译文】

　　当初，马援在交阯的时候，经常吃薏米，以保持轻便的身体，控制欲望，抵御瘴气。南方的薏米果实大，马援想带回去做种子，所以军队返回京城时，就载了一车的薏米。当时，人们以为那是南方产的珍奇宝物，权贵们都埋怨他。不过那时马援很得宠，所以没有人敢说。等到马援死后，就有人上书诬陷他，说他那时载回的，都是明珠和有花纹的犀牛角。马武和於陵侯侯昱都上书说明真相，皇帝看了更加恼怒。马援的妻子儿女惶恐不安，不敢回祖坟安葬，只在城西买了几亩地草草下葬而已。马援的宾客和老朋友也没人敢去吊丧。马严和马援的妻子儿女用草绳把自己捆在一起，到皇帝面前请罪。皇帝把梁松的奏书拿给他们看，他们才知道马援被立罪的原因，就上书申诉冤情，前后共上书六次，言辞十分哀痛恳切，然后才得以安葬。

梁冀列传

梁冀（？—158），从小就是显贵的国戚，又因拥立了汉桓帝，故而成为凌驾于皇帝之上的残暴权臣，一生杀人无数，骄横气盛到了极点，没有人敢违抗他的命令，他的家族也因此尽享荣华富贵，占据显赫高位。梁冀在位二十余年间，贪婪敛取巨额财物，穷奢极欲，修建豪宅，开拓林苑，罪恶深重。一再迁就他的汉桓帝终于忍无可忍，利用宦官的势力铲除了这股极恶势力。

东汉腐朽的政权和激烈的斗争导致一个奇特的历史现象，即皇帝多短命。皇帝短命，继位者自然就年幼，许多皇帝没有后嗣，于是就出现了母后临朝听政的局面。《后汉书》的帝纪部分新增了《皇后纪》，删掉了《外戚传》，是东汉皇后和外戚势力日益膨胀的真实反映。而为窦宪、梁冀这样重权在握、影响较大的外戚立传，则是对《后汉书》无《外戚传》的重要补充。

冀字伯卓。为人鸢肩豺目^①，洞精眮眄^②，口吟舌言^③，裁能书计^④。少为贵戚，逸游自恣^⑤。性嗜酒，能挽满、弹棋、格五、六博、蹴鞠、意钱之戏^⑥，又好臂鹰走狗^⑦，骋马斗鸡。初为黄门侍郎，转侍中，虎贲中郎将，越骑、步兵校尉，执金吾。

【注释】

① 鸢（yuān）肩：谓两肩上耸，像鸱鸟栖止时的样子。鸢，俗称鸱鹰、老鹰。豺目：像豺狼一样竖立的眼睛。

② 洞精：通视，斜眼。眮眄（tǎngmiǎn）：眼神直视的样子。

③ 口吟：口紧闭。舌言：说话含糊不清。

④ 书计：写字算数。

⑤ 逸游：放纵游乐。

⑥ 挽满：拉满强弓。弹棋：古代一种博戏。格五：古代的一种格子棋。具有赌博性质。六博：古代一种掷彩下棋的比赛游戏。意钱：猜钱，有猜面和猜数等不同的形式。

⑦ 臂鹰：架鹰于臂。古时多指外出狩猎或嬉戏。走狗：谓纵狗行猎。

【译文】

梁冀，字伯卓。这个人两肩像老鹰一样耸起，眼睛像豺狼一样竖立，斜眼，眼光总是直勾勾的，说话不张嘴，含糊不清，勉强能写字计数。他从小就是显贵皇戚，四处游乐，自我放纵。他生性嗜酒，会拉强弓、弹棋、格五、六博、蹴鞠、猜钱等各种游戏，还喜欢带着鹰犬打猎，骑马斗鸡。他先是当了黄门侍郎，后来又升迁为侍中，虎贲中郎将，越骑、步兵校尉，执金吾。

永和元年，拜河南尹。冀居职暴恣，多非法，父商所亲客洛阳令吕放，颇与商言及冀之短①，商以让冀，冀即遣人于道刺杀放。而恐商知之，乃推疑于放之怨仇，请以放弟禹为洛阳令，使捕之，尽灭其宗亲、宾客百余人。

【注释】

①颇：略微，稍稍。

【译文】

章帝永和元年，梁冀被任命为河南尹。梁冀在任期间残暴放纵，做了许多违法的事，他的父亲梁商所亲信的宾客洛阳县令吕放，稍稍和梁商说了梁冀的一些缺点，梁商因此责备梁冀，梁冀就派人在路上刺杀了吕放。又担心梁商知道，就嫁祸给吕放的仇家，请求让吕放的弟弟吕禹任洛阳令，前去捉拿吕放的仇家，把他的整个宗族及一百多个宾客全都杀掉了。

商薨未及葬，顺帝乃拜冀为大将军①，弟侍中不疑为河南尹。

【注释】

①大将军：汉代将军的最高称号，多由贵戚担任，享有掌控政权的至高权力。

【译文】

梁商去世还没有下葬，顺帝就任命梁冀为大将军，任他的弟弟侍中梁不疑为河南尹。

及帝崩，冲帝始在襁褓，太后临朝，诏冀与太傅赵峻、太尉李固参录尚书事。冀虽辞不肯当，而侈暴滋甚。

【译文】

到顺帝去世时，冲帝还在襁褓之中，太后掌控朝政，诏命梁冀和太傅赵峻、太尉李固总领尚书事务。梁冀虽然辞让没有接受，但却更加奢侈残暴了。

冲帝又崩，冀立质帝。帝少而聪慧，知冀骄横，尝朝群臣，目冀曰："此跋扈将军也①。"冀闻，深恶之，遂令左右进鸩加煮饼②，帝即日崩。

【注释】

①跋扈：骄横，强暴。

②鸩（zhèn）：毒酒。煮饼：汤面。

【译文】

冲帝又死了，梁冀就拥立了质帝。质帝年幼却很聪慧，他知道梁冀骄横，曾经在群臣朝会时，盯着梁冀说："这是专横跋扈的将军。"梁冀听了，非常痛恨他，就让侍从把毒酒加到汤面里给质帝吃，质帝当天就死了。

复立桓帝，而枉害李固及前太尉杜乔①，海内嗟惧，语在《李固传》。建和元年，益封冀万三千户，增大将军府举高第茂才，官属倍于三公。又封不疑为颍阳侯，不疑弟蒙西平侯，冀子胤襄邑侯，各万户。和平元年，重增封冀万户，并前所袭合三万户。

【注释】

①枉害李固及前太尉杜乔：建和元年（147）十一月，刘文与刘鲔联合谋立清河王刘蒜。李固、杜乔在质帝死后曾拥立刘蒜，梁冀诬陷李固、杜乔参与其事，将二人处死，并暴尸城北。

【译文】

然后他又拥立汉桓帝，陷害了李固和前任太尉杜乔，天下的人都叹息恐惧，这事在《李固列传》里有详细的记载。桓帝建和元年，加封给梁冀食邑三千户，增加大将军府推举高位贤才的权力，属官是三公们的两倍。又任命梁不疑为颍阳侯，任命梁不疑的弟弟梁蒙为西平侯，梁冀的儿子梁胤为襄邑侯，各给予一万户的食邑。桓帝和平元年，又增加梁冀食邑一万户，加上从前已有的就有三万户了。

弘农人宰宣素性佞邪，欲取媚于冀，乃上言大将军有周公之功，今既封诸子，则其妻宜为邑君。诏遂封冀妻孙寿为襄城君，兼食阳翟租，岁入五千万，加赐赤绂①，比长公主②。寿色美而善为妖态，作愁眉、啼妆、堕马髻、折腰步、龋齿笑③，以为媚惑。冀亦改易舆服之制，作平上軿车、埤帻、狭冠、折上巾、拥身扇、狐尾单衣④。寿性钳忌⑤，能制御冀，冀甚宠惮之。

【注释】

①赤绂：蔽膝，用皮韦制成的祭祀服饰。

②长公主：皇帝的姊姊或皇女之尊崇者的封号，仪服同藩王。

③愁眉：细而曲折的眉。堕马髻：侧在一边的发髻。折腰步：走路时摆动腰肢，扭捏作态。龋齿笑：故意做出的状若齿痛的笑容。

④平上軿（píng）车：车顶上平有帷幕的车子。埤（bēi）帻：低低的扎头巾。埤，低。折上巾：古冠名，折叠巾之上角。拥身扇：大障扇。狐尾单衣：后裾拖地，像狐狸尾巴一样的朝服。

⑤钳忌：猜忌刻薄。

【译文】

弘农人宰宣生性谄媚邪恶，想讨好梁冀，就上书说大将军有周公那样的功勋，现在他的几个儿子都已经封了侯，那他的妻子也应该封为邑君。皇帝就下诏封他妻子孙寿为

襄城君，同时兼食阳翟的租税，每年进项有五千万，此外
还比照长公主的规格，加赐给她赤绶。孙寿貌美又善于做
出妖媚姿态，描着细长曲折的眉毛，弄出副愁眉不展的样
子，眼下略施粉黛，故意搞得像刚哭过的样子，发髻斜歪
一侧，走起路来扭着腰肢，笑起来故意如牙痛一般，以此
来媚惑人。梁冀也改变车乘服饰的规制，制作带帷障的平
顶车，把头巾扎得很低，并带上狭小的帽子，把头巾上角
折叠起来，用大扇障身，朝服的后摆拖地，像狐狸尾巴一
样。孙寿生性刻薄，喜欢猜忌，能够控制驾驭梁冀，梁冀
非常娇宠惧怕她。

　　初，父商献美人友通期于顺帝，通期有微过，
帝以归商，商不敢留而出嫁之，冀即遣客盗还通
期。会商薨，冀行服，于城西私与之居。寿伺冀
出，多从仓头①，篡取通期归②，截发刮面，笞掠
之，欲上书告其事。冀大恐，顿首请于寿母，寿
亦不得已而止。冀犹复与私通，生子伯玉，匿不敢
出。寿寻知之，使子胤诛灭友氏。冀虑寿害伯玉，
常置复壁中。冀爱监奴秦宫③，官至太仓令，得出
入寿所。寿见宫，辄屏御者，托以言事，因与私
焉。宫内外兼宠，威权大震，刺史、二千石皆谒辞
之④。

【注释】

①仓头：汉代对奴仆的称呼。汉时奴仆以深青色布包

头，故称。仓，通"苍"。

②篡取：夺取。

③监奴：为权贵豪门监管家务的奴仆头，大管家。

④谒辞：就任前晋谒辞行。

【译文】

当初，梁冀的父亲梁商曾进献美人友通期给顺帝，通期因犯了一点小错误，顺帝把她送回给梁商，梁商不敢留下就把她嫁了出去，梁冀就派宾客去偷回了友通期。恰好梁商这时死了，梁冀正在服丧期间，就在城西和她姘居。孙寿等到梁冀出门，就带着许多家奴，把友通期抢了回来，剪断她的头发，刮破她的脸，用鞭子抽打她，还要上书告发这件事情。梁冀非常害怕，在孙寿的母亲面前叩头请罪，孙寿也不得不罢休了。但梁冀还是和友通期私通，生下一个儿子叫伯玉，藏起来不敢让他出去。孙寿不久知道了这件事，就派儿子梁胤把友氏一家杀光了。梁冀担心孙寿杀害伯玉，就经常把他藏在夹壁之中。梁冀很喜欢管家秦宫，让他当官直到太仓令，可以自由出入孙寿的住所。孙寿一见到秦宫，就把待从全部支开，以有要事要说为借口，就和他私通起来。秦宫内外都受到宠幸，威名权力大增，刺史、俸禄为二千石的官员就任前都要向他晋谒辞行。

冀用寿言，多斥夺诸梁在位者①，外以谦让，而实崇孙氏宗亲。冒名而为侍中、卿、校尉、郡守、长吏者十余人②，皆贪叨凶淫③，各遣私客籍属县富人④，被以它罪，闭狱掠拷，使出钱自赎，资物少者至于死徙。扶风人士孙奋居富而性吝，冀因以马乘遗之⑤，从贷钱五千万，奋以三千万与之，冀大怒，乃告郡县，认奋母为其守臧婢⑥，云盗白珠十斛、紫金千斤以叛，遂收考奋兄弟，死于狱中，悉没资财亿七千余万。

【注释】

①斥夺：夺取，剥夺。

②冒名：假托他人名义。

③贪叨（tāo）：贪婪残忍。叨，同"饕"，残忍。

④籍：记录，登记。

⑤马乘：四匹马。

⑥臧（zàng）：库藏。

【译文】

　　梁冀听从孙寿的话，剥夺了许多梁家人的职权，对外给人一种谦让的感觉，实际上抬高了孙氏宗亲的地位。他们当中假托他人名义担任侍中、卿、校尉、郡守、长吏等官职的有十几个人，都十分贪婪残忍、凶暴荒淫，各自派遣自己的宾客去登记属县富人的名单，然后给这些人安上其他的罪名，把他们抓到监狱严刑拷打，让他们出钱赎出自己，钱物给的少的，甚至被处死或流放。扶风人士孙奋家境富裕却很吝啬，梁冀送给他四匹马，然后向他借五千万钱，孙奋只借给他三千万，梁冀大怒，就向郡县告状，指认孙奋的母亲是他过去守库的奴婢，说她偷了十斛白珠、一千斤紫金，反叛主人，于是就把孙奋兄弟抓起来拷打，打死在狱中，把他们一亿七千多万的财物全部没收了。

其四方调发^①，岁时贡献，皆先输上第于冀^②，乘舆乃其次焉。吏人赍货求官请罪者，道路相望。冀又遣客出塞，交通外国，广求异物。因行道路，发取伎女御者^③，而使人复乘执横暴，妻略妇女^④，殴击吏卒，所在怨毒^⑤。

【注释】

① 调发：征调，征发。

② 上第：上等，第一等。

③ 伎女：女歌舞艺人。御者：侍从。

④ 妻略：奸污霸占。

⑤ 怨毒：怨恨，仇恨。

【译文】

四方征调的物品，四季进贡的东西，都要先把最上等的送给梁冀，皇帝只能得到次一等的。那些送礼以求官或请求开释罪名的官吏，络绎不绝。梁冀又派宾客出塞，和域外各国交通往来，广泛搜罗珍奇物品。出行途中，顺便选取歌妓侍御，这些手下的人又仗势横行强暴，奸污霸占妇女，殴打小官吏，所到之处人们恨之入骨。

冀乃大起第舍，而寿亦对街为宅，殚极土木，互相夸竞。堂寝皆有阴阳奥室^①，连房洞户。柱壁雕镂，加以铜漆；窗牖皆有绮疏青琐②，图以云气仙灵。台阁周通，更相临望；飞梁石蹬，陵跨水道。金玉珠玑，异方珍怪，充积臧室。远致汗血名马。又广开园囿，采土筑山，十里九坂，以像二崤，深林绝涧，有若自然，奇禽驯兽，飞走其间。冀、寿共乘辇车，张羽盖，饰以金银，游观第内，多从倡伎，鸣钟吹管，酤讴竞路。或连继日夜，以骋娱恣。客到门不得通，皆请谢门者，门者累千金。又多拓林苑，禁同王家，西至弘农，东界荥阳，南极鲁阳，北达河、淇，包含山薮，远带丘荒，周旋封域③，殆将千里。又起菟苑于河南城西，经亘数十里④，发属县卒徒，缮修楼观，数年乃成。移檄所在，调发生菟⑤，刻其毛以为识，人有犯者，罪至刑死。尝有西域贾胡，不知禁忌，误杀一兔，转相告言，坐死者十余人。冀二弟尝私遣人出猎上党，冀闻而捕其宾客，一时杀三十余人，无生还者。冀又起别第于城西，以纳奸亡。或取良人，悉为奴婢，至数千人，名曰"自卖人"。

【注释】

①奥室：内室，深宅。

②窗牖（yǒu）：窗户。绮疏：雕刻成空心花纹的窗户。青琐：装饰皇宫门窗的青色连环花纹。

③周旋：还绕，盘曲。封域：领地。

④经亘：绵亘，连接，连绵不断。

⑤菟：通"兔"。

【译文】

梁冀又大兴土木，兴建豪宅，而孙寿也在对街修建住宅，穷极当时土木工匠之所能，互相竞争夸耀。大堂寝室都有暗道通往内室，各个房间都可相通。柱子墙壁雕镂图案，并镀上铜漆；大小窗户都镂刻成空心花纹，装饰着宫廷式样的青色连环纹饰，并画上云气缭绕的仙灵图案。台阁四通八达，相互呼应。长桥凌空高悬，石阶横跨水上。金玉珠宝，四方进献的珍奇怪物，堆满仓库。甚至有远方送来的汗血名马。他还广开园林，挖土筑山，在十里之内筑起了九个山坡，模仿东西崤山的走势，园内大片的森林和险要的山涧，有如天然而成，珍奇的鸟类和驯养的野兽，在其间飞行奔走。梁冀和孙寿一同乘坐着辇车，打着羽毛做的伞盖，伞盖用金银加以装饰，在宅第内游玩观光，后面还跟着许多歌妓和舞女，敲着钟吹着管，一路酣歌。有时接连几天几夜都在尽情驰骋狂欢。来客到了门口进不去，都要向看门人求情拜谢，看门人都积攒了大量的财物。他们还开拓了许多的林苑，其中的禁忌和皇家园林完全一样，林苑西至弘农，东至荥阳，南面直通鲁阳，北面到达黄河、淇河，其中有深山，也有丘陵和荒野，林苑所包围的区域，方圆将近千里。他还在河南城西兴建了兔苑，纵横数十里，调集了各属县的工匠，修缮楼观，几年才修好。又下文书到各属县调集活兔，把这些兔子的毛剪掉一些做记号，谁触犯了这些兔子，就要犯下死罪。曾有一个西域来经商的胡人，不了解禁忌，误杀了一只兔子，此事辗转互相牵连，因此被处死罪的人有十几个。梁冀的两个弟弟曾私下派人到上党山打猎，梁冀知道这件事后就逮捕了他的宾客，一下就杀死了三十几个人，没有一个人生还。梁冀又在城西另外修建了宅第，专门收纳奸诈的亡命之徒。有时也抓良民，全部把他们作为奴婢使唤，达到了几千人，称他们为"自卖人"。

元嘉元年，帝以冀有援立之功，欲崇殊典，乃大会公卿，共议其礼。于是有司奏冀入朝不趋①，剑履上殿，谒赞不名，礼仪比萧何；悉以定陶、成阳余户增封为四县，比邓禹；赏赐金钱、奴婢、彩帛、车马、衣服、甲第，比霍光：以殊元勋②。每朝会，与三公绝席③。十日一入，平尚书事④。宣布天下，为万世法。冀犹以所奏礼薄，意不悦。专擅威柄，凶恣日积，机事大小，莫不咨决之。宫卫近侍，并所亲树。禁省起居，纤微必知。百官迁召，皆先到冀门笺檄谢恩⑤，然后敢诣尚书。下邳人吴树为宛令，之官辞冀，冀宾客布在县界，以情托树。树对曰："小人奸蠹⑥，比屋可诛⑦。明将军以椒房之重，处上将之位，宜崇贤善，以补朝阙。宛为大都，士之渊薮，自侍坐以来，未闻称一长者，而多托非人，诚非敢闻！"冀嘿然不悦。树到县，遂诛杀冀客为人害者数十人，由是深怨之。树后为荆州刺史，临去辞冀，冀为设酒，因鸩之，树出，死车上。又辽东太守侯猛，初拜不谒，冀托以它事，乃腰斩之。

【注释】

①趋：小步快跑，表示尊敬。臣子到朝廷去面见帝王时，必须小步快跑。"入朝不趋"，是梁冀享受的特殊待遇。

②元勋：首功，大功。

③绝席：与他人不同席。独坐一席，以示尊显。

④平尚书事：平议尚书事务。平，平议。

⑤笺檄：犹笺记。给上级官员的书札。

⑥奸蠹：指有害国家社会的不法行为。

⑦比屋：家家户户。形容众多、普遍。

【译文】

元嘉元年，桓帝因为梁冀对自己有援立之功，就想用特别的礼遇来显示他的崇高地位，就召集朝中所有的公卿，共同商议对待他的礼遇。于是有关官员上奏说梁冀可以入朝不小步快走，可以佩剑穿鞋上殿，谒见皇帝可以不自称名，享受和萧何同等的仪礼规格；将定陶、成阳剩余的编户全都封给他，这样他的封邑就增加到四个县，和邓禹相当；赏赐给他金钱、奴婢、彩帛、车马、衣服、甲第，比照霍光的标准；以突出表彰他的功勋。每次朝会，和三公分别开来，独坐一席。十天入朝一次，平议尚书事务。将这些宣告天下，成为万代法制。梁冀还觉得他们奏请的礼遇不够优厚，很不高兴。他专横行事，玩弄权势，一天比一天凶残放纵，各种大小的机要事务，没有一件不是先征询他的意见才做出决定的。宫中的卫士侍从，都是他亲自安置的，宫中的起居生活，每一个细节他都能了解清楚。百官升迁，都要带着笔记书札先到梁冀门上谢恩，然后才敢去尚书省。下邳人吴树被任命为宛县县令，赴任前向梁冀辞别，梁冀有些宾客分布在宛城县内，就嘱托他给予关照。吴树回答说："那些小人行为不法，应该把他们一个个都杀掉。将军您贵为皇亲，又处于上将的高位，应该推举贤才，重用好人，以此来补正朝廷的缺失。宛县是大都会，是士人的聚居地，我侍候您坐了这么久，没听见您举荐一个才干突出的人，却托付了许多不可用的人，我实在难以从命。"梁冀一声不吭，很不高兴。吴树到宛县，就处死了梁冀宾客中为害百姓的十几个人，梁冀因此十分痛恨他。吴树后来提升为荆州刺史，临行前又到梁冀那里去辞别，梁冀为他设置酒宴，给他喝了毒酒，吴树出来后，就死在车上了。还有辽东太守侯猛，初次拜官没有谒见他，梁冀就以其他事情为借口，将他腰斩了。

时郎中汝南袁著，年十九，见冀凶纵，不胜其愤，乃诣阙上书曰："臣闻仲尼叹凤鸟不至，河不出图，自伤卑贱，不能致也。今陛下居得致之位，又有能致之资，而和气未应①，贤愚失序者，执分权臣，上下壅隔之故也②。夫四时之运，功成则退，高爵厚宠，鲜不致灾。今大将军位极功成，可为至戒，宜遵悬车之礼③，高枕颐神。传曰：'木实繁者，披枝害心。'若不抑损权盛，将无以全其身矣。左右闻臣言，将侧目切齿，臣特以童蒙见拔，故敢忘忌讳。昔舜、禹相戒无若丹朱，周公戒成王无如殷王纣，愿除诽谤之罪，以开天下之口。"书得奏御，冀闻而密遣掩捕著④。著乃变易姓名，后托病伪死，结蒲为人，市棺殡送。冀廉问知其诈⑤，阴求得，笞杀之，隐蔽其事。学生桂阳刘常，当世名儒，素善于著，冀召补令史以辱之⑥。时，太原郝絜、胡武，皆危言高论⑦，与著友善。先是絜等连名奏记三府，荐海内高士，而不诣冀，冀追怒之，又疑为著党，敕中都官移檄捕前奏记者并杀之⑧，遂诛武家，死者六十余人。絜初逃亡，知不得免，因舆榇奏书冀门⑨。书入，仰药而死，家乃得全。及冀诛，有诏以礼祀著等。冀诸忍忌，皆此类也。

【注释】

①和气：指能导致吉祥的祥瑞之气。

②壅隔：阻隔。

③悬车：古人以七十岁辞官家居，废车不用。

④掩捕：乘其不备逮捕。

⑤廉问：察访查问。廉，考察，查访。

⑥补令史以辱之：《后汉书·百官志》载汉设尚书令史十八人，二百石，官职卑下，士人一般不屑担任这一官职。故梁冀让刘常担任补令史来羞辱他。

⑦危言：直言。

⑧中都官：汉代京师各官署的统称。

⑨舆榇：把棺材装在车上，表示决死或有罪当死之意。

【译文】

当时，郎中汝南袁著，年仅十九岁，看到梁冀凶残放纵，压制不住内心的怒火，就向皇帝上书说："我听说孔仲尼叹息凤凰不来，黄河不出现神图，感伤自己卑贱，不能求来这些东西。现在陛下处在可以得到这些东西的位置，又已经具备了得到这些东西的条件，但祥瑞之气至今还未出现，贤德和愚蠢的人颠倒了次序，这都是因为权臣分割了权势，上下阻隔导致的。按四时运行的规律，功成就该身退，给予过高的爵位和过多的恩宠，很少不招致祸害。现在大将军的位置已高到极点，大功已经告成，理应警诫自己，遵循悬车引退的礼节，高枕无忧地去闭目养神了。《左传》说：'果实长得过于繁盛，就会压断树枝，损害主干。'如果不及时抑制权势，那就难以保全他自身。梁冀左右的人听到我的话，肯定会怒目而视，咬牙切齿，我只因为年幼无知而受到提拔，所以才敢不顾忌讳说这样的话。从前，禹劝舜帝不要像丹朱那样傲慢，周公劝诫成王不要像殷王纣那样迷乱，希望皇上能废除诽谤之罪，让天下的人都能开口说话。"奏书递了上去，梁冀听说后就秘密派人去捉拿袁著。袁著更名改姓，后来又假托病死，用蒲草编个假人，买来棺材殡葬了。梁冀查问得知其中的伪诈，暗查找到了他，用竹板把他打死了，并把这件事隐瞒了起来。学者桂阳人刘常，是当很有名的儒者，和袁著关系一向很好，梁冀就让他充任令史以羞辱他。当时，太原人郝絜、胡武，都是喜好直言议论的人士，和袁著很要好。此前郝絜等人曾联名奏请三府，向他们举荐国内的有名望的人，而没有事先通告梁冀，梁冀回想起这件事感到很恼怒，又怀疑他们是袁著的同党，就命令京师各官署发出文告逮捕从前奏请的那些人并且杀掉他们，结果就诛灭了胡武家族，把六十多人全部杀掉了。郝絜开始逃亡在外，知道难逃此劫，就用车拉着棺材来到梁冀门上上奏。奏书递进去，他就仰头喝下毒药死了，这样他的家族才得以保全。等到梁冀被杀后，皇帝下诏用厚礼祭祀袁著等人。梁冀所做的许多残忍忌害贤良的事情，都和这差不多。

不疑好经书，善待士，冀阴疾之，因中常侍白帝，转为光禄勋。又讽众人共荐其子胤为河南尹。胤一名胡狗，时年十六，容貌甚陋，不胜冠带，道路见者，莫不蚩笑焉。不疑自耻兄弟有隙，遂让位归第，与弟蒙闭门自守。冀不欲令与宾客交通，阴使人变服至门，记往来者。南郡太守马融、江夏太守田明，初除①，过谒不疑，冀讽州郡以它事陷之，皆髡笞徙朔方②。融自刺不殊③，明遂死于路。

【注释】
①除：拜官，授职。
②髡（kūn）：剃发。笞（chī）：古代用鞭子或竹板拷打的刑罚。
③殊：死亡。

【译文】

梁不疑喜好儒家经典，善待士人，梁冀私下里十分痛恨他，就指使中常侍劝说皇帝，让他转任光禄勋。又暗示众人一起举荐自己的儿子梁胤任河南尹。梁胤又名胡狗，当时十六岁，容貌十分丑陋，穿戴起冠服绶带很不像样，路上的人看了，没有不嗤笑他的。梁不疑因为兄弟之间有裂痕，感到很羞耻，就辞去官职回到家中，和弟弟梁蒙一起闭门自守。梁冀不想让他们与宾客来往，暗地里派人穿着便服到他家门口，记下和他们来往的人。南郡太守马融、江夏太守田明，第一次上任前，拜谒梁不疑，梁冀就暗示州郡的人以其他的事情来诬陷他们，结果他们都被剃光头发，遭到毒打并被流放到朔方去。马融自杀未遂，田明就死在路上了。

永兴二年，封不疑子马为颍阴侯，胤子桃为城父侯。冀一门前后七封侯，三皇后，六贵人，二大将军，夫人、女食邑称君者七人，尚公主者三人，其余卿、将、尹、校五十七人。在位二十余年，穷极满盛，威行内外，百僚侧目，莫敢违命，天子恭己而不得有所亲豫①。

【注释】

①恭己：指君主大权旁落。

【译文】

桓帝永兴二年，朝廷封梁不疑的儿子梁马为颍阴侯，梁胤的儿子梁桃为城父侯。梁冀一家前后有七人被封侯，三人做了皇后，六人做了贵人，出了两个大将军，夫人、女儿中有七人享有食邑，三人娶了公主，其他官至卿、将、尹、校的有五十七人。梁冀在位二十多年，骄横气盛到了极点，横行宫廷内外，百官不敢正视他，没有人敢违抗他的命令，皇帝大权旁落，什么事都不能亲自过问。

帝既不平之。延熹元年，太史令陈授因小黄门徐璜，陈灾异日食之变，咎在大将军，冀闻之，讽洛阳令收考授，死于狱。帝由此发怒。

【译文】

桓帝心里已经十分不平了。延熹元年，太史令陈授通过小黄门徐璜，向皇帝陈述出现了日食等异常灾害，责任在大将军，梁冀听说后，暗地指使洛阳令逮捕了陈授，在狱中将他拷打至死。桓帝因此发怒了。

初，掖庭人邓香妻宣生女猛，香卒，宣更适梁纪。梁纪者，冀妻寿之舅也。寿引进猛入掖庭，见幸，为贵人，冀因欲认猛为其女以自固，乃易猛姓为梁。时猛姊婿邴尊为议郎，冀恐尊沮败宣意[①]，乃结刺客于偃城，刺杀尊，而又欲杀宣。宣家在延熹里，与中常侍袁赦相比，冀使刺客登赦屋，欲入宣家。赦觉之，鸣鼓会众以告宣。宣驰入以白帝，帝大怒，遂与中常侍单超、具瑗、唐衡、左悺、徐璜等五人成谋诛冀。语在《宦者传》。

【注释】

①沮败：败坏，挫败。

【译文】

当初，掖庭人邓香的妻子宣生下一个女儿叫猛，邓香死后，宣就改嫁给梁纪。梁纪，是梁冀的妻子孙寿的舅舅。孙寿把猛引荐到掖庭中，被皇帝宠幸，封为贵人，梁冀因此就想认猛做女儿以巩固自己的势力，就把猛改为梁姓。当时猛的姐夫邴尊担任议郎，梁冀担心他阻挠改变宣的心意，就勾结刺客在偃城刺杀了邴尊，然后又想杀死宣。宣家住延熹里，和中常侍袁赦是邻居，梁冀派的刺客爬上袁赦的屋顶，想从这里进入宣家。袁赦发现了，敲起鼓召集手下把这事通告给宣。宣马上跑到宫中向桓帝报告了这件事情，桓帝大怒，就和中常侍单超、具瑗、唐衡、左悺、徐璜等五个人定下诛杀梁冀的计划。详细叙述在《宦者列传》中。

冀心疑超等，乃使中黄门张恽入省宿，以防其变。具瑗敕吏收恽，以辄从外入，欲图不轨。帝因是御前殿，召诸尚书入，发其事，使尚书令尹勋持节勒丞郎以下皆操兵守省阁，敛诸符节送省中。使黄门令具瑗将左右厩驺、虎贲、羽林、都候剑戟士①，合千余人，与司隶校尉张彪共围冀第。使光禄勋袁盱持节收冀大将军印绶，徙封比景都乡侯。冀及妻寿即日皆自杀。悉收子河南尹胤、叔父屯骑校尉让，及亲从卫尉淑、越骑校尉忠、长水校尉戟等，诸梁及孙氏中外宗亲送诏狱，无长少皆弃市②。不疑、蒙先卒。其它所连及公卿列校刺史二千石死者数十人，故吏宾客免黜者三百余人，朝廷为空，惟尹勋、袁盱及廷尉邯郸义在焉。是时事卒从中发，使者交驰，公卿失其度，官府市里鼎沸③，数日乃定，百姓莫不称庆。

【注释】

①厩驺：主驾车马的骑士。都候：古代主行夜巡逻的卫士官，主剑戟士。

②弃市：弃之于市，谓处死刑。

③市里：街市里巷。鼎沸：比喻形势纷扰动乱。

【译文】

梁冀心中猜疑单超等人，就派了中黄门张恽进入宫内，以防止他们发动政变。具瑗命令吏人把张恽逮捕，罪名是他突然从宫外进来，图谋不轨。桓帝于是亲临前殿，召见尚书们，公开了梁冀的罪行，让尚书令尹勋手持符节率领丞郎下的官员都带着兵器守住宫廷官署，收起各种符节送回宫中。派黄门令具瑗带着左右两厢的骑士、虎贲、羽林、都候剑戟士等，一共一千多人，和司隶校尉张彪一起包围了梁冀的住宅。派光禄勋袁盱带着符节没收了梁冀的大将军印绶，改封他为比景都乡侯。梁冀和他的妻子孙寿当天就都自杀了。又将梁冀的儿子河南尹梁胤、叔父屯骑校尉梁让，以及他的亲信卫尉淑、越骑校尉忠、长水校尉戟等人，连同梁家及孙家的内外宗族亲戚全部逮捕送到诏狱中去，不论老少都处以死刑，暴尸街头。梁不疑、梁蒙在这之前死了。其他受到牵连而死的公卿、列校、刺史及俸禄为二千石的官员有几十人，梁冀原来的官吏和宾客被罢除官职的有三百多人，朝廷都空了，只剩下尹勋、袁盱以及廷尉邯郸义还在。当时政变是突然从宫中爆发，使者来回奔驰，公卿们不知所措，官府街市里巷纷扰动乱，好几天才平定下来，百姓没有不拍手称快的。

　　收冀财货，县官斥卖^①，合三十余万万，以充王府，用减天下税租之半^②。散其苑囿，以业穷民^③。录诛冀功者^④，封尚书令尹勋以下数十人。

【注释】

①县官：朝廷，官府。斥卖：出卖。

②用：犹言以，表示凭借或原因。

③业：成业，使之立或乐业。

④录：记功，奖赏。

【译文】

朝廷没收梁冀的全部财产，全部变卖，共获三十多亿，用来充实国家府库，因此减免了天下百姓一半的租税。开放梁冀的林苑，让贫民在里面安身立业。奖赏诛杀梁冀有功的人，封赏了尚书令尹勋及以下共几十个人。

班超列传

　　班超（31—102），以微薄力量闯荡西域三十年，朝廷对他们的增援十分有限，但班超却让西域五十多个国家全部归顺汉朝，显示出非凡的智慧与超强的军事外交才能。

　　西汉后期，已无力管理西域各国，又经王莽政权的大肆践踏，民族团结遭到严重破坏，致使西域五十多个国家投靠匈奴。匈奴极其强悍蛮横，在东汉初年乘虚而入，侵扰汉朝边疆，烧杀抢掠，对汉室的稳定形成巨大的威胁。随着东汉政治经济的发展与积极友好的民族政策的实施，西域的局面逐步趋于稳定。马援、祭肜、班超等优秀将领在这一过程中立下了汗马功劳。他们采取刚柔并济的措施，勇于征战，又善于攻心，出色地贯彻"以夷制夷"的策略，和西域各国建立了良好的关系，使汉朝出现了"四夷来宾"的和谐景象。

班超字仲升，扶风平陵人，徐令彪之少子也。为人有大志，不修细节。然内孝谨，居家常执勤苦，不耻劳辱。有口辩，而涉猎书传。永平五年，兄固被召诣校书郎，超与母随至洛阳。家贫，常为官佣书以供养①。久劳苦，尝辍业投笔叹曰："大丈夫无它志略，犹当效傅介子、张骞立功异域②，以取封侯，安能久事笔研间乎③？"左右皆笑之。超曰："小子安知壮士志哉！"其后行诣相者，曰："祭酒，布衣诸生耳，而当封侯万里之外。"超问其状。相者指曰："生燕颔虎颈④，飞而食肉，此万里侯相也。"久之，显宗问固⑤："卿弟安在？"固对："为官写书，受直以养老母⑥。"帝乃除超为兰台令史⑦。后坐事免官。

【注释】

①佣书：受雇为人抄书。亦泛指为人做笔札工作。

②傅介子、张骞立功异域：傅介子在西汉昭帝时期远赴楼兰、龟兹，指斥两国拦截杀害汉使，投靠匈奴，并杀掉了在龟兹的匈奴使者；后又与霍光合谋，刺杀了楼兰王；回国后封为义阳侯。张骞出使西域，开通了丝绸之路，使西汉的势力影响到西域各国，又随卫青出征匈奴，封博望侯。

③笔研：笔和砚，指文墨书写之事。

④燕颔：燕子一样的下巴。颔，下巴。

⑤显宗：即汉明帝。

⑥受直：得到报酬。直，工钱，报酬。

⑦兰台令史：掌管图书、文书的官员，后世也称史官为兰台。兰台，汉代宫里藏书之处。

【译文】

班超字仲升，扶风郡平陵县人，是徐县县令班彪的小儿子。他胸怀大志，不拘小节。但在家孝顺恭谨，总是坚持勤奋刻苦，不以劳苦为耻辱。他能言善辩，又浏览过经典书籍。明帝永平五年，他哥哥班固被征召为校书郎，班超与母亲跟着到了洛阳。因家境贫寒，经常为官府抄写文书来养家糊口。他辛苦地干了很长时间，有一次停下工作把手中的笔丢在一边，感叹地说："大丈夫就算没有别的志向，也应该像傅介子、张骞那样到异域去创立功业，争取封侯，怎么能长久地在笔砚之间消磨时光呢？"旁边的人都笑话他。班超说："你们这班小子哪里会了解壮士的志向呢！"后来，他去看相，看相的人说："您只是个平民书生，但会在万里之外封侯。"班超向他询问详细的情况。看相的人指着他说："你长着燕子那样的下巴老虎一样的脖颈，能展翅高飞又能吞食鲜肉，这正是在万里之外封侯的面相啊！"过了很久，明帝问班固说："你的弟弟在哪里？"班固回答说："为官府抄写文书，取得报酬供养家中的老母亲。"明帝就任命班超为兰台令史。后来他又因犯错误被免职。

十六年，奉车都尉窦固出击匈奴①，以超为假司马，将兵别击伊吾②，战于蒲类海③，多斩首虏而还。固以为能，遣与从事郭恂俱使西域。

【注释】

① 窦固：字孟孙，东汉开国功臣窦融之侄，娶光武帝女涅阳公主为妻。永平年间统领汉军大举反击匈奴，取得天山之战的重大胜利，为东汉彻底击灭北匈奴创造了条件。

② 伊吾：汉伊吾卢地区，故城在今新疆哈密。

③ 蒲类海：即今新疆东部的巴里坤湖。

【译文】

明帝永平十六年，奉车都尉窦固出击匈奴，就让班超以代理司马的身份，带兵分头进攻伊吾，在蒲类海交战，斩杀了许多敌人才回来。窦固认为他很有才能，就派他和从事郭恂一同出使西域。

超到鄯善①，鄯善王广奉超礼敬甚备，后忽更疏懈。超谓其官属曰："宁觉广礼意薄乎？此必有北虏使来，狐疑未知所从故也。明者睹未萌，况已著邪。"乃召侍胡诈之曰："匈奴使来数日，今安在乎？"侍胡惶恐，具服其状。超乃闭侍胡②，悉会其吏士三十六人，与共饮，酒酣，因激怒之曰："卿曹与我俱在绝域，欲立大功，以求富贵。今虏使到裁数日，而王广礼敬即废；如令鄯善收吾属送匈奴，骸骨长为豺狼食矣。为之奈何？"官属皆曰："今在危亡之地，死生从司马。"超曰："不入虎穴，不得虎子。当今之计，独有因夜以火攻虏，使彼不知我多少，必大震怖，可殄尽也。灭此虏，则鄯善破胆，功成事立矣。"众曰："当与从事议之。"超怒曰："吉凶决于今日。从事文俗吏③，闻此必恐而谋泄，死无所名，非壮士也！"众曰："善。"初夜，遂将吏士往奔虏营。会天大风，超令十人持鼓藏虏舍后，约曰："见火然④，皆当鸣鼓大呼。"余人悉持兵弩夹门而伏。超乃顺风纵火，前后鼓噪。虏众惊乱，超手格杀三人，吏兵斩其使及从士三十余级，余众百许人悉烧死。明日乃还告郭恂，恂大惊，既而色动。超知其意，举手曰："掾虽不行，班超何心独擅之乎？"恂乃悦。超于是召鄯善王广，以虏使首示之，一国震怖。超晓告抚慰，遂纳子为质。还奏于窦固，固大喜，具上超功效，并求更选使使西域，帝壮超节，诏固曰："吏如班超，何故不遣而更选乎？今以超为军司马，令遂前功。"超复受使，固欲益其兵，超曰："愿将本所从三十余人足矣。如有不虞⑤，多益为累。"

【注释】

① 鄯（shàn）善：古西域国名，本名楼兰，故址在今新疆鄯善东南。

② 闭：关押，幽禁。

③ 文俗：拘守礼法安于习俗。

④ 然：同"燃"，燃烧。

⑤不虞：意料不到的事。

【译文】

班超到了鄯善国，鄯善王广接待他的礼节十分周到完备，后来忽然变得怠慢起来。班超对他的属官们说："你们感觉到广对我们的礼节和热情都不如从前了吗？这说明肯定有匈奴的使者到来，他才犹豫不决，无所适从。明眼的人能看清尚未萌芽的事情，况且现在事情都已经十分明白了。"于是他就召来侍候他们的胡人，假装说："匈奴的使者都来了几天了，现在在哪儿呢？"侍候他们的胡人惶恐不安，就把全部事实都交代了。班超把侍候他们的胡人关了起来，把他的三十六名将士全都集合起来，和他们一起饮酒，当喝得十分尽兴的时候，他故意激怒他们说："你们和我一起身处绝域，都想建功立业，以谋求富贵。现在匈奴的使者才来几天，而鄯善王广就不再对我们恭敬了；如果让鄯善把我们抓起来送给匈奴，那我们的尸骨残骸就只能送给豺狼吃了。这该怎么办呢？"属官们都说："现在处在危亡的境地，生死存亡就都听从司马您的安排了。"班超说："不深入虎穴，就得不到虎子。现在我们只能趁夜色火攻匈奴，他们搞不清我们有多少的兵力，必定会震惊恐怖，这样就可以歼灭他们了。消灭这些匈奴，鄯善一定会丧胆，我们功名事业就可以成就了。"将士们都说："应该和从事商议这件事。"班超发怒说："是凶是吉今天就应该有个决断。从事只是个拘法于礼安于流俗的文吏，听到这个计划必定惊恐不安使计划泄露，我们不明不白地死去，就成不了壮士！"众人说："好！"夜幕降临，他就带着将士冲向匈奴的营地。当时正好刮起大风，班超就让十个人拿着战鼓藏在匈奴的房舍之后，约定说："一看到大火点燃，都要击鼓呐喊。"剩下的人带着兵器和弓箭埋伏在大门两旁。班超就顺风放起大火，前后战鼓响成一片。匈奴人惊恐混乱，班超亲手杀了三个人，他的将士杀了匈奴的使者以及随从三十多人，剩下的一百多人都被烧死了。第二天才回来报告郭恂，郭恂大惊，然后脸色就变了。班超知道他的心意，举起手说："您虽然没有参加昨天的行动，但我怎敢独享战功呢？"郭恂这才高兴起来。班超于是就召来鄯善王广，把匈奴使者的脑袋拿给他看，整个鄯善国都因此震惊恐怖。班超又告谕抚慰他们，鄯善王就把儿子送到汉室去做人质。班超回去向窦固汇报，窦固大喜，把班超的功劳全部禀报给皇上，并请求另选使者出使西域。明帝很赏识班超的气节，诏示窦固说："像班超这样的官吏，为何不再派遣他而想着另找出使西域的人选呢？现在就任他为军司马，让他成就更大的功业。"班超再次接受了使命，窦固想要增加他的兵力，班超说："能带领原来跟着我的那三十多个人，就足够了。如有意料不到的事情，人多反而成为拖累。"

是时，于寘王广德新攻破莎车①，遂雄张南道②，而匈奴遣使监护其国，超既西，先至于寘。广德礼意甚疏。且其俗信巫。巫言："神怒何故欲向汉？汉使有骢马③，急求取以祠我。"广德乃遣使就超请马。超密知其状，报许之，而令巫自来取马。有顷，巫至，超即斩其首以送广德，因辞让之④。

广德素闻超在鄯善诛灭虏使，大惶恐，即攻杀匈奴使者而降超。超重赐其王以下，因镇抚焉。

【注释】

①于寘（tián）：也作"于阗"，古西域国名，在今新疆和田一带。莎车：古西域国名，在今新疆塔里木盆地西缘，莎车、叶城一带。

②雄张：谓势力扩张，旺盛。南道："丝绸之路"的南道。汉代丝绸之路从长安经河西走廊，再分为南北两道，南道是出阳关（今甘肃敦煌西南）西行，经鄯善，沿昆仑山的北麓，经过于阗、莎东、蒲犁（今塔什库尔干），逾葱岭，至大月氏（今伊犁河、楚河一带），再西行到安息（伊朗高原古国）和地中海的大秦（今罗马共和国），或由大月氏向南入身毒（印度）。

③骒（guā）马：黑嘴的黄马。也指浅黄色的马。骒，黑嘴的黄马。

④辞让：责问。

【译文】

当时，于寘王广德刚刚攻下莎车国，在南道上称雄扩张，而匈奴也派了使者监护于寘国。班超到了西域后，先到了于寘国。广德对他们的礼节十分冷淡。而且于寘国有信奉巫师的风俗。巫师说："神发怒说，为什么想要归附汉室。汉朝的使者有黑嘴的黄马，赶快去向他们要来祭祀我。"广德就派使者到班超那里去要马。班超暗地里知道了事情的缘由，回复表示同意，但要巫师亲自来取马。不一会儿，巫师来了，班超马上就砍下他的脑袋送给广德，并责问广德。广德早就听说班超在鄯善国杀死匈奴使者的事情，非常惶恐，马上就攻击杀掉了匈奴的使者归降班超。班超重重地奖赏了于寘王及他之下的官员，然后就在这里镇守下来，安抚百姓。

时，龟兹王建为匈奴所立^①，倚恃虏威，据有北道^②，攻破疏勒^③，杀其王，而立龟兹人兜题为疏勒王。明年春，超从间道至疏勒。去兜题所居槃橐城九十里^④，逆遣吏田虑先往降之。敕虑曰："兜题本非疏勒种，国人必不用命。若不即降，便可执之。"虑既到，兜题见虑轻弱，殊无降意。虑因其无备，遂前劫缚兜题。左右出其不意，皆惊惧奔走。虑驰报超，超即赴之，悉召疏勒将吏，说以龟兹无道之状，因立其故王兄子忠为王，国人大悦。忠及官属皆请杀兜题，超不听，欲示以威信，释而遣之。疏勒由是与龟兹结怨。

【注释】

①龟兹（qiū cí）：汉西域古国名，位于天山南麓，治延城（今新疆库车中北部）。

②北道：汉"丝绸之路"的北道，自玉门关（今敦煌西北）西行，经车师前国（今吐鲁番附近），经渠犁（今库尔勒）、龟兹、姑墨至疏勒。

③疏勒：古西域国名，在今新疆喀什一带，其治疏勒
城，即今新疆疏勒。

④槃橐（pántuó）城：位于今新疆喀什东南郊多来巴
提格路以南。

【译文】

当时，龟兹王建是匈奴拥立的，他倚仗着匈奴的力量，占据北道，攻败疏勒国，杀死国王，而拥立龟兹人兜题为疏勒王。第二年春天，班超抄小路来到疏勒国。在距离兜题居住的槃橐城九十里的地方，预先派属下田虑去招降他。他交待田虑说："兜题本来就不是疏勒人，国人必定不听从他的命令。如果不马上投降，你就把他抓起来。"田虑到了那里，兜题见他力量单薄，根本就没有投降的意思。田虑乘其不备，就上前劫持了他，把他绑了起来。兜题左右人员意想不到，吓得都惊慌逃跑。田虑迅速向班超报告，班超立即赶到，把疏勒国的将士全都召集在一起，向他们阐述龟兹王无道的情形，然后就拥立已故国王兄长的儿子忠为疏勒王，国人十分高兴。忠和手下的官员都请求杀死兜题，班超没有听从，想要以此树立自己的威信，把兜题放了回去。疏勒从此和龟兹国结下仇怨。

十八年，帝崩。焉耆以中国大丧①，遂攻没都护陈睦②。超孤立无援，而龟兹、姑墨数发兵攻疏勒③。超守槃橐城，与忠为首尾，士吏单少，拒守岁余。肃宗初即位，以陈睦新没，恐超单危不能自立，下诏征超。超发还，疏勒举国忧恐。其都尉黎

弇曰："汉使弃我，我必复为龟兹所灭耳。诚不忍见汉使去。"因以刀自刭。超还至于寘，王侯以下皆号泣曰："依汉使如父母，诚不可去。"互抱超马脚，不得行。超恐于寘终不听其东，又欲遂本志，乃更还疏勒。疏勒两城自超去后，复降龟兹，而与尉头连兵④。超捕斩反者，击破尉头，杀六百余人，疏勒复安。

【译文】

永平十八年，明帝去世了。焉耆国因中原正值国丧，就发起进攻，杀了都护陈睦。班超孤立无援，而龟兹、姑墨国也多次出兵攻击疏勒国。班超据守槃橐城，和疏勒王忠首尾呼应，虽兵力单薄，还是坚守了一年多的时间。章帝刚刚即位，因为陈睦刚死，担心班超势力单薄，且身居险境，保不住自己，就下诏征召班超。班超带兵返回，疏勒国举国都陷入恐慌。他们的都尉黎弇说："汉朝的使者遗弃我们，我们肯定又要被龟兹国灭掉。我真不愿看着汉使离去。"说完就举刀自刎了。班超回程经过于寘国，王侯以下的人都号啕大哭说："我们依赖汉使就像我们的父母，千万不能离去啊！"大家都抱着班超的马脚，班超无法前行。班超担心于寘国的人终究不会让他东归，又想成就自己的志向，就又回到了疏勒国。疏勒国的两座城池自从班超离开后，又投降了龟兹国，和尉头联合势力。班超把谋反的人抓来杀了，打败了尉头，杀了六百多人，疏勒国又安定下来了。

建初三年，超率疏勒、康居、于寘、拘弥兵一万人攻姑墨石城①，破之，斩首七百级。超欲因此叵平诸国②，乃上疏请兵。曰：

【注释】

①康居：古西域国名，东界乌孙，西达奄蔡，南接大月氏，东南临大宛，约在今巴尔喀什湖和咸海之间，国都卑阗城（在今塔拉斯河流域）。拘弥：古代西域诸国之一，故址在今新疆于田县克雅河以东。石城：在今新疆乌什一带。

②叵：遂，就。

【译文】

章帝建初三年，班超率领疏勒、康居、于寘、拘弥士兵共计一万多人进攻姑墨国的石城，攻破城池，杀敌七百多人。班超想趁势平定各国，就上疏请求增兵。他说：

"臣窃见先帝欲开西域，故北击匈奴，西使外国，鄯善、于寘即时向化。今拘弥、莎车、疏勒、月氏、乌孙、康居复愿归附①，欲共并力破灭龟兹，平通汉道。若得龟兹，则西域未服者百分之一耳。臣伏自惟念，卒伍小吏，实愿从谷吉效命绝域②，庶几张骞弃身旷野。昔魏绛列国大夫，尚能和辑诸戎，况臣奉大汉之威，而无铅刀一割之用乎③？前世议者皆曰取三十六国，号为断匈奴右臂。今西域诸国，自日之所入，莫不向化，大小欣欣，贡奉不绝，惟焉耆、龟兹独未服从。臣前与官属三十六人奉使绝域，备遭艰厄。自孤守疏勒，于今五载，胡夷情数，臣颇识之。问其城郭小大，皆言'倚汉与依天等'。以是效之，则葱领可通④，葱领通则龟兹可伐。今宜拜龟兹侍子白霸为其国王，以步骑数百送之，与诸国连兵，岁月之间，龟兹可禽⑤。以夷狄攻夷狄，计之善者也。臣见莎车、疏勒田地肥广，草牧饶衍，不比敦煌、鄯善间也，兵可不费中国而粮食自足。且姑墨、温宿二王⑥，特为龟兹所置，既非其种，更相厌苦⑦，其执必有降反。若二国来降，则龟兹自破。愿下臣章，参考行事。诚有万分，死复何恨。臣超区区，特蒙神灵，窃冀未便僵仆⑧，目见西域平定，陛下举万年之觞，荐勋祖庙，布大喜于天下。"

【注释】

①乌孙：古代西域国名，地在今伊犁河谷。

②谷吉：西汉元帝时出使西域郅支国的司马，被郅支人所杀害。绝域：极远之地。

③铅刀：铅质的刀，钝刀，比喻无用的人或物。

④葱领：即葱岭，古代对今帕米尔高原及昆仑山、喀喇昆仑山西部诸山的统称。

⑤禽：同"擒"，制伏，俘获。

⑥温宿：古国名，在今新疆温宿。

⑦厌苦：厌烦以为苦事。

⑧僵仆：死亡。

【译文】

"我知道先帝想开通西域，所以才向北攻打匈奴，向西边的国家派出使者。鄯善、于寘国很快就归附汉朝了。现在拘弥、莎车、疏勒、月氏、乌孙、康居又愿意归附，想联合兵力歼灭龟兹国，平定通往汉室的通道。如果能拿下龟兹国，那西域不归顺的人就只剩百分之一了。我曾暗自想过，军人及下层官吏，其实都愿意跟从谷吉那样的人在边远的西域为国效力，就像被匈奴囚禁十多年的张骞还愿意只身闯荡旷野一样。过去魏绛作为诸侯国的大夫，都能使各戎狄之国和平归附，何况我现在仰仗着大汉的威仪，难道还不能一展像铅刀那样迟钝的才干吗？前代人都说夺取了西域三十六国，就可称得上是斩断了匈奴的右臂。现在西域各国，从日出到日落之处，没有不想着归化汉室的，大大小小的国家，都在不断地贡奉汉朝，唯独焉耆、龟兹国还没有归顺。我从前和三十六个属官奉命出使西域，历尽了艰难险阻。从孤守疏勒城至今，已经有五个年头了，对于胡夷人的情况特点，我已经十分了解了。问他们关于城郭的大小，他们都说'仰仗汉朝和依靠上天是一样的'。从这话看来，葱岭是可以打通的。葱岭一旦打通，则龟兹国就可以攻伐。现在应该任命龟兹国送来做人质的白霸做他们的国王，让几百个步兵骑兵护送他，再和其他几个国家联合兵力，几个月之间，就可以拿下龟兹国。用夷狄的力量攻取夷狄，是绝妙的计谋。我看莎车、疏勒两国田地肥沃广博，水草繁茂，牛羊成群，和敦煌、鄯善一带大不一样，军队不依靠中原供给粮草就能够自给自足了。而且姑墨、温宿两国的国王，都是龟兹国专门设置的，既然不是本族人，大家厌恨他们，这样就一定会有人投降谋反。如果这两个国家能来投降，那龟兹国就不攻自破了。希望能给我定一个规章，好让我可以参考行事。就算万一有什么不测，我也死而无憾。班超我本来就很渺小，承蒙神灵护佑，私下希望不要这么早就倒下，能够亲眼看到西域被平定，陛下举杯庆贺万寿无疆，向祖庙荐献祭品，向天下人宣布国家的大喜。"

书奏，帝知其功可成，议欲给兵。平陵人徐幹素与超同志，上疏愿奋身佐超，五年，遂以幹为假司马，将弛刑及义从千人就超[①]。

【注释】

① 义从：自愿从军者。

【译文】

奏书交上去后，章帝知道他可以成就功业，就和朝臣商议要给他派兵。平陵人徐幹一直和班超志同道合，上疏表示愿意投身西域辅佐班超。章帝建初五年，就以徐幹为代理司马，带领免刑的和自愿从军的共计一千多人来到班超身边。

先是莎车以为汉兵不出，遂降于龟兹，而疏勒都尉番辰亦复反叛。会徐幹适至，超遂与幹击番辰，大破之，斩首千余级，多获生口。超既破番辰，欲进攻龟兹。以乌孙兵强，宜因其力，乃上言："乌孙大国，控弦十万，故武帝妻以公主①，至孝宣皇帝，卒得其用。今可遣使招慰，与共合力。"帝纳之。八年，拜超为将兵长史，假鼓吹幢麾②。以徐幹为军司马，别遣卫候李邑护送乌孙使者，赐大小昆弥以下锦帛③。

【注释】

① 武帝妻以公主：汉武帝元封六年（前105），封江都王刘建的女儿细君为公主，下嫁乌孙国王昆莫猎骄靡，和乌孙结为兄弟之邦，共制匈奴。

② 假：授予。鼓吹：演奏乐曲的乐队。幢（chuáng）麾（huī）：旌旗仪仗之类。幢，一种旌旗，常在军

事指挥、仪仗行列中使用。麾，古代用以指挥军队
的旗帜。

③大小昆弥：乌孙称王曰昆弥。老昆弥死，其子孙争
王位，汉宣帝时遂令立大小两昆弥，各赐印绶。

【译文】

　　起先莎车以为汉朝不会出兵，就投降了龟兹国，而疏
勒的都尉番辰也再次反叛。正值徐幹到来，班超就和他一
起攻打番辰，大败对手，斩首千余人，活捉了许多俘虏。
班超打败番辰后，就想着进攻龟兹国。他考虑乌孙国兵力
强大，应该借助他的兵力，就上书说："乌孙是个大国，能
拉弓射箭的就有十万人，所以武帝才把公主嫁给他们，到
了孝宣皇帝，就发挥了他们的作用。现在，可以派遣使者
前去招抚，与他们联合兵力。"章帝采纳了他的建议。建初
八年，朝廷任命班超为将兵长史，授予他享用大将才能享
有的仪仗乐队和旗帜。授予徐幹军司马官职，另外派遣卫
候李邑护送乌孙的使者，将锦帛赏赐给乌孙的大昆弥、小
昆弥及其臣下。

　　李邑始到于寘，而值龟兹攻疏勒，恐惧不敢
前，因上书陈西域之功不可成，又盛毁超拥爱妻，
抱爱子，安乐外国，无内顾心。超闻之，叹曰："身
非曾参而有三至之谗①，恐见疑于当时矣。"遂去
其妻。帝知超忠，乃切责邑曰："纵超拥爱妻，抱
爱子，思归之士千余人，何能尽与超同心乎？"令
邑诣超受节度。诏超："若邑任在外者，便留与从

事。"超即遣邑将乌孙侍子还京师。徐幹谓超曰："邑前亲毁君，欲败西域，今何不缘诏书留之^②，更遣它吏送侍子乎？"超曰："是何言之陋也！以邑毁超，故今遣之。内省不疚，何恤人言！快意留之，非忠臣也。"

【注释】

①身非曾参而有三至之谗：曾参是孔子的门生，以孝道著称。有个和他同名的人杀了人，就有人向他母亲报告，他母亲照旧织布，不予理睬；第二个人又来报"曾参杀了人"，他母亲依旧不动声色；第三个人又来说"曾参杀人了"，他的母亲扔下梭子，翻墙逃跑了。

②缘：顺，依据。

【译文】

李邑刚到于寘国时，正值龟兹国攻打疏勒国，他因恐惧而不敢前行，就上书陈述说西域的功业无法成就，又大肆诽谤班超拥着爱妻，抱着爱子，在国外安乐享受，根本没有顾念国家之心。班超听说后，感叹说："我没有曾参的美德，却也屡遭谗言的攻击，恐怕要遭到当朝的怀疑。"于是就送走了妻子。章帝深知班超的忠诚，就严厉责备李邑说："纵使班超拥着爱妻，抱着爱子，那一千多个渴望归乡的将士，怎么又都能和班超同心呢？"于是命令李邑到班超那里接受他的调度。章帝诏示班超说："如果李邑还能在域外任职，那就留在你身边做事。"班超马上就派遣李邑带着乌孙送来做人质的王子返还京城。徐幹问班超说："李邑先前亲口诋毁您，想败坏西域的事业，现在为何不依照诏书将他留下，派遣其他的官吏护送质子回去呢？"班超回答说："你这话就说得太浅薄了。就是因为李邑诋毁我，我这才把他送回去。我问心无愧，为什么还要怕人言是非呢。贪图一时的痛快把他留下来，这不是忠臣的行为。"

明年，复遣假司马和恭等四人将兵八百诣超，超因发疏勒、于寴兵击莎车。莎车阴通使疏勒王忠，啖以重利①，忠遂反从之，西保乌即城②。超乃更立其府丞成大为疏勒王，悉发其不反者以攻忠。积半岁，而康居遣精兵救之，超不能下。是时月氏新与康居婚，相亲，超乃使使多赍锦帛遗月氏王，令晓示康居王，康居王乃罢兵，执忠以归其国，乌即城遂降于超。

【注释】

①啖：利诱。

②乌即城：在今新疆喀什西六十公里。

【译文】

第二年，朝廷又派代理司马和恭等四人带着八百士兵到达班超那里。班超于是调发了疏勒、于寴两国的军队攻打莎车。莎车秘密派使者前去联合疏勒王忠，用许多利益来诱惑他，忠于是就反叛班超跟从莎车国，据守西面的乌即城。班超就改立他们的府丞成大为疏勒王，把没有叛变的人全部发动起来，向忠发起进攻。这样相持了半年，而康居国又派来精兵救援忠，班超无法拿下他。当时月氏国刚刚和康居国联姻，彼此很亲近，班超就派使者送了许多锦帛给月氏王，要他劝告康居王，康居王就撤兵了，逮捕了忠，回到自己的国家，乌即城也就投降班超了。

后三年，忠说康居王借兵，还据损中①，密与龟兹谋，遣使诈降于超。超内知其奸而外伪许之。忠大喜，即从轻骑诣超。超密勒兵待之，为供张设乐，酒行，乃叱吏缚忠斩之。因击破其众，杀七百余人，南道于是遂通。

【注释】

①损中：或作"顿中"、"植中"、"桢中"。《后汉书·西域列传》载：灵帝建宁三年，凉州刺史孟佗曾发兵三万人，"攻桢中城"。其址不详。

【译文】

三年后，忠说服康居王借给他兵力，回头占据了损中城，和龟兹王秘密谋划，派出使者假装投降班超。班超心中已经知道他的奸计，但表面上却假装接受他的投降。忠非常高兴，马上带着轻骑兵来见班超。班超秘密布置好军队等待他，一面又摆开宴席，设酒作乐欢迎他。酒宴开始后，就叱令官员把忠捆绑起来杀了。然后进攻他的部队，杀死七百多人，南道从此被打通。

明年，超发于寘诸国兵二万五千人，复击莎车。而龟兹王遣左将军发温宿、姑墨、尉头合五万人救之。超召将校及于寘王议曰："今兵少不敌，其计莫若各散去。于寘从是而东，长史亦于此西归，可须夜鼓声而发。"阴缓所得生口。龟兹王闻之大喜，自以万骑于西界遮超①，温宿王将八千骑于东界徼于寘②。超知二虏已出，密召诸部勒兵，鸡鸣驰赴莎车营③，胡大惊乱奔走，追斩五千余级，大获其马畜财物。莎车遂降，龟兹等因各退散，自是威震西域。

【注释】
①遮：遏制，阻拦。
②徼（jiào）：巡视，巡逻。
③鸡鸣：指天亮以前。

【译文】
　　第二年，班超征发于寘各国士兵二万五千多人，再次向莎车国发起攻击。而龟兹王也派出左将军征发温宿、姑墨、尉头各国的五万人马前来救援。班超召集将军校尉以及于寘王一起商议说："我们现在寡不敌众，倒不如各自散去。于寘王从这里向东撤，长史也从这里西归洛阳，等到半夜听到鼓声就可以出发了。"然后暗暗放松对俘虏的看管。龟兹王得知消息后大喜，亲自带着一万骑兵在西面的边界拦截班超，温宿王则带着八千骑兵在东面的边界挡住于寘的部队。班超得知这两支部队已经出发，就秘密要求各部整顿军队，在天亮以前快马赶赴莎车军营，胡人极度惊恐慌乱，四处逃散，班超乘胜追击，斩首五千多人，缴获了大量的马匹牲畜及各种财物。莎车因此投降，龟兹等国也就各自撤退解散了，班超从此威震西域。

初，月氏尝助汉击车师有功①，是岁贡奉珍宝、符拔、师子②，因求汉公主。超拒还其使，由是怨恨。永元二年，月氏遣其副王谢将兵七万攻超。超众少，皆大恐。超譬军士曰③："月氏兵虽多，然数千里逾葱领来，非有运输，何足忧邪？但当收谷坚守，彼饥穷自降，不过数十日决矣。"谢遂前攻超，不下，又抄掠无所得。超度其粮将尽，必从龟兹求救，乃遣兵数百于东界要之④。谢果遣骑赍金银珠玉以赂龟兹。超伏兵遮击，尽杀之，持其使首以示谢。谢大惊，即遣使请罪，愿得生归。超纵遣之。月氏由是大震，岁奉贡献。

【注释】

① 车师：古西域国名。汉宣帝时分其地为车师前后两部，后皆属西域都护，车师前部治交河城，后部治务涂谷。

② 符拔：兽名，似鹿，长尾。师子：即狮子。

③ 譬：晓谕，劝导。

④ 要：拦阻，截击。

【译文】

当初，月氏国曾经帮助汉军攻伐车师国立下战功，这一年又贡奉了珍宝、符拔、狮子，于是请求汉朝将公主嫁过来。班超拒绝了他们的请求，遣返了他们的使者，由此他们仇恨班超。和帝永元二年，月氏国派遣他们的副王谢带着七万军马攻打班超。班超人少，士兵十分惊恐。班超就劝导将士们说："月氏国兵力虽多，但从千里之外翻越葱岭而来，无法转运军粮，有什么可怕的？我们只要收好谷物坚守城中，他们饥饿困乏之后自然就会自己前来投降，不超过几十天就可以决出胜负了。"谢前来进攻班超，没有攻下，四处抢掠又一无所得。班超估摸着他们的粮食即将耗尽，必定要向龟兹国请求救援，就派出数百个士兵在东界拦截他们。谢果然派遣骑兵送了金银珠宝前去贿赂龟兹。班超埋伏的士兵拦腰截击，把他们全杀了，然后拿了骑兵的脑袋给谢看，谢大惊，马上就派使者前来请罪，希望能让他们活着回去。班超就把他们放了。月氏国因此大为震动，从此每年都向汉朝进奉财物。

明年，龟兹、姑墨、温宿皆降，乃以超为都护，徐幹为长史。拜白霸为龟兹王，遣司马姚光送之。超与光共胁龟兹废其王尤利多而立白霸，使光将尤利多还诣京师。超居龟兹它乾城①，徐幹屯疏勒。西域唯焉耆、危须、尉犁以前没都护②，怀二心，其余悉定。

【注释】

①它乾城：一说为新和县西南玉奇喀特古城遗址，一说为库车王城东四十里左右的牙哈乡塔汗其古城遗址（维语译音与它乾近似）。

②危须：古西域国名，地域在博斯腾湖北岸，治所在今焉耆回族自治县东北之和颐。尉犁：西域古国名，在今新疆尉犁县。

【译文】

第二年，龟兹、姑墨、温宿几国都投降了，朝廷就任命班超为都护，徐幹为长史。立白霸为龟兹王，派遣司马姚光护送他回去。班超和姚光一起威逼龟兹国废掉他们的国王尤利多而立白霸，让姚光带着尤多利回到京城。班超在龟兹国的它乾城住下，徐幹驻守在疏勒国。西域就只剩下焉耆、危须、尉犁国因为从前杀死过都护，还怀有二心，其余的都被平定了。

六年秋，超遂发龟兹、鄯善等八国兵合七万人，及吏士贾客千四百人讨焉耆。兵到尉犁界，而遣晓说焉耆、尉犁、危须曰："都护来者，欲镇抚三国。即欲改过向善，宜遣大人来迎①，当赏赐王侯已下，事毕即还。今赐王彩五百匹。"焉耆王广遣其左将北鞬支奉牛酒迎超。超诘鞬支曰："汝虽匈奴侍子，而今秉国之权。都护自来，王不以时迎，皆汝罪也。"或谓超可便杀之②。超曰："非汝所及。此人权重于王，今未入其国而杀之，遂令自疑，设

备守险，岂得到其城下哉！"于是赐而遣之。广乃
与大人迎超于尉犁，奉献珍物。

【注释】

①大人：指在高位者，王公贵族。

②便：就，立即。

【译文】

　　和帝永元六年秋天，班超就征发了龟兹、鄯善等八国
的七万兵力，加上将士客商一千四百多人讨伐焉耆国。军
队到达尉犁边界，班超就派使者劝导焉耆、尉犁、危须各
国说："都护此次前来，是想安抚三国。现在想要改过自新，
就请派出王公贵族来恭迎，王侯以下的人都将得到赏赐，
事情办完就撤军。现在就先赐给国王彩色织品五百匹。"焉
耆王广派遣他的左将北鞬支奉上牛酒迎接班超。班超指责
鞬支说："你虽然是匈奴的质子，现在也掌控着国家的大权。
都护亲自前来，国王不赶紧来迎接，这都是你的罪过。"有
人要班超马上杀了他。班超说："你不知道。这个人的权势
要超过焉耆王广，现在还没到他们的国家就杀死他，就会
使他们疑惑不安，处处设防，严守险要地带，我们又如何
能够到达他们的城池之下呢！"于是就给他赏赐把他遣送
回去了。焉耆王广就和王公贵族们一起在尉犁恭迎班超，
进奉珍宝。

　　焉耆国有苇桥之险，广乃绝桥，不欲令汉军入
国。超更从它道厉度①。七月晦②，到焉耆，去城

二十里，营大泽中。广出不意，大恐，乃欲悉驱其人共入山保。焉耆左侯元孟先尝质京师，密遣使以事告超，超即斩之，示不信用。乃期大会诸国王，因扬声当重加赏赐③，于是焉耆王广，尉犁王汎及北鞬支等三十人相率诣超。其国相腹久等十七人惧诛，皆亡入海，而危须王亦不至。坐定，超怒诘广曰："危须王何故不到？腹久等所缘逃亡？"遂叱吏士收广、汎等于陈睦故城斩之，传首京师。因纵兵抄掠，斩首五千余级，获生口万五千人，马畜牛羊三十余万头，更立元孟为焉耆王。超留焉耆半岁，慰抚之。于是西域五十余国悉皆纳质内属焉。

【注释】

①厉度：涉水而过。厉，在水深及腰部之处涉水。度，同"渡"。

②晦：农历每月的最后一日。

③扬声：扬言。

【译文】

焉耆国的苇桥处于险要的位置，广就把桥切断，不想让汉军进入他们的国家。班超就从另一地点趟着及腰的河水过了河。七月的最后一天，到达焉耆，在离城二十里的大泽之中安营扎寨。广意想不到，十分惊恐，就想把他的人马全部驱赶到深山之中以求自保。焉耆的左侯元孟从前曾在京城做人质，秘密派人把这个消息通告给班超，班超马上就把来人杀了，以显示自己不相信他的消息。然后约定日期大会众位国王，扬言要重重奖赏他们，于是焉耆王广、尉犁王汎以及北鞬支等三十多人一起来见班超。焉耆国的国相腹久等十七人担心被杀，都逃亡到海上，而危须王也没来。大家坐好之后，班超怒斥广说："危须王为什么没来？腹久等人为什么要逃亡？"然后就叱令将士把广、汎等拿下，送到陈睦过去所在的城堡杀了，并把他们的脑袋送到了京城。接着就纵容士兵抢掠，杀了五千多人，活捉俘虏一万五千多人，缴获马匹、牛羊等牲畜三十多万头，改立元孟为焉耆王。班超在焉耆国呆了半年，抚慰臣民。于是西域五十多个国家都送质子到朝廷中，表示归顺。

　　超自以久在绝域，年老思土。十二年，上疏曰："臣闻太公封齐，五世葬周，狐死首丘①，代马依风②。夫周齐同在中土千里之间，况于远处绝域，小臣能无依风首丘之思哉？蛮夷之俗，畏壮侮老。臣超犬马齿歼③，常恐年衰，奄忽僵仆④，孤魂弃捐。昔苏武留匈奴中尚十九年，今臣幸得奉节带金银护西域⑤，如自以寿终屯部，诚无所恨，然恐后世或名臣为没西域⑥。臣不敢望到酒泉郡，但愿生入玉门关。臣老病衰困，冒死瞽言⑦，谨遣子勇随献物入塞。及臣生在，令勇目见中土。"而超妹同郡曹寿妻昭亦上书请超。

【注释】

①狐死首丘：《礼记·檀弓》："古之人有言曰：'狐死正

首丘，仁也。'"比喻对故土的思念。

②代马依风：《韩诗外传》："代马依北风，飞鸟扬故巢。"比喻人心眷恋故土，不愿老死他乡。

③犬马齿：臣子对君上卑称自己的年龄。歼：尽。

④奄忽：疾速，倏忽。

⑤金银：指印。金印紫绶，银印青绶。护西域：为西域都护。

⑥没：陷落，沦落。

⑦瞽言：谦辞，不明事理的言论。

【译文】

班超自己感觉到在边远之地呆了太长的时间，年纪大了思念故土。和帝永元十二年，他上疏说："我听说姜太公被分封到齐国，五代子孙还是安葬在宗周，这就好比狐狸死后头要对着山丘，代地的快马要依恋北风一般。周齐两地都在中原千里疆域之间，何况我远远地在边远异域，能没有依恋北风、头向高山的情怀吗？蛮夷地区的民俗，敬畏壮年欺侮老弱。现在我上了年岁，时常担心年老体衰，有一天会突然倒下，将孤魂弃置在荒野之中。过去苏武在匈奴被扣留了十九年，而我有幸带着符节带着金银印绶做西域都护，如果能在驻扎地寿终正寝，那倒也死而无憾，但是却担心后代会有人说我是被抛弃在西域而死的。我不敢奢望能回到酒泉郡，只希望能活着进入玉门关。我老弱多病，冒死胡乱进言，谨派儿子班勇带着西域进献的宝物入塞。趁我还活着，要让他亲眼看看中原。"班超的妹妹、同郡人曹寿的妻子班昭也上书求情。

书奏，帝感其言，乃征超还。

【译文】

奏书递了上去，和帝被她的话所感动，就征召班超回朝。

超在西域三十一岁。十四年八月至洛阳，拜为射声校尉。超素有胸胁疾，既至，病遂加。帝遣中黄门问疾，赐医药。其年九月卒，年七十一。朝廷愍惜焉^①，使者吊祭，赠赗甚厚^②。子雄嗣。

【注释】

①愍（mǐn）惜：怜恤。
②赠赗（fèng）：赠送车马等以助人送葬。赗，送给丧家助葬的车马等物。

【译文】

班超在西域生活了三十一年。和帝永元十四年八月回到洛阳，被封为射声校尉。班超的胸胁一向有毛病，回来后，病情就加重了。和帝派中黄门前去问候，赐给他医药。当年九月，班超去世了，享年七十一岁。皇上很怜惜他，派使者前去吊唁，赠送了许多丧葬用财物。他的儿子班雄继承了爵位。

初，超被征，以戊己校尉任尚为都护。与超交代^①。尚谓超曰："君侯在外国三十余年，而小人猥承君后^②，任重虑浅，宜有以诲之。"超曰："年老失智，任君数当大位，岂班超所能及哉！必不得已，愿进愚言。塞外吏士，本非孝子顺孙，皆以罪过徙补边屯。而蛮夷怀鸟兽之心^③，难养易败。今君性严急，水清无大鱼，察政不得下和^④。宜荡佚简易^⑤，宽小过，总大纲而已。"超去后，尚私谓所亲曰："我以班君当有奇策，今所言平平耳。"尚至数年，而西域反乱，以罪被征，如超所戒。

【注释】

①交代：指前后任相接替，移交。

②小人：小一辈的人。

③鸟兽之心：禽兽一样的性情。

④察：苛求，苛察。

⑤荡佚（yì）：放纵，不受约束。简易：简单易行，不烦难。

【译文】

当初，班超被召回来时，朝廷任命戊己校尉任尚为都护。和班超进行交接。任尚问班超说："您在国外三十多年，而我是年轻后辈，却要承接您的事业，任重道远，但心中没有长远的计划，您应该有什么可以教导我的吧。"班超说："我年老糊涂，而您一直身处高位，我班超哪里比得上您呢！一定要说的话，我就提一些愚笨的建议。塞外的将士，本来就不是恭敬孝顺的子孙，都是因为犯了罪而被发配到边疆的。而蛮夷民族性情接近禽兽，难以驯养，容易出事。如今您性情严厉急躁，但水太清澈则没有大鱼，政治过于苛刻则难以使民众和睦。应该减少约束简单从事，对小的过失要宽容，只要把握大的方向就可以了。"班超离开后，任尚曾私下对自己亲近的人说："我以为班超肯定会有一些出奇的策略，谁知说的都是些极其平常的话。"任尚到西域几年后，西域就开始谋反叛乱，他因而被征召回朝治罪，果然出现了班超所劝诫的那些情况。

党锢列传序

  《党锢列传序》是《后汉书》中的重要篇章，是范晔的得意之作，清晰地勾勒出深刻影响了东汉历史的党锢事件的始末，并深刻地分析了党锢事件的根源。对于党人的深厚才学、崇高气节与不屈的抗争精神，作者十分赞赏；而对于昏君及卑劣的投机者，作者则十分鄙视。作者将自己的情感自然地融入对历史的叙写之中。

夫上好则下必甚，矫枉故直必过^①，其理然矣。若范滂、张俭之徒，清心忌恶^②，终陷党议^③，不其然乎？

【注释】

①矫枉：矫正弯曲。枉，弯曲，引申为过失。
②清心：纯正之心。
③党议：朋党之间的争论，非议。党，朋党，指由私人利害关系结成的集团。

【译文】

君主和那些地位高的人喜好什么，追随者必将变本加厉地效仿，矫正过失就一定会做得过头，就是这样的道理。像范滂、张俭这些人，坦坦荡荡抗争邪恶势力，最终却被诬陷为党人，难道不正是这样的吗？

初，桓帝为蠡吾侯，受学于甘陵周福，及即帝位，擢福为尚书。时同郡河南尹房植有名当朝，乡人为之谣曰："天下规矩房伯武^①，因师获印周仲进^②。"二家宾客，互相讥揣^③，遂各树朋徒，渐成尤隙，由是甘陵有南北部，党人之议，自此始矣。后汝南太守宗资任功曹范滂，南阳太守成瑨亦委功曹岑晊，二郡又为谣曰："汝南太守范孟博^④，南阳宗资主画诺^⑤。南阳太守岑公孝^⑥，弘农成瑨但坐啸^⑦。"因此流言转入太学^⑧，诸生三万余人，郭林宗、贾伟节为其冠，并与李膺、陈蕃、王畅更相褒重。学中语曰："天下模楷李元礼⑨，不畏强御陈仲举⑩，天下俊秀王叔茂⑪。"又渤海公族进阶、扶风魏齐卿，并危言深论，不隐豪强。自公卿以下，莫不畏其贬议，屣履到门⑫。

【注释】

①规矩：规和矩，校正方圆的两种工具，引申为一定的标准，成规。房伯武：房植，字伯武。

②周仲进：周福，字仲进。

③讥揣：猜度他人并加以讥评。

④范孟博：范滂，字孟博。

⑤南阳宗资：宗资，南阳人。画诺：主管官员在文书上签字，表示同意照办。

⑥岑公孝：岑晊，字公孝。

⑦弘农成瑨：成瑨，弘农人。坐啸：闲坐吟啸，指为官清闲或不理政事。

⑧太学：国学，我国古代设在京城的最高学府。

⑨李元礼：李膺，字元礼。

⑩强御：强力约束。御，约束，控制。陈仲举：陈蕃，字仲举。

⑪俊秀：才智杰出的人。王叔茂：王畅，字叔茂。

⑫屣履：拖着鞋子的走路，形容急忙的样子。

【译文】

当初，桓帝还是蠡吾侯，曾向甘陵人周福求学，等到他登上帝位，就提拔周福担任尚书。当时与周福同郡的河南尹房植很有名望，当地人给他们俩编了一首歌谣："天下规矩房伯武，因师获印周仲进。"两家的宾客，互相猜度讥评，于是就各自拉拢朋友学生，慢慢产生分歧与仇怨，于是甘陵就有了南北两派，关于党人的言论，就从这里开始了。后来汝南太守宗资任用范滂为功曹，南阳太守成瑨也委任岑晊为他的功曹，这两个郡中又出现了一首歌谣："汝南太守范孟博，南阳宗资主画诺。南阳太守岑公孝，弘农成瑨但坐啸。"这些众口流传的话辗转传入太学，三万多儒生，为首的是郭林宗、贾伟节，他们和李膺、陈蕃、王畅相互推崇。太学中便流传起这样的话："天下楷模李元礼，不畏强御陈仲举，天下俊秀王叔茂。"还有渤海的公族进阶、扶风的魏齐卿，都是敢于直言深入议论的人，对于那些豪门强势，也不隐讳。自公卿之下，没有谁不害怕他们的批评议论，都急急忙忙地登门造访。

时河内张成善说风角^①，推占当赦，遂教子杀人。李膺为河南尹，督促收捕，既而逢宥获免，膺愈怀愤疾，竟案杀之。初，成以方伎交通宦官^②，帝亦颇谇其占^③。成弟子牢脩因上书诬告膺等养太学游士，交结诸郡生徒，更相驱驰^④，共为部党，诽讪朝廷^⑤，疑乱风俗。于是天子震怒，班下郡国，逮捕党人，布告天下，使同忿疾，遂收执膺等。其辞所连及陈寔之徒二百余人，或有逃遁不获，皆悬金购募^⑥。使者四出，相望于道。明年，尚书霍谞、城门校尉窦武并表为请，帝意稍解，乃皆赦归田里，禁锢终身。而党人之名，犹书王府。

【注释】

①风角：古代占卜之法，以五音占四方之风而定凶吉。

②方伎：同方技，古代指医、卜、星、相之术。

③诤：诘问。

④驱驰：喻奔走效力。

⑤诽讪：诽谤非议。

⑥购募：悬赏缉捕。

【译文】

当时河内人张成善于用五音占四方之风而定凶吉，他占卜到要有大赦，就让他的儿子去杀人。李膺时任河南尹，督促人逮捕他，不久就遇到大赦要被赦免，李膺更加愤慨，坚持判定死罪，把他杀了。当初，张成利用方伎勾结宦官，桓帝也经常向他问询占卜之事。张成的弟子牢脩就上书诬告李膺等说他们供养太学中云游四方谋生的文人，勾结各郡的学生追随者，相互奔走效力，拉帮结派，诽谤当朝，扰乱风俗。于是天子勃然大怒，命令各个郡国，逮捕党人，并向天下发布通告，让天下人都痛恨党人，于是逮捕了李膺等人。通告还涉及陈寔等两百多人，对那些逃走没有被抓到的，都悬赏捉拿。派出捉拿逃犯的使者，遍布四方，随处可见。第二年，尚书霍谞、城门校尉窦武一起上奏为他们请罪，桓帝的怒气慢慢消了，就赦免了囚犯，让他们回乡，终身不得作官。而党人的名字，依然记载在官府中。

自是正直废放，邪枉炽结①，海内希风之流②，遂共相摽榜③，指天下名士，为之称号。上曰"三君"，次曰"八俊"，次曰"八顾"，次曰"八及"，次曰"八厨"，犹古之"八元""八凯"也④。窦武、刘淑、陈蕃为"三君"。君者，言一世之所宗也。李膺、荀翌、杜密、王畅、刘祐、魏朗、赵典、朱寓为"八俊"。俊者，言人之英也。郭林宗、宗慈、巴肃、夏馥、范滂、尹勋、蔡衍、羊陟为"八顾"。顾者，言能以德行引人者也。张俭、岑晊、刘表、陈翔、孔昱、苑康、檀敷、翟超为"八及"。及者，言其能导人追宗者也。度尚、张邈、王考、刘儒、胡母班、秦周、蕃向、王章为"八厨"。厨者，言能以财救人者也。

【注释】

①炽结：谓紧密勾结。

②希风：仰慕风操。

③摽榜：同"标榜"。

④八元：古代传说中高辛氏有八个才子。元，善的意思。八凯：传说中高阳氏的八个才子。凯，和的意思。

【译文】

　　自此以后，正直的人被废黜流放，邪恶的势力紧密勾结，十分嚣张。而海内仰慕风操的人，就相互称扬，评定天下的名士，并给他们起各种名号。名望最高的称为"三君"，然后依次为"八俊""八顾""八及""八厨"，就如同古代的"八元"与"八凯"。窦武、刘淑、陈蕃为"三君"。君，是指世人所效仿的楷模。李膺、荀翌、杜密、王畅、刘祐、魏朗、赵典、朱寓为"八俊"。俊，是指杰出的人才。郭林宗、宗慈、巴肃、夏馥、范滂、尹勋、蔡衍、羊陟为"八顾"。顾，是指能以德行引导别人。张俭、岑晊、刘表、陈翔、孔昱、苑康、檀敷、翟超为"八及"。及，是指能带动别人追随典范。度尚、张邈、王考、刘儒、胡母班、秦周、蕃向、王章为"八厨"。厨，是指能慷慨救助他人。

又张俭乡人朱并，承望中常侍侯览意旨，上书告俭与同乡二十四人别相署号，共为部党，图危社稷。以俭及檀彬、褚凤、张肃、薛兰、冯禧、魏玄、徐乾为"八俊"，田林、张隐、刘表、薛郁、王访、刘祗、宣靖、公绪恭为"八顾"，朱楷、田槃、疏耽、薛敦、宋布、唐龙、嬴咨、宣褒为"八及"，刻石立墠①，共为部党，而俭为之魁。灵帝诏刊章捕俭等②。大长秋曹节因此讽有司奏捕前党故司空虞放、太仆杜密、长乐少府李膺、司隶校尉朱寓、颍川太守巴肃、沛相荀翌、河内太守魏朗、山阳太守翟超、任城相刘儒、太尉掾范滂等百余人，皆死狱中。余或先殁不及，或亡命获免。自此诸为怨隙者，因相陷害，睚眦之忿，滥入党中。又州郡承旨，或有未尝交关，亦离祸毒③。其死徙废禁者，六七百人。

【注释】

① 墠（shàn）：古代供祭祀用的平地。

②刊章：删去告发人姓名的捕人文书。刊，削除的意思。章，奏章。因为不想泄露朱并的名字，所以没有颁奏章，而直接逮捕张俭等人。

③离：同"罹"，遭受，遭遇。祸毒：祸害。

【译文】

还有张俭的同乡朱并，迎合中常侍侯览的意旨，上书告发张俭和同乡的二十四个人彼此起了各种名号，形成派系，企图危害国家。称张俭及檀彬、褚凤、张肃、薛兰、冯禧、魏玄、徐乾为"八俊"，田林、张隐、刘表、薛郁、王访、刘祗、宣靖、公绪恭为"八顾"，朱楷、田槃、疏耽、薛敦、宋布、唐龙、嬴咨、宣褒为"八及"，刻立石碑平地祭祀，形成派系，为首的便是张俭。灵帝下诏删去告发人的姓名，直接逮捕张俭等人。大长秋曹节也趁此机会暗示执法的官吏奏请灵帝逮捕从前的党人原司空虞放、太仆杜密、长乐少府李膺、司隶校尉朱寓、颍川太守巴肃、沛相荀翌、河内太守魏朗、山阳太守翟超、任城相刘儒、太尉掾范滂等一百多人，这些人都死在狱中。其他一些人有的已经死了，有的逃亡了，躲过了这场灾难。从此以后，那些有仇怨的人，借机互相陷害，很小的仇恨，也诬告为党人。还有一些州郡为了顺承旨意，有些从未与党人有交往的人，也遭遇了灾祸。被处死、流放和禁锢的，有六七百人。

熹平五年，永昌太守曹鸾上书大讼党人①，言甚方切②。帝省奏大怒，即诏司隶、益州槛车收鸾，送槐里狱掠杀之。于是又诏州郡更考党人门生故吏父子兄弟，其在位者，免官禁锢，爰及五属③。

【注释】

①讼：为人理冤、辩冤。

②方切：正直而恳切。

③五属：五服内的亲属。五服是：斩衰、齐衰、大功、小功、缌麻。

【译文】

灵帝熹平五年，永昌太守曹鸾上书全力为党人辩冤，言辞十分恳切。灵帝看了奏章非常愤怒，当即下诏司隶、益州把曹鸾押入囚车，送到槐里的监狱拷打而死。于是又诏令各州郡继续查考党人的门生、下属及父子兄弟，那些在位的，就免去官职实行禁锢，一直牵连至五服之内的亲属。

光和二年，上禄长和海上言："礼，从祖兄弟别居异财，恩义已轻，服属疏末。而今党人锢及五族，既乖典训之文①，有谬经常之法。"帝览而悟之，党锢自从祖以下，皆得解释。

【注释】

①典训之文：《左传》中有这样的话："父子兄弟，罪不相及。"

　　灵帝光和二年，上禄长和海上书说："按照礼的规定，从祖兄弟都有各自的居所与财产，感情已经淡薄，亲缘关系已经很疏远。而现在的党人禁锢牵连到五族之内，这既有背经典之文，也违反常理。"灵帝读后有所省悟，党人禁锢自从祖之后，都得到解除。

　　中平元年，黄巾贼起①，中常侍吕彊言于帝曰："党锢久积，人情多怨。若久不赦宥，轻与张角合谋，为变滋大，悔之无救。"帝惧其言，乃大赦党人，诛徙之家皆归故郡。其后黄巾遂盛，朝野崩离，纲纪文章荡然矣。

【注释】

　　①黄巾贼：指张角领导的黄巾起义军。他们倡言："苍天已死，黄天当立，岁在甲子，天下大吉。"人数达数十万人，都用黄巾裹头，称为黄巾军，或称黄巾。

【译文】

　　灵帝中平元年，黄巾军起义，中常侍吕彊向皇帝进言："党锢的时间长了，人们心中的怨恨积淀很深。如果太久不赦免，他们就很可能与张角合谋，使黄巾军越来越壮大，到时就要悔之莫及了。"灵帝听了他的话，非常害怕，就大赦党人，那些被处死罪和被流放的宗族都回到了家乡。后来黄巾军果然兴盛起来，朝野分崩离析，天下的法纪规矩荡然无存。

董卓列传

董卓（？—192），善战好战，富有谋略，专横独断，残暴至极。他立下战功却不愿接受奖赏，而是一心寻求篡权的机会，胁迫何太后，废掉少帝拥立陈留王，从此享有了至高的权力。他将洛阳人迁徙到长安，在长安城西修建了万岁坞，纵情奢华享乐，成了杀人不眨眼的恶魔。在王允、吕布和士孙瑞的共同谋划下，董卓终被铲除，他的家族也因此毁灭。

贪权、贪财、好色、残暴是历代贪官的共性。董卓就是这样一个无所不贪的大奸雄。他的死大快人心。文中记载他死后脂流遍地，有人在他肚脐上点火，居然光明达旦地烧了几天几夜，这个看似传说的结局宣示出时人对他的怨恨，怎样的下场都无法排解人们对他的深重仇恨。

董卓字仲颖，陇西临洮人也。性粗猛有谋。少尝游羌中，尽与豪帅相结。后归耕于野，诸豪帅有来从之者，卓为杀耕牛，与共宴乐，豪帅感其意，归相敛得杂畜千余头以遗之，由是以健侠知名。为州兵马掾，常徼守塞下①。卓膂力过人②，双带两鞬③，左右驰射，为羌胡所畏。

【注释】

①徼守：巡逻守卫。

②膂（lǚ）力：体力。

③双带两鞬（jiān）：带着两副盛箭的器具。鞬，马上盛弓矢的器具。

【译文】

董卓字仲颖，是陇西郡临洮县人。他性情粗犷而富有谋略。年轻时曾在羌人的聚居地游历，广交部族首领。以后回乡耕田，众部族首领中有和他来往的，董卓就为他们宰杀耕牛，和他们一同摆宴设乐，首领们被他的热情所感动，回去收罗千余头的牲畜送给他，董卓也因此以豪迈侠义闻名。后来他担任州里兵马掾，经常巡逻守护边塞。董卓力量过人，可以同时带着两副盛箭的器具，在快马上左右开弓，羌胡地区的人们都十分畏惧他。

桓帝末，以六郡良家子为羽林郎①，从中郎将张奂为军司马，共击汉阳叛羌，破之，拜郎中，赐缣九千匹。卓曰："为者则己，有者则士。"乃悉分与吏兵，无所留。稍迁西域戊己校尉，坐事免。后为并州刺史、河东太守。

【注释】

①羽林郎：皇帝的侍从卫士，经常由良家子弟担任。

【译文】

桓帝末年，他以六郡良家子弟的身份被选为羽林郎，跟从中郎将张奂担任军司马，共同击败汉阳叛离的羌族人，升任郎中，得到九千匹缣帛的赏赐。董卓说："立下功劳的人虽然是我，但得到赏赐却应让将士们一同享有。"把赏赐全部分给将士，自己什么也不留。不久又升任西域的戊己校尉，因犯事被免官。之后又先后担任了并州刺史、河东太守。

中平元年，拜东中郎将，持节，代卢植击张角于下曲阳，军败抵罪。其冬，北地先零羌及枹罕河关群盗反叛①，遂共立湟中义从胡北宫伯玉、李文侯为将军②，杀护羌校尉泠徵。伯玉等乃劫致金城人边章、韩遂，使专任军政，共杀金城太守陈懿，攻烧州郡。明年春，将数万骑入寇三辅，侵逼园陵，托诛宦官为名。诏以卓为中郎将，副左车骑将军皇甫嵩征之。嵩以无功免归，而边章、韩遂等大盛。朝廷复以司空张温为车骑将军，假节，执金吾袁滂为副。拜卓破虏将军，与荡寇将军周慎并统于温。并诸郡兵步骑合十余万，屯美阳，以卫园陵。

章、遂亦进兵美阳。温、卓与战，辄不利。十一月，夜有流星如火，光长十余丈，照章、遂营中，驴马尽鸣。贼以为不祥，欲归金城。卓闻之喜，明日，乃与右扶风鲍鸿等并兵俱攻，大破之，斩首数千级。章、遂败走榆中，温乃遣周慎将三万人追讨之。温参军事孙坚说慎曰："贼城中无谷，当外转粮食。坚愿得万人断其运道，将军以大兵继后，贼必困乏而不敢战。若走入羌中，并力讨之，则凉州可定也。"慎不从，引军围榆中城。而章、遂分屯葵园狭，反断慎运道。慎惧，乃弃车重而退。温时亦使卓将兵三万讨先零羌，卓于望垣北为羌胡所围，粮食乏绝，进退逼急③。乃于所度水中伪立隄④，以为捕鱼，而潜从下过军。比贼追之，决水已深，不得度。时，众军败退，唯卓全师而还，屯于扶风，封鄠乡侯，邑千户。

【译文】

灵帝中平元年，他被任命为东中郎将，携带着符节，接替卢植去下曲阳攻打张角，结果因打了败仗而被免官。

那年冬天，北地的先零羌以及枹罕河关的许多盗匪反叛，他们拥立湟中归附朝廷的胡人北宫伯玉、李文侯为将军，杀死护羌校尉泠徵。伯玉等人就劫持了金城郡人边章、韩遂，让他们掌控军中大权，一起杀死金城太守陈懿，火攻各州郡。第二年春天，边章等人带着几万骑兵侵扰三辅地区，以诛杀宦官为借口，侵犯威逼皇陵。皇帝下诏命董卓为中郎将，以左车骑将军皇甫嵩为他的副手共同去征伐反贼。皇甫嵩因为没有立下战功被免官回朝，而边章、韩遂则因此更加强盛。朝廷又让司空张温任车骑将军，带着符节，让执金吾袁滂做他的副手。同时任命董卓为破虏将军，与荡寇将军周慎一同受张温的统领。他们率领着各州郡征集来的十余万步兵和骑兵，屯扎在美阳，护卫皇陵。边章、韩遂等人也跟着进军美阳。张温、董卓出兵与他们交战，形势总是不利。十一月的一个夜里，天空突然有如火的流星坠落，火光长十余丈，照射着边章、韩遂军营，驴马全都鸣叫不止。敌军认为这是不祥之兆，想撤回金城。董卓得到这个消息大为喜悦，第二天就和右扶风鲍鸿等人联合所有兵力发起攻击，大败敌军，杀敌数千。边章、韩遂打了败仗，逃到榆中，张温就派了周慎带着三万兵马一路追击。张温的参军事孙坚劝周慎说："敌军城中无谷，只能从外部运转粮食。我愿意先带着一万人马去切断他们的运粮通道，将军您带着大军随后而来，敌军必定要困乏而不敢和我们交战。如果他们要逃到羌地之中，我们就合力征讨，那么凉州就可以平定了。"周慎不听他的劝告，直接带兵攻伐榆中城。而边章、韩遂分出兵力屯扎在葵园狭，反而斩断了周慎的运粮通道。周慎恐惧之下，就丢掉车马辎重撤军了。张温同时也让董卓带着三万士兵讨伐先零羌，董卓在望垣县北被羌地的胡虏围困，粮食全吃光了，进退不得，形势危急。他就假装在应渡的河上修建水堰，让人以为他们是要捉鱼，暗地里却从堰下撤走军队。等到敌军追来，决口流出的水已经很深了，敌军无法渡河。当时各支部队都兵败回朝，只有董卓保全军队，回到朝中，就在扶风驻扎下来，董卓被封为斄乡侯，享受一千户的食邑。

三年春，遣使者持节就长安拜张温为太尉。三公在外，始之于温。其冬，征温还京师，韩遂乃杀边章及伯玉、文侯，拥兵十余万，进围陇西。太守李相如反，与遂连和①，共杀凉州刺史耿鄙。而鄙司马扶风马腾，亦拥兵反叛，又汉阳王国，自号“合众将军”，皆与韩遂合。共推王国为主，悉令领其众，寇掠三辅。五年，围陈仓。乃拜卓前将军，与左将军皇甫嵩击破之。韩遂等复共废王国，而劫故信都令汉阳阎忠，使督统诸部。忠耻为众所胁，感恚病死。遂等稍争权利，更相杀害，其诸部曲并各分乖②。

【注释】

①连和：联合，交好。
②分乖：犹分离。

【译文】

中平三年春天，朝廷派使者带着符节到了长安，封张温为太尉。三公在朝廷之外任职，就是从张温开始的。那年冬天，皇帝征召张温回到京城，韩遂就杀了边章及伯玉、文侯，率十几万大军，围攻陇西。太守李相如反叛，和韩遂联合，一起杀了凉州的刺史耿鄙。而耿鄙的司马扶风人马腾，也带兵反叛，还有汉阳人王国，自号合众将军，都和韩遂联合。他们共同推举王国为首领，让他总领各路军队，侵扰抢掠三辅地区。中平五年，围攻陈仓。朝廷就任董卓为前将军，和左将军皇甫嵩一起打败了他们。韩遂等人又一起废掉王国，而劫持了原信都县令汉阳人阎忠，让他统领各部军队。阎忠以被众人胁迫为耻辱，悲愤生病而死。韩遂等人就慢慢开始争权夺利，相互残杀，各支部队也纷纷离散叛离。

六年，征卓为少府，不肯就，上书言："所将湟中义从及秦胡兵皆诣臣曰①：'牢直不毕②，禀赐断绝，妻子饥冻。'牵挽臣车，使不得行。羌胡敝肠狗态③，臣不能禁止，辄将顺安慰，增异复上。"朝廷不能制，颇以为虑。及灵帝寝疾，玺书拜卓为并州牧，令以兵属皇甫嵩。卓复上书言曰："臣既无老谋，又无壮事，天恩误加，掌戎十年。士卒大小相狎弥久，恋臣畜养之恩，为臣奋一旦之命。乞将之北州，效力边垂④。"于是驻兵河东，以观时变。

【注释】

①义从：由胡羌丁壮组成的军队。

②牢直：粮饷。

③憨肠：坏心肠。憨，通"憨"，恶也。狗态：贬辞，情态如狗。

④边垂：即边陲，边境。

【译文】

中平六年，朝廷征召董卓为少府，董卓不肯接受，上书说："我所带领的湟中胡羌部队以及秦胡的士兵都报告说：'军饷没有发放，赏赐的粮食断绝，妻子儿女饥寒交迫。'他们拉扯着我的军车，使我无法上路。羌胡性情乖戾像狗一样，我无法禁止他们，就只能顺从着他们，加以安抚。如果有什么新的变故还会再上书的。"朝廷无法控制他，颇为忧虑。等到灵帝卧病不起时，下玺书任董卓为并州牧，命令他把兵权交给皇甫嵩。董卓又上书说："我既没有深沉的谋略，又没有什么壮举，天子错爱于我，让我掌控兵权十年。大小士卒与我长久朝夕与共，都眷恋我的养育之恩，愿意为我拼死效力。我恳求朝廷允许我带着他们去镇守北州，为边疆效力。"于是他就驻兵河东，静观时局变迁。

及帝崩，大将军何进、司隶校尉袁绍谋诛阉宦，而太后不许，乃私呼卓将兵入朝，以胁太后。卓得召，即时就道。并上书曰："中常侍张让等窃幸承宠①，浊乱海内②。臣闻扬汤止沸，莫若去薪③；溃痈虽痛④，胜于内食⑤。昔赵鞅兴晋阳之甲，

董卓列传

二七七

以逐君侧之恶人⑥。今臣辄鸣钟鼓如洛阳，请收让等，以清奸秽。"卓未至而何进败，虎贲中郎将袁术乃烧南宫，欲讨宦官，而中常侍段珪等劫少帝及陈留王夜走小平津。卓远见火起，引兵急进，未明到城西，闻少帝在北芒，因往奉迎。帝见卓将兵卒至，恐怖涕泣。卓与言，不能辞对；与陈留王语，遂及祸乱之事。卓以王为贤，且为董太后所养，卓自以与太后同族，有废立意。

【注释】

①倖：亲幸，宠爱。承宠：承受恩宠。

②浊乱：搅扰使之混乱。

③扬汤止沸，莫若去薪：舀起热水来泼止水的沸腾，不如把烧火的柴拿走。汤，热水。薪，柴火。

④溃痈：决破脓疮。

⑤内食：从中侵蚀肌肉。

⑥"昔赵鞅"二句：指赵鞅从晋阳出兵，以清君侧为名，驱逐荀寅和士吉射。

【译文】

等到灵帝驾崩，大将军何进、司隶校尉袁绍谋划着要诛杀宦官，而太后不允许，他们就私下召唤董卓带兵入朝，以胁迫太后。董卓得到征召，立即就上路了。并且上书说："中常侍张让等人倚仗着皇帝的恩宠，扰乱天下。我听说舀起开水让它停止沸腾，不如去掉下面的柴火，刺破痈疮虽然疼痛，但要好于让它们不断侵入体内。过去赵鞅从晋阳出兵，以驱逐君主身边的恶人。现在我马上就敲响钟鼓赶往洛阳，请允许我捉拿张让等人，以清除奸诈淫秽之辈。"董卓还未赶到京城何进就失败了，虎贲中郎将袁术放火烧了南宫，想进一步向宦官发起进攻，而中常侍段珪等人则劫持了少帝及陈留王连夜逃往小平津。董卓远远望见着火，带着军队快速挺进，天未亮就赶到城西，听说少帝在北芒山，就前往恭迎。少帝突然看到董卓带兵前来，惊慌恐惧，涕泪交加。董卓和他说话，他无法应对；而和陈留王说话，他就谈到发生的祸乱。董卓认为陈留王更为贤能，而且是董太后所抚养的，董卓认为自己和董太后是同族中人，就有废掉少帝拥立陈留王的意向。

　　初，卓之入也，步骑不过三千，自嫌兵少，恐不为远近所服，率四五日辄夜潜出军近营，明旦乃大陈旌鼓而还，以为西兵复至，洛中无知者。寻而何进及弟苗先所领部曲皆归于卓，卓又使吕布杀执金吾丁原而并其众，卓兵士大盛。乃讽朝廷策免司空刘弘而自代之。因集议废立。百僚大会，卓乃奋首而言曰①："大者天地，其次君臣，所以为政。皇帝暗弱，不可以奉宗庙，为天下主。今欲依伊尹、霍光故事②，更立陈留王，何如？"公卿以下莫敢对。卓又抗言曰③："昔霍光定策，延年案剑④。有敢沮大议，皆以军法从之。"坐者震动。尚书卢植独曰："昔太甲既立不明，昌邑罪过千余，故有废立之事。今上富于春秋，行无失德，非前事之比也。"

卓大怒，罢坐。明日复集群僚于崇德前殿，遂胁太后，策废少帝。曰："皇帝在丧，无人子之心，威仪不类人君，今废为弘农王。"乃立陈留王，是为献帝。又议太后蹙迫永乐太后，至令忧死⑤，逆妇姑之礼，无孝顺之节，迁于永安宫，遂以弑崩。

【注释】

①奋首：仰首。

②伊尹、霍光故事：即废立帝王。商代太甲在位时，因破坏商汤立下的制度，被伊尹放逐，直到悔过后才被召回，恢复原位。西汉昭帝去世后无嗣，辅政大臣霍光等迎立昌邑王刘贺入继大统，但刘贺骄淫放纵，霍光于是与众大臣合议，以太后诏，废刘贺，立汉武帝曾孙刘病已为帝，是为汉宣帝。

③抗言：高声而言。

④"昔霍光"二句：霍光欲废掉刘贺，召集丞相商议，没有人敢发言。大司农田延年离席按剑呵斥道："谁响应慢就把他斩了！"

⑤"又议"二句：灵帝驾崩后，何后与弟何进专权，灵帝母董太后不愿其与己争权，何后遂与何进以董太后原系藩妃（桓帝无子嗣，灵帝为渎亭侯刘苌之子，桓帝崩后被迎立为帝），不宜久居宫中，合仍迁于河间安置，限日下即出国门，六月，何进暗使人鸩杀董后于河间驿庭，举枢回京，葬于文陵。太后指汉灵帝何皇后，少帝生母；永乐太后指董太

后。蹙迫，逼迫。

【译文】

当初，董卓进入洛阳时，步兵和骑兵加起来也不过三千人，自己感到兵力单薄，担心不能让远近的人折服，就每隔四五天让士兵趁天黑偷偷溜到城外附近扎营，第二天一早再大张旗鼓地返回洛阳，让人以为西边又有董卓的部队来到，洛阳城中没人知道这一实情。不久，何进以及弟弟何苗原先所统领的部队就都归附董卓，董卓又指派吕布杀死执金吾丁原，吞并了他的部队，董卓的军队因此变得十分强盛。他又暗示朝廷策免司空刘弘，而让自己顶替他的位置。顺势就召集百官来商议废立之事。百官聚集一堂，董卓就昂首挺胸大声说道："天地为大，其次才是君臣，遵照这一次序才能治理国家。皇帝昏庸柔弱，无法供奉宗庙，成为天下之主。现在想依照过去伊尹、霍光的做法，改立陈留王为天子，大家看怎么样？"公卿以下的官员没人敢应答。董卓又高声说道："过去霍光定下计策，延年手持刀剑辅助他。有谁敢阻挠大计的，都要按军法论处。"在座的人听了都震惊骚动。只有尚书卢植说："过去太甲被立为天子却不贤明，昌邑王犯下千余条的罪过，所以才有废立之事。现在皇上年龄还小，行为又无失德之处，不能照过去的做法行事。"董卓大怒，离座而去。第二天又召集百官在崇德前殿集会，胁迫着太后，下策书废掉少帝，说："皇帝还在服丧期间，却没有孝子之心，没有君王的威仪，现在把他废为弘农王。"然后就策立陈留王，这就是献帝。又让何太后逼迫折磨永乐太后，想让永乐太后忧郁而死，就说永乐太后违背婆媳的礼节，没有孝顺的美德，把她迁到永安宫，然后就把她杀死了。

卓迁太尉，领前将军事，加节传斧钺虎贲①，更封郿侯。卓乃与司徒黄琬、司空杨彪，俱带铁锧诣阙上书②，追理陈蕃、窦武及诸党人，以从人望。于是悉复蕃等爵位，擢用子孙。

【注释】

①加节传斧钺虎贲：指给他专事征伐杀戮的权力。节传，玺节与传言。斧钺，斫刀与大斧，象征专征专杀之权。虎贲，宿卫皇宫的亲兵。

②铁：古代斩人用的铡刀。锧：铡刀座。

【译文】

董卓升迁为太尉，总领前将军事务，并赐给他节传、斧钺、虎贲，加封为郿侯。董卓就和司徒黄琬、司空杨彪，一起带上刑具，来到宫中上书，要求为陈蕃、窦武以及其他的党人平冤，以顺从民众的心意。于是陈蕃等人的爵位全部恢复，他们的子孙也得到重用。

寻进卓为相国，入朝不趋，剑履上殿。封母为池阳君，置令丞。

【译文】

不久，董卓又被提升为相国，进入朝中可以不快步前行，可以佩剑穿鞋上殿。他的母亲被封为池阳君，为她设置丞令。

是时洛中贵戚室第相望，金帛财产，家家殷积。卓纵放兵士，突其庐舍^①，淫略妇女，剽虏资物，谓之"搜牢"。人情崩恐，不保朝夕。及何后葬，开文陵^②，卓悉取藏中珍物。又奸乱公主，妻略宫人，虐刑滥罚，睚眦必死，群僚内外莫能自固。卓尝遣军至阳城，时人会于社下，悉令就斩之，驾其车重，载其妇女，以头系车辕，歌呼而还。又坏五铢钱，更铸小钱，悉取洛阳及长安铜人、钟虡、飞廉、铜马之属^③，以充铸焉。故货贱物贵^④，谷石数万。又钱无轮郭文章，不便人用。时人以为秦始皇见长人于临洮，乃铸铜人^⑤。卓，临洮人也，而今毁之。虽成毁不同，凶暴相类焉。

【注释】

① 突：袭击。

② 文陵：汉灵帝陵。

③ 钟虡（jù）：铜铸的神兽。飞廉：传说中的神禽名。此亦当为铜铸像。

④ 货：钱。

⑤ "时人"二句：据说秦始皇称帝，有身高五丈的大人出现在临洮，故作铜人厌服。

【译文】

当时洛阳城中皇亲国戚的宅院比比皆是，家家都堆满了金帛和各种财产。董卓纵容士兵，闯进他们的房舍，奸淫妇女，抢夺财物，把这称为"搜牢"。人们极端惊恐，朝不保夕。何后下葬时，打开了文陵，董卓就把其中所藏的珍宝全部拿走了。他还奸淫公主，奸污宫女，滥施暴虐刑罚，对他稍有不从就必死无疑，内外官僚没有人能够自保。董卓曾派军到阳城，当时人们正在社下集会，董卓就下令把他们全部杀死，然后驾着他们的车辆，载着他们的女人，把他们的脑袋挂在车辕上，一路高歌返回。他还毁掉五铢钱，改铸小钱，把洛阳及长安的铜人、钟虡、飞廉、铜马之类，全都收来铸钱。于是钱贱物贵，一石谷物就要卖到几万钱。而且所铸的钱币又无轮廓标识，人们使用起来很不方便。当时，人们认为秦始皇是因为在临洮看到巨人，才铸造了十二铜人。董卓就是临洮人，现在把这些铜人毁掉。虽然一个铸铜人，一个毁铜人，行为不一样，但残暴的程度却是一样的。

初，长安遭赤眉之乱，宫室营寺焚灭无余，是时唯有高庙、京兆府舍，遂便时幸焉①。后移未央宫。于是尽徙洛阳人数百万口于长安，步骑驱蹙②，更相蹈藉，饥饿寇掠，积尸盈路。卓自屯留毕圭苑中，悉烧宫庙官府居家，二百里内无复孑遗。又使吕布发诸帝陵，及公卿已下冢墓，收其珍宝。

【注释】

①便时：吉利的时日。

②驱蹙：驱赶促迫。

【译文】

当初，长安遭遇赤眉之乱，皇宫、军营和寺庙全被烧光了，就只剩下高帝庙、京兆尹的府舍还得以保存下来，皇帝就择个吉日住了进去。后来又移居到未央宫。于是把洛阳数百万人全部都迁徙到长安来，让步兵骑兵驱赶押送着他们，人们互相挤压踩撞，饥饿难忍，偷盗抢掠，遍地都是尸体。董卓自己留驻在毕圭苑之中，把宫廷、宗庙、官府、百姓住宅都烧掉，二百里内什么都没有留下。又指使吕布挖掘各个皇帝的陵墓，以至公卿之下百官的坟墓，收取了其中的珍宝。

时，长沙太守孙坚亦率豫州诸郡兵讨卓。卓先遣将徐荣、李蒙四出虏掠。荣遇坚于梁，与战，破坚，生禽颍川太守李旻，亨之。卓所得义兵士卒，皆以布缠裹，倒立于地，热膏灌杀之。

【译文】

当时，长沙太守孙坚也率领豫州各郡的部队讨伐董卓。董卓先派出将领徐荣、李蒙四处抢掠。李荣在梁县遭遇孙坚，交战后，打败孙坚，活捉了颍川太守李旻，把他煮了。董卓把所抓到的义兵，全都用布匹裹上，倒立在地上，再用热油浇灌杀死。

　　时河内太守王匡屯兵河阳津，将以图卓。卓遣疑兵挑战，而潜使锐卒从小平津过津北，破之，死者略尽。明年，孙坚收合散卒，进屯梁县之阳人。卓遣将胡轸、吕布攻之。布与轸不相能，军中自惊恐，士卒散乱。坚追击之，轸、布败走。卓遣将李傕诣坚求和，坚拒绝不受，进军大谷，距洛九十里。卓自出与坚战于诸陵墓间，卓败走，却屯黾池，聚兵于陕。坚进洛阳宣阳城门，更击吕布，布复破走。坚乃埽除宗庙①，平塞诸陵，分兵出函谷关，至新安、黾池间，以截卓后。卓谓长史刘艾曰："关东诸将数败矣，无能为也。唯孙坚小戆②，诸将军宜慎之。"乃使东中郎将董越屯黾池，中郎将段煨屯华阴，中郎将牛辅屯安邑，其余中郎将、校尉布在诸县，以御山东。

【注释】

①埽（sǎo）除：打扫，去除。

②戆（zhuàng）：愚。

【译文】

　　此时，河内太守王匡正驻扎在河阳津，准备攻伐董卓。董卓派出疑兵前去挑战，又偷偷地让精锐部队从小平津突过河阳津北部，大破敌军，王匡几乎全军覆没。第二年，孙坚又收罗集合了败散的士卒，前往梁县的阳人聚驻扎了下来。董卓派遣将领胡轸、吕布前去攻打。吕布和胡轸互不相容，军中的士兵感到十分惊恐，四处逃散，十分混乱。

孙坚追击其后，胡轸、吕布兵败逃散。董卓又派了将领李傕到孙坚那里去求和，孙坚拒不接受，并进军大谷，在距离洛阳九十里的地方驻扎下来了。董卓亲自带兵和孙坚在几个皇陵之间交战，结果董卓战败逃走，退缩到黾池驻扎了下来，在陕县聚集了兵力。孙坚则挺进洛阳的宣阳城门，再次向吕布发起进攻，吕布又兵败逃跑了。孙坚就清理了宗庙，整理填埋了各个皇陵，分出兵力从函谷关出发，到达新安、黾池之间，拦截董卓后路。董卓对长史刘艾说："关东的几位将军屡次兵败，看来成不了什么大事。倒是孙坚有股傻劲，众将军应该谨慎才是。"他指派中郎将董越驻扎黾池，中郎将段煨驻扎华阴，中郎将牛辅驻扎安邑，其余的中郎将、校尉分布在各县之中，以抵御山东的进攻。

卓讽朝廷使光禄勋宣璠持节拜卓为太师，位在诸侯王上。乃引还长安。百官迎路拜揖，卓遂僭拟车服，乘金华青盖，爪画两辐①，时人号"竿摩车"②，言其服饰近天子也。以弟旻为左将军，封鄠侯，兄子璜为侍中、中军校尉，皆典兵事。于是宗族内外，并居列位。其子孙虽在髫龀③，男皆封侯，女为邑君。

儿童换牙。

【译文】

董卓暗示朝廷要派光禄勋宣璠带着符节任命自己为太师，把他的位置摆在诸侯王之上。然后就带兵返回长安了。百官都到路上恭迎跪拜，董卓则使用超越本分的车乘服饰，乘坐着金子装饰的藏青顶的车子，车厢两旁防尘的屏障上绘制着彩色的花纹，就像两个张开的爪子，当时的人们都称它为"竿摩车"，意思是董卓使用了和天子相近的服饰。他的弟弟董旻被任命为左将军，封为鄠侯；他的兄长的儿子董璜任侍中、中军校尉，都掌控着兵权。于是他的宗族内外，都占据着显赫的位置。他那些子孙虽多是些孩子，男的也都封了侯，女的也都封为邑君。

数与百官置酒宴会，淫乐纵恣。乃结垒于长安城东以自居①。又筑坞于郿②，高厚七丈，号曰"万岁坞"。积谷为三十年储。自云："事成，雄据天下；不成，守此足以毕老。"尝至郿行坞，公卿已下祖道于横门外③。卓施帐幔饮设，诱降北地反者数百人，于坐中杀之。先断其舌，次斩手足，次凿其眼目，以镬煮之④。未及得死，偃转杯案间⑤。会者战栗，亡失匕箸，而卓饮食自若。诸将有言语蹉跌⑥，便戮于前。又稍诛关中旧族，陷以叛逆。

【注释】

①垒：军壁，阵地上的防御工事。

②坞：即堡垒。

③横门：光门。

④镬：无足鼎，古时亦用以为烹人的刑具。

⑤偃转：仆倒转动。

⑥蹉跌：失误。

【译文】

董卓经常和百官设酒集会，纵情荒淫享乐。他在长安的城东修筑了堡垒供自己居住。还在郿县修筑了高厚七丈的坞堡，号称是"万岁坞"。堡内储备了可供三十年食用的谷物。他自称："大事告成，则雄据天下；事情不成，坚守这里也足以养老。"他曾经到郿县巡视坞堡，公卿以下官员都到横门外饯行。董卓在帐篷中设置酒宴，诱降了北地造反的几百个人，然后在酒宴上当场杀死他们。他先割断了他们的舌头，再斩下他们的手脚，接着又挖了他们的眼睛，再用大锅煮死他们。那些一下子还死不了的人，在酒席之间挣扎扑腾。集会的人吓得发抖，手中的勺子和筷子都掉了，而董卓还是饮食自如。将士们偶有言语闪失的，就当众杀掉。他还杀了关中的旧族大家，诬陷他们犯了叛逆之罪。

时太史望气，言当有大臣戮死者。卓乃使人诬卫尉张温与袁术交通，遂笞温于市，杀之，以塞天变。前温出屯美阳，令卓与边章等战无功，温召又不时应命，既到而辞对不逊。时孙坚为温参军，劝温陈兵斩之。温曰："卓有威名，方倚以西行。"坚曰："明公亲帅王师，威振天下，何恃于卓而赖之乎？坚闻古之名将，杖钺临众①，未有不断斩以示威武者也。故穰苴斩庄贾②，魏绛戮杨干③。今若纵之，自亏威重，后悔何及！"温不能从，而卓犹怀忌恨，故及于难。

【注释】

① 杖钺：手执斧钺。表示威权。

② 穰苴斩庄贾：司马穰苴与庄贾约定好第二天中午在军门外会合出发，庄贾迟到，穰苴按军法将其斩杀。穰苴，战国齐景公时军事家。庄贾，齐景公宠臣。

③ 魏绛戮杨干：晋悼公大会诸侯，想借此夸耀他的地位和实力，而他弟弟杨干却扰乱随从仪仗军的行列。魏绛严格执法，杀死杨干的仆从。魏绛，春秋晋悼公的大臣。

【译文】

当时太史观望天象，说要有大臣被处死。董卓就指使别人诬陷卫尉张温和袁术相互勾结，然后就在集市之中将张温鞭打至死，以此来充塞天象的变化。从前张温出兵驻扎美阳，命令董卓和边章交战，董卓没有立下战功，张温召见他他也不及时遵从命令，到了以后言辞也很不恭敬。那时孙坚任张温的参军，劝张温在军阵前杀了董卓。张温说："董卓享有威名，还要倚仗着他向西征战。"孙坚说："明公您亲帅帝王之师，威震天下，难道还要仰仗依赖董卓不成？我听说古代的名将，掌控用兵大权，没有不断然采

用斩首之刑以展示自己的威武之气的。所以司马穰苴才斩
了庄贾，魏绛杀了杨干。现在如果放纵他，就要损失自己
的威严，后悔莫及。"张温不听从他的建议，而董卓还是怀
恨在心，所以才导致今天的灾难。

温字伯慎，少有名誉，累登公卿，亦阴与司徒
王允共谋诛卓，事未及发而见害。越骑校尉汝南伍
孚忿卓凶毒，志手刃之，乃朝服怀佩刀以见卓。孚
语毕辞去，卓起送至，以手抚其背，孚因出刀刺
之，不中。卓自奋得免①，急呼左右执杀之，而大
诟曰："虏欲反耶！"孚大言曰："恨不得磔裂奸贼
于都市②，以谢天地！"言未毕而毙。

【注释】

①自奋：自己拼命用力。

②磔（zhé）裂：车裂人体。后亦指凌迟处死。都市：
都城中的集市。

【译文】

张温字伯慎，年少时就很有名气，一步步地登上公卿
之位，也偷偷地和司徒王允一起谋划着把董卓杀掉，事情
还没做成就被杀了。越骑校尉汝南人伍孚痛恨董卓的凶狠
毒辣，立志要亲手杀了他，就把佩刀藏在朝服内去求见董
卓。伍孚说完话辞别离去，董卓起身把他送到旁门，用手
拍着他的后背，伍孚趁势抽出佩刀刺杀他，没刺中。董卓
自己挣扎逃脱，立即呼唤左右的人把他抓起来杀掉，然后

大骂道："你小子是要造反了！"伍孚大叫道："恨不得把你这奸贼五马分尸，丢在街市上，以告谢天地！"话未说完就死了。

　　时王允与吕布及仆射士孙瑞谋诛卓。有人书"吕"字于布上，负而行于市，歌曰："布乎！"有告卓者，卓不悟。三年四月，帝疾新愈，大会未央殿。卓朝服升车，既而马惊墯泥，还入更衣。其少妻止之，卓不从，遂行。乃陈兵夹道，自垒及宫，左步右骑，屯卫周匝，令吕布等扞卫前后①。王允乃与士孙瑞密表其事，使瑞自书诏以授布，令骑都尉李肃与布同心勇士十余人，伪着卫士服于北掖门内以待卓。卓将至，马惊不行，怪惧欲还。吕布劝令进，遂入门。肃以戟刺之，卓衷甲不入②，伤臂墯车③，顾大呼曰："吕布何在？"布曰："有诏讨贼臣。"卓大骂曰："庸狗敢如是邪④！"布应声持矛刺卓，趣兵斩之。主簿田仪及卓仓头前赴其尸，布又杀之。驰赍赦书，以令宫陛内外。士卒皆称万岁，百姓歌舞于道。长安中士女卖其珠玉衣装市酒肉相庆者，填满街肆。使皇甫嵩攻卓弟旻于郿坞，杀其母妻男女，尽灭其族。乃尸卓于市。天时始热，卓素充肥，脂流于地。守尸吏然火置卓脐中，光明达曙，如是积日。诸袁门生又聚董氏之尸，焚灰扬之于路。坞中珍藏有金二三万斤，银八九万斤，锦绮缯縠纨素奇玩⑤，积如丘山。

【注释】

①扞卫：防卫，护卫。

②衷甲：在衣服里面穿铠甲。

③墯（duò）：同"堕"，落下。

④庸狗：詈词。

⑤绮：有花纹的丝织品。缋：成匹布帛的头尾，以其可用以系物，亦谓为组纂之类。縠（hú）：绉纱。纨素：洁白精致的细绢。

【译文】

　　当时王允和吕布以及仆射士孙瑞想要谋杀董卓。有人把"吕"字写在布上，背着布在集市上走，高歌道："布哟！"有人把这事报告董卓，董卓没有领悟。初平三年四月，献帝患病初愈，在未央殿大会百官。董卓穿着朝服要登上车子，突然马受惊把董卓掀到泥潭之中，董卓返回更衣。他年轻的妻子阻止他出门，董卓不听，就出发了。他让士兵夹道相送，从自己的堡垒一直到宫殿，左右都一直簇拥着步兵和骑兵，四周还屯扎着卫兵，并让吕布等人在前后护卫。王允和士孙瑞秘密地向皇上汇报他们诛杀董卓的计划，让士孙瑞亲自写了诏书交给吕布，命令骑都尉李肃以及和吕布同心的勇士十几个人，穿上服装冒充卫士在北掖门内等待董卓。董卓快到的时候，马匹受惊，止步不前。董卓感到奇怪恐惧，想掉头回去。吕布劝他进宫，董卓就进了北掖门。李肃用长戟刺杀董卓，董卓在衣内穿着铠甲，没有刺破，他的手臂受了伤，掉下车来，回头大叫道："吕布在哪里？"吕布说："有诏书讨伐贼臣。"董卓大骂说："庸狗也敢这样！"吕布应声用长矛刺杀董卓，催促士兵把他杀掉。主簿田仪以及董卓的奴仆上前扑向董卓的尸体，吕布把他们也杀了。然后让快马带上颁布赦令的文告，将喜讯传向宫廷内外。士兵们都高呼万岁，百姓们则在路上欢歌起舞。长安城中的士人、妇女，争相卖掉自己的珠宝、美玉以及服饰，到市场上换来酒肉，相互庆贺的人，挤满了街市。又派皇甫嵩前去郿坞攻伐董卓的弟弟董旻，杀了他的母亲、妻子及子女，灭掉他的整个宗族。然后把董卓的尸体摆在集市上示众。当时天开始热起来了，董卓历来就十分肥胖，脂肪流了一地。守尸的官吏在董卓的肚脐上点燃火焰，光明达旦，一连点了好几天。袁氏的门生们又把董家尸体聚集在一起烧成灰，把这些灰撒在路上。郿坞中藏有黄金两三万斤，白银八九万斤，美锦丝绸、细绢布匹、珍奇古玩，堆积如山。

宦者列传序

　　本文选自《宦者列传》。《后汉书》中，"序"和"论"的部分很具特色，范晔"欲因事就卷内发论，以正一代得失"。范晔这种鲜明的历史观得到许多史评家的赞许，范晔本人对这些内容相当重视，强调，"吾杂传论，皆有精意深旨"，自"《循吏》以下及《六夷》诸序论，笔势纵放，实天下之奇作"，"自是吾义之杰思，殆无一字空设，奇变不穷"，"自古体大而思深，未有此也"。《宦者列传序》通过考察宦官历史，总结了宦官不同于常人的生理特征和地位，重点评论了东汉时期宦官势力的极度膨胀的巨大祸害，可以帮助读者更好地解读宦官的历史。

《易》曰："天垂象①，圣人则之。"宦者四星，在皇位之侧②，故《周礼》置官，亦备其数。阉者守中门之禁③，寺人掌女宫之戒④。又云"王之正内者五人"⑤。《月令》："仲冬，命阉尹审门闾，谨房室。"《诗》之《小雅》，亦有《巷伯》刺谗之篇。然宦人之在王朝者，其来旧矣。将以其体非全气，情志专良，通关中人，易以役养乎？然而后世因之，才任稍广。其能者，则勃貂、管苏有功于楚、晋⑥，景监、缪贤著庸于秦、赵⑦。及其敝也，则竖刁乱齐⑧，伊戾祸宋⑨。

【注释】

①垂象：显示征兆。

②"宦者"二句：宦者四颗星在帝座星旁。宦者，星官名。皇位，指帝座星，属天市垣。

③阉者：王宫内的守门人。

④寺人：宫中的近侍小臣，一般由宦官担任。

⑤正内：皇后的正殿。

⑥勃貂：即寺人披，春秋时晋国的宦官。据《左传》记载，吕甥、郤芮想烧掉皇宫杀死晋文公，勃貂把消息通报给晋文公，使他免遭于难。管苏：春秋时楚国的宦官，据《新序》，他经常劝谏楚恭王要讲道义，以礼制国。

⑦景监：战国秦孝公的宦官，向孝公引荐了商鞅。缪贤：战国时赵国的宦官，举荐了蔺相如。

⑧竖刁：春秋时齐桓公的宦官，他为了表示对齐桓公
　的忠心，自行阉割，获得亲信，桓公病危时，竖刁
　作乱，扶公子无诡继位，公子昭逃走，竖刁带人守
　住正殿，与诸公子对峙。桓公已死六十七天，寝室
　蛆虫遍地，尸臭熏天，方才下葬。
⑨伊戾：春秋时宋平公的宦官。陷害宋国太子，使其
　自杀，后被平公处死。

【译文】

《周易》说："上天显示征兆，圣人就效仿它。"天空
有四颗宦者星，在帝座星的旁边，所以《周礼》设置宦官，
就按照这个数目。阍者负责把守皇宫的门户，寺人负责掌
管女宫的警备。又说："皇后的正殿要五个人侍候。"《月
令》说："寒冬时节，让宦官总管检查门户，谨守房室。"
《诗经》的《小雅》，也有宦官指摘周幽王听信谗言的《巷
伯》一诗。可见宦官在朝中任职，由来已久。这可能是因
为他们身体残缺，但情志专一，可以和宫中的人接触，便
于奴役使唤的缘故吧？然而后代因袭使用宦官的做法，他
们担任职位的范围也日渐扩大。其中贤能的，有勃貂、管
苏这样为楚、晋两国立功的人，景监、缪贤那样为秦、赵
两国推举贤才的人。至于其中的败类，那则有扰乱齐国的
竖刁，祸害宋国的伊戾。

汉兴，仍袭秦制，置中常侍官。然亦引用士
人，以参其选，皆银珰左貂①，给事殿省②。及高后
称制，乃以张卿为大谒者③，出入卧内，受宣诏命。

文帝时，有赵谈、北宫伯子④，颇见亲倖。至于孝武，亦爱李延年⑤。帝数宴后庭，或潜游离馆，故请奏机事，多以宦人主之。至元帝之世，史游为黄门令⑥，勤心纳忠，有所补益。其后弘恭、石显以佞险自进⑦，卒有萧、周之祸⑧，损秽帝德焉。

【注释】

①银珰：中常侍的冠饰，珰在冠前，用白银制成。左貂：武冠的冠饰，以貂尾饰于冠左。

②殿省：宫廷与台省。殿，指皇帝所居。省，省中，诸公所居。

③张卿：又名张子卿，吕后的宠臣。

④赵谈：汉文帝所宠爱的宦官，出入与汉文帝同车。北宫伯子：汉文帝所宠爱的宦官，靠爱护别人，恭谨厚道得宠。

⑤李延年：汉武帝时宦官，武帝宠妃李夫人的哥哥，善歌唱，能做新声，被封为乐府协律都尉。

⑥史游：汉元帝时任黄门令。精字学，工书法。作《急就章》，号"章草"。

⑦弘恭：青年时犯法被处腐刑，为中黄门，不久选为中尚书。西汉宣帝为加强皇权，任用宦官掌管机要，他被任为中书令。明习法令，善为奏请，长期在内朝专政，凡不附己者，加以排挤打击，元帝时病死。石显：少年时因为犯罪而被处于宫刑，收入宫中当了太监。汉宣帝时，通晓法律的石显被任命

为中书仆射，与弘恭结成了死党。宣帝死后，元帝因身体不好，不能经常上朝理事，而石显熟稔事务、精通法律、精明能干，又善于揣摩元帝的心意，弘恭死后被提拔当了中书令，掌握机要文献。佞险：谄媚阴险。

⑧萧、周之祸：前将军萧望之、光禄大夫周堪忧虑外戚放纵，又厌恶弘恭、石显专权，建议罢免宦官，被石显、弘恭诬陷，最后导致萧望之被杀，周堪被禁锢不得做官。

【译文】

汉室兴起后，就因袭了秦朝的制度，设置中常侍的官职。

然而还能征用士人，参与其中的选拔，都冠前装饰着银铛，左侧垂着貂尾，在宫中和台省任职。到了吕后执政时，就以张卿为大谒者，让他出入她的卧室，负责接受并宣告诏命。到汉文帝时，赵谈和北宫伯子两个人很受宠幸。再到汉武帝，也宠爱李延年。汉武帝多次在后宫设宴，或偷偷地溜到宫外的行宫去游乐。所以有朝臣来奏请机密事务，经常是由宦官来主持的。到元帝时期，史游担任黄门令，勤于朝政，一心效忠朝廷，有所补益。此后的弘恭、石显靠着阴险奸诈不断升迁，最后导致了萧望之、周堪惨遭陷害的祸乱，玷污了天子的美德。

中兴之初，宦官悉用阉人，不复杂调他士。至永平中，始置员数，中常侍四人，小黄门十人。和帝即祚幼弱，而窦宪兄弟专总权威，内外臣僚，莫由亲接，所与居者，唯阉宦而已。故郑众得专谋禁中①，终除大憝②，遂享分土之封，超登宫卿之位③。于是中官始盛焉。

【注释】

①郑众：章帝时以小黄门迁中常侍。和帝时不依附外戚，而得到和帝宠信。当时外戚窦宪权倾朝野，又破匈奴，威名大盛，愈加跋扈恣肆，欲谋叛逆。和帝得知他的阴谋，与郑众设计寻机捕杀了他的党羽，并没收窦宪大将军印，改封为冠军侯，迫令他到邑地时自杀。郑众因首功，升任大长秋，封鄛乡侯，把持朝政。

②大憝（duì）：奸恶的人。憝，奸恶。

③超登：跃登。宫卿：总管皇后宫内事务的高级官员，即大长秋。

【译文】

东汉初年，宦官全部使用阉人，不再杂用其他士人。到明帝永平年间，开始规定人员数目，即中常侍四人，小黄门十人。和帝登上帝位时还只是个年幼体弱的孩子，而窦宪几兄弟则把持着朝政，耀武扬威，内外官员，没有人可以亲近皇帝；和皇帝一起的，只有宦官而已。所以郑众才有在宫中单独为皇帝谋划的机会，最终除掉了大恶人窦宪，他也因此被封为列侯，分封了土地，很快就坐上了大长秋的高位。于是宦官的势力开始强盛起来。

自明帝以后,迄乎延平^①,委用渐大,而其员稍增,中常侍至有十人,小黄门二十人,改以金珰右貂,兼领卿署之职^②。邓后以女主临政^③,而万机殷远^④,朝臣国议,无由参断帷幄,称制下令,不出房闱之间,不得不委用刑人,寄之国命。手握王爵,口含天宪^⑤,非复掖廷永巷之职,闺牖房闼之任也^⑥。其后孙程定立顺之功^⑦,曹腾参建桓之策^⑧,续以五侯合谋^⑨,梁冀受钺,迹因公正,恩固主心,故中外服从,上下屏气。或称伊、霍之勋,无谢于往载;或谓良、平之画,复兴于当今。虽时有忠公,而竟见排斥。举动回山海,呼吸变霜露。阿旨曲求,则光宠三族;直情忤意,则参夷五宗。汉之纲纪大乱矣。

【注释】

①延平:汉殇帝年号,公元 106 年。

②卿署:九卿的官署。

③邓后:指和帝的皇后邓绥。和帝死后她先后迎立殇帝、安帝,临朝执政十六年。

④殷远:繁多而深远。

⑤天宪:朝廷法令,王法。

⑥闺牖:宫中的门窗。房闼:宫闱,寝室。

⑦孙程:安帝时为中黄门。安帝卒,他与中黄门王康等十八人首谋杀死宦官江京一党,拥立济阴王刘保称帝,是为顺帝,并诛灭外戚阎显,因功封浮阳

侯，加官骑都尉。官至奉车都尉。卒后谥刚侯。

⑧曹腾：质帝死后，朝廷官员一派拥立清河王；另一派由外戚梁冀领导，拥立刘志。曹腾亲访梁冀，指出清河王为人严明，如果他真的为帝，恐怕难保平安，但立刘志，则可以长保富贵。梁冀在曹腾的鼓励下，竭尽全力，拥立刘志，是为桓帝。因参与定策迎立桓帝有功，曹腾被封为费亭侯，不久出任长乐太仆，迁大长秋，用事宫廷长达三十多年。

⑨五侯：指桓帝时的五位权势极大的宦官唐衡、单超、左悺、徐璜、具瑗，他们帮助桓帝铲除梁冀，因而均被封为县侯，单超食邑二万户，后又封为车骑将军，其他四人各一万户，世称"五侯"。

【译文】

从明帝一直到殇帝延平年间，任用宦官的范围日渐扩大，宦官的人数也慢慢增加，中常侍发展到十个人，小黄门增加到二十人，冠饰改为金珰，貂尾也改在右侧，还兼任九卿等外朝官的职务。邓后以女人的身份主持朝政，而朝中事务千头万绪，群臣上朝议定国事，她无法到朝中参与讨论，运筹帷幄，行使皇权，下达诏令，也都不出后宫之门，于是不得不任用宦官，把国家的旨意委托给他们颁布。宦官手中把握着封王加爵的大权，口中传授着朝廷的王法，从此就不再只是履行掖廷、永巷内的职务，执行守护后宫门户的任务了。之后孙程拥立顺帝立下大功，曹腾参与谋划拥立桓帝，然后单超等五个宦官合谋，让外戚梁冀遭到诛杀，他们也因此被封侯，这些功绩无可非议，他们也因此赢得了皇帝的感恩之心，所以朝廷内外无人不恭恭敬敬地臣服于他们。有人称颂他们立下了伊尹、霍光那样的功勋，无愧于过往的前人；还有人认为张良、陈平的谋略，又重现于当世了。虽然当时也有些忠诚敢言的人士，但最终还是遭到排斥。宦官的一举一动都能排山倒海，他们的呼吸可以改变严霜晨露。阿谀奉承、委曲求全的人，就可光耀三族，正直不阿、直意违抗的人，五族五服之内都要惨遭杀灭。汉代的纲纪从此大乱。

　　若夫高冠长剑，纡朱怀金者①，布满宫闱；苴茅分虎②，南面臣人者，盖以十数。府署第馆，棋列于都鄙；子弟支附③，过半于州国。南金、和宝、冰纨、雾縠之积④，盈仞珍藏；嫱媛、侍儿、歌童、舞女之玩⑤，充备绮室。狗马饰雕文，土木被缇绣⑥。皆剥割萌黎，竞恣奢欲。构害明贤，专树党类。其有更相援引，希附权强者，皆腐身熏子，以自衒达⑦。同敝相济，故其徒有繁，败国蠹政之事，不可单书⑧。所以海内嗟毒⑨，志士穷栖⑩，寇剧缘间⑪，摇乱区夏⑫。虽忠良怀愤，时或奋发，而言出祸从，旋见孥戮⑬。因复大考钩党，转相诬染。凡称善士，莫不离被灾毒。窦武、何进⑭，位崇戚近，乘九服之嚣怨，协群英之执力⑮，而以疑留不断，至于殄败。斯亦运之极乎！虽袁绍龚行⑯，芟夷无余，然以暴易乱，亦何云及！自曹腾说梁冀，竟立昏弱。魏武因之，遂迁龟鼎⑰。所谓"君以此始，必以此终"，信乎其然矣！

【注释】

①纤朱：系结垂挂着朱红绶带。怀金：怀揣金印。

②苴茅：指受封为诸侯。分虎：谓授与官职。虎，虎
　状符节。

③支附：亲属。

④南金：南方出产的铜，后指贵重之物。和宝：和氏
　璧，代指珍宝。冰纨：洁白的细绢。雾縠（hú）：
　薄雾般的轻纱。

⑤嫱媛：指姬妾。

⑥缇绣：赤缯与文绣，指华贵的丝织品。

⑦衔达：显达。

⑧单：通"殚"，尽，竭尽。

⑨嗟毒：叹恨。

⑩穷栖：隐居。

⑪寇剧：强贼大盗。缘间：乘隙，乘机。

⑫区夏：诸夏之地，指华夏，中国。

⑬孥戮：诛及子孙。泛指杀戮。

⑭窦武：东汉末年外戚、大臣。长女为桓帝皇后，他
　为司隶校尉李膺、太仆杜密遭党锢一事上书，请求
　贬黜掌权的宦官，李膺、杜密等人以此得到赦免。
　同年冬，桓帝死，窦武以拥立灵帝故，拜大将军，
　更封闻喜侯。建宁元年（168）八月，窦武与陈蕃定
　计翦除诸宦官。后事机泄露，宦官曹节、王甫等劫

持灵帝、太后，诏令收捕窦武等。窦武召集北军五校兵士数千人驻屯都亭下，与王甫、张奂率领的虎贲、羽林和五营士对阵。结果兵败自杀，被枭首于洛阳都亭，宗亲、宾客、姻属悉被处死，家属徙日南。何进：其妹为灵帝皇后，灵帝死后，立外甥刘辩为帝，并执掌朝政。因宦官蹇硕欲杀何进，被何进发现诛杀，但他对于是否杀掉当权宦官，犹豫不决。后在袁绍建议下，决定除去以张让为首的十常侍，但不听众人劝告，多结外镇军阀，终于事泄，被张让等先下手杀死。

⑮执（shì）力：势力。执，通"势"。

⑯袁绍龚行：指灵帝死，大将军何进与袁绍合谋诛宦官，事泄，何进被杀，袁绍率军尽诛宦官，主持朝政。袁绍，出身名门望族，自曾祖父起四代有五人位居三公，自己也居三公之上，官至大将军。少折节下士，知名当世，文武双全，英气勃发。龚行，奉行。

⑰"魏武"二句：曹腾养子曹嵩是曹操的父亲，献帝时曹操当权，至其子曹丕最终取代汉帝，建立魏国。魏武，指曹操。曹丕称帝后，国号魏，追谥曹操为武帝。龟鼎，元龟与九鼎，古时为国之重器，因以喻帝位。

【译文】

那些头戴高帽、身佩长剑，披着红绶带、抱着金印的人，布满了宫廷；受封为诸侯掌握兵权，面朝南把别人当作臣子的也有几十人。官府馆舍，星罗棋布于都市城邑；宗族子弟及追随者，遍布一半以上的州郡。南方的黄铜、卞和的宝玉、冰洁的丝绸、如雾的轻纱，堆满了宝库，而在华丽的居室中，从姬妾，到侍者、歌童、舞女之类的玩物，随处可见，狗马和各种建筑物上都装饰着雕镂精美的文饰，披着华贵的丝织品。每个宦官都在贪婪地剥削着百姓，竞相无度地奢侈纵欲。他们诬陷残害忠良，专门树立自己的余党。更有一些互相推举引荐，希望能依附权贵的人，都自受腐刑，或阉割亲子，以求尽快飞黄腾达。他们臭味相投、互相仰仗，所以党徒繁盛，他们所做亡国乱政的事，无法言尽。致使国人怨声载道，有志之士只能隐居，寇贼乘机作乱，华夏动荡不安。虽然忠良之士心怀愤慨，有时也要爆发出来，但灾祸也就随之而来，很快就遭到杀戮。宦官又借此大搞党锢，让人们相互诬陷揭发，那些被人们称为好人的，没有一个能逃脱灾难。窦武、何进地位崇高，贵为国戚，想借助天下人对宦官的极度仇恨之心，联合天下英才的势力一起行动，但由于迟疑不决，最终遭到惨败。这也是国运到了尽头吧！虽然袁绍想替天行道，铲除宦官，但以暴虐平息祸乱，如何能振兴汉室呢？正因为曹腾说服梁冀，拥立了昏庸弱小的桓帝，曹操顺着这种衰势，终于致使江山易手。这就是所谓的"从哪里开始，就在哪里结束"，汉代的盛衰史就印证了这句话啊！

范式列传

　　本文选自《独行列传》。《独行列传》是范晔的首创，记录了二十多个不同流俗的独行者的形象，其中有些人想以怪异的言行作为顺利进入仕途的捷径，但也有一些真正追求名节的人，范式就是其中的代表。《范式列传》通过范式千里赴约、坟地送友、护送灵柩等几个感人的细节，刻画了一个重情义、守信用、超凡脱俗的独行者的形象，表达了人们对真挚友情和崇高气节的向往与追求，是东汉社会风尚的客观反映。

　　范式字巨卿，山阳金乡人也，一名汜。少游太学，为诸生①，与汝南张劭为友。劭字元伯。二人并告归乡里。式谓元伯曰："后二年当还，将过拜尊亲，见孺子焉②。"乃共克期日③。后期方至，元伯具以白母，请设馔以候之。母曰："二年之别，千里结言，尔何相信之审邪？"对曰："巨卿信士，必不乖违。"母曰："若然，当为尔酝酒④。"至其日，巨卿果到，升堂拜饮，尽欢而别。

【注释】

①诸生：即众儒生。

②孺子：幼儿，儿童。

③克：严格限定，多用于时日。

④酝酒：酿酒。

【译文】

　　范式，字巨卿，山阳郡金乡县人，又名汜。年少时曾游历于太学，成为儒生，和汝南郡的张劭是好朋友。张劭，字元伯。两人一起告假回乡。范式对元伯说："两年后我要回京城，我会去拜见您的父母，看看您的孩子。"然后就共同约定了日期。后来约定的日期快到了，元伯把事情全都告诉了母亲，让她设置好酒食恭候范式。母亲说："都分别两年了，千里之外约定的事情，你怎么就这么信他呢？"元伯回答说："巨卿是讲信用的人，一定不会违背诺言。"母亲说："如果真是这样，就该为你们酿酒。"到了那天，巨卿果然来了，二人升堂互拜对饮，喝得十分畅快后才相互告别。

　　式仕为郡功曹①。后元伯寝疾笃，同郡郅君章、殷子徵晨夜省视之②。元伯临尽，叹曰："恨不见吾死友③！"子徵曰："吾与君章尽心于子，是非死友，复欲谁求？"元伯曰："若二子者，吾生友耳。山阳范巨卿，所谓死友也。"寻而卒。式忽梦见元伯玄冕垂缨屣履而呼曰④："巨卿，吾以某日死，当以尔时葬，永归黄泉。子未我忘，岂能相及？"式恍然觉寤⑤，悲叹泣下，具告太守，请往奔丧。太守虽心不信而重违其情，许之。式便服朋友之服，投其葬日⑥，驰往赴之。式未及到，而丧已发引，既至圹⑦，将窆⑧，而柩不肯进。其母抚之曰："元伯，岂有望邪？"遂停柩移时，乃见有素车白马，号哭而来。其母望之曰："是必范巨卿也。"巨卿既至，叩丧言曰："行矣元伯！死生路异，永从此辞。"会葬者千人，咸为挥涕。式因执绋而引柩⑨，于是乃前。式遂留止冢次，为修坟树，然后乃去。

【注释】

①功曹：汉代郡守有功曹史，简称功曹，除掌人事外，可以参与一郡政务。

②省视：察看，探望，此指照顾。

③死友：指交情笃厚，至死不相负的朋友。

④玄冕：古代天子诸侯祭祀的礼服，泛指黑色的官冕。

垂缨：垂下冠带。

⑤恍然：失意、惆怅的样子。

⑥投：到，待。

⑦圹：墓穴。

⑧窆（biǎn）：将棺木葬入墓穴。

⑨绋（fú）：通"绋"，下葬时引柩入穴的绳索。

【译文】

范式当了郡里的功曹。后来元伯得了重病，卧床不起，同郡的郅君章、殷子徵早晚尽心照料着他。元伯临终时，长叹说："不能看到我至死不相负的朋友，真是万分遗憾呀！"子徵说："我和君章对您如此尽心，还不能算是至死不相负的朋友，你还要找谁？"元伯说："像您二位这样，是我活着时的好友。山阳郡的范巨卿，才是我至死不相负的朋友。"不久就死了。范式突然梦见元伯戴着黑色帽子，帽上垂着缨带，急匆匆地走来，叫他说："巨卿，我在某一天死了，要在某时下葬，永归黄泉。您如果还没忘了我，能不能再见我一面？"范式惆怅地惊醒，悲伤长叹，大哭一场。他把事情全部向太守做了报告，请求让他前去奔丧。太守虽然心里并不相信，但不忍心违抗他的深情，就允许了。范式便穿上为朋友吊丧的服装，到下葬的那天，坐着快马奔赴那里。范式还未赶到时，灵柩就已经出发了，到了墓地，要下葬了，但灵柩却不肯进入墓穴。元伯的母亲抚摸着灵柩："元伯，难道你还有什么未了的心愿吗？"于是就停下灵柩等了一段时间，看到有辆白马拉的素车，远远号哭而来。元伯的母亲看着那车，就说："一定是范巨卿来了。"巨卿一到,就叩拜灵枢说:"元伯,您可以走了。生死异路,从此就永别了。"参加葬礼的一千多人,全都感动得流下眼泪。范式就拉着引棺的绳索牵引灵枢,灵枢这才缓缓向前。然后,他又留在坟地,为元伯修坟种树,之后才离开那里。

后到京师,受业太学。时诸生长沙陈平子亦同在学,与式未相见,而平子被病将亡,谓其妻曰:"吾闻山阳范巨卿,烈士也①,可以托死。吾殁后,但以尸埋巨卿户前。"乃裂素为书,以遗巨卿。既终,妻从其言。时式出行适还,省书见瘗②,怆然感之,向坟揖哭,以为死友。乃营护平子妻儿③,身自送丧于临湘。未至四五里,乃委素书于枢上,哭别而去。其兄弟闻之,寻求不复见。长沙上计掾史到京师④,上书表式行状,三府并辟,不应。

【注释】
①烈士:有气节有壮志的人。
②瘗(yì):坟墓。
③营护:照拂。
④上计掾史:汉代年终负责考核地方官吏的官员。上计,汉代年终考核地方官吏的方法。

【译文】
后来,范式又回到京城,到太学去求学。当时长沙的一个儒生叫陈平子的也在一起求学,但和范式从来没有见过面，平子染病快要死去，对他的妻子说："我听说山阳郡的范巨卿，是节烈的贤士，可以死相托。我死后，只想把尸体埋在巨卿的门前。"然后就撕下块白布写了一封信，留给巨卿。他死后，妻子就遵照他的遗言去做。当时范式出行刚刚回来，读了信看见了小坟，感伤不已，哭着向坟墓作揖，把他当作自己的死友。然后就护送照料平子的妻儿，亲自把灵柩护送回临湘。在离目的地四五里的地方，他就把白布写的信放在灵柩上，哭着告别离开了。平子兄弟得知这件事，马上就去找他，但再也找不到。长沙的上计掾史到京城办事时，上书表彰范式的事迹，三府都要征辟他，他都没有应召。

式后迁庐江太守，有威名，卒于官。

【译文】
范式后来当上庐江太守，享有威名，死于任上。

严光列传

　　本文选自《逸民列传》。隐逸是一种文化现象，也是一种生存方式，孟子"穷则独善其身，达则兼济天下"的宣言为历代失意士人指明一条出路，现实中的不得意迫使他们寻找放飞心灵的自由之路。汉代有许多自命清高的隐逸之士。《后汉书》中最率真、最可爱、最狂妄、最大胆的形象非严光莫属。一个追求自由超脱、不接受皇帝调遣，敢把脚架在皇帝肚子之上的狂人是真正能坚持志向的真隐士。

　　严光字子陵，一名遵，会稽余姚人也。少有高名，与光武同游学。及光武即位，乃变名姓，隐身不见。帝思其贤，乃令以物色访之^①。后齐国上言："有一男子，披羊裘钓泽中。"帝疑其光，乃备安车玄纁^②，遣使聘之。三反而后至。舍于北军，给床褥，太官朝夕进膳。

【注释】

①物色：形状，形貌。

②安车：古代可以坐乘的小车。玄纁：黑色和浅红色的布帛，后世帝王用作延聘贤士的礼品。

【译文】

　　严光字子陵，又名遵，会稽郡余姚县人。年轻时就很有名气，曾和光武一起游历求学。等到光武登上皇位，他就更名改姓，归隐民间，不让人找到他。光武帝想念他的贤能，就派人按照他的相貌四处察访。后来，齐国有人上报说："有一个男子，披着羊皮裘在大泽之中垂钓。"光武帝怀疑那就是严光，就让人备好安车，带上延聘贤士的礼品——黑色和浅红色的布帛，派使者前去聘请他。使者来回跑了三次才把严光请来。光武帝让他住在北军军营，赐给他床褥，让太官每日招待饮食。

　　司徒侯霸与光素旧，遣使奉书。使人因谓光曰："公闻先生至，区区欲即诣造^①。迫于典司^②，是以不获。愿因日暮，自屈语言。"光不答，乃投札与之，口授曰："君房足下③：位至鼎足④，甚善。怀仁辅义天下悦，阿谀顺旨要领绝⑤。"霸得书，封奏之。帝笑曰："狂奴故态也。"车驾即日幸其馆。光卧不起，帝即其卧所，抚光腹曰："咄咄子陵，不可相助为理邪？"光又眠不应，良久，乃张目熟视，曰："昔唐尧著德，巢父洗耳。士故有志，何至相迫乎！"帝曰："子陵，我竟不能下汝邪？"于是升舆叹息而去。

【注释】

①区区：谓真情挚意。

②典司：主管，主持。

③君房：侯霸，字君房。

④鼎足：指三公之位。侯霸时为司徒，是三公之一。

⑤要领：腰和脖子，引申为生命。

【译文】

司徒侯霸与严光是旧交好友，派人送来书信。他让使者对严光说："司徒听说您来，真心实意地想马上来看你。但碍于职位的一些规矩，所以不能如愿。希望傍晚时分，能委屈您前去和他共叙旧情。"严光不回答，就把信札丢给来人，口授说："君房大人：您身居三公之位，很好。如果您能心怀仁义辅佐天子，天下的人都会高兴；如果您只会阿谀奉承顺从旨意，就会丢了性命。"侯霸收到信，把它密封了交给皇上。光武帝看了笑着说："这狂妄的家伙还是老样子！"圣驾当天就驾临他的馆舍。严光卧在床上不起来，光武帝就走到床边，摸着他的肚皮说："子陵啊子陵，你就不肯辅助我治理国家吗？"严光又闭着眼睛不回答他，过了许久，才睁开双眼注视着光武帝，说："过去唐尧德行很高，想将天子之位让给巢光，但巢光却要洗净耳朵，不愿听他说些话。士人本来有自己的志向，又何必去逼迫他呢！"光武帝说："子陵，我真的就不能任用你吗？"于是就登上车子长叹而去。

复引光入，论道旧故，相对累日。帝从容问光曰："朕何如昔时？"对曰："陛下差增于往。"因共偃卧，光以足加帝腹上。明日，太史奏客星犯御坐甚急①。帝笑曰："朕故人严子陵共卧耳。"

【注释】

①御坐：帝王的星座。

【译文】

光武帝又在宫中引见严光，谈论往事，一直谈了几天。光武帝随口问严光说："我和从前比怎么样？"严光回答说："陛下比从前强了一些。"二人接着就同床而卧，严光把腿架在光武帝的肚子上。第二天，太史上奏说客星侵犯了御座星，情况十分严重。光武帝笑着说："那是我的故交严子陵和我同床共卧罢了。"

除为谏议大夫，不屈①，乃耕于富春山，后人名其钓处为严陵濑焉。建武十七年，复特征，不至。年八十，终于家。帝伤惜之，诏下郡县赐钱百万、谷千斛。

【注释】

①屈：折节，强自克制，改变平素志行。

【译文】

光武帝任命他为谏议大夫，严光不愿改变平素志行，就回到富春山耕作，后人把他钓鱼的地方命名为严陵濑。建武十七年，光武帝又专门征召他，他还是不去。八十岁时，在家中去世。光武帝很伤怀痛惜，就下诏让郡县赐给他家钱币百万，谷物千斛。

乐羊子妻列传

　　本文选自《列女传》。《列女传》是《后汉书》首创的一种富有特色的类传,范晔为"才行高秀"的女性立传,是对女性的重视与尊敬。乐羊子妻虽只是一个普通的民妇,却有着不同常人的气节。她不贪小利、支持丈夫、孝敬公婆、不畏强暴的性格直至今天仍显可贵。

河南乐羊子之妻者，不知何氏之女也。羊子尝行路，得遗金一饼，还以与妻，妻曰："妾闻志士不饮盗泉之水①，廉者不受嗟来之食②，况拾遗求利，以污其行乎！"羊子大惭，乃捐金于野，而远寻师学。一年来归，妻跪问其故。羊子曰："久行怀思，无它异也。"妻乃引刀趋机而言曰："此织生自蚕茧，成于机杼，一丝而累③，以至于寸，累寸不已，遂成丈匹。今若断斯织也，则捐失成功，稽废时月。夫子积学，当日知其所亡，以就懿德。若中道而归，何异断斯织乎？"羊子感其言，复还终业，遂七年不反。妻常躬勤养姑④，又远馈羊子。

【注释】

①志士不饮盗泉之水：据《尸子》，孔子路过盗泉，口渴也不饮，只因讨厌这个名字。旧时人们引用这句话，表示坚守节操，不污其行。盗泉，在今山东泗水。

②廉者不受嗟来之食：据《礼记·檀弓》，齐国出现了严重的饥荒，黔敖在路边准备好饭食供饥饿的人吃。有个饥饿的人走来。黔敖左手端着吃食，右手端着汤，说道："喂！来吃！"那个饥民扬眉抬眼看着他，说："我就是不愿吃嗟来之食，才落到这个地步！"黔敖追上前去道歉，饥民终究没有吃，最后饿死了。后常用来劝勉人要有志气。廉，方正，刚直。嗟来之食，指带有侮辱性的施舍。

③䌰（guàn）：指将细丝贯入机杼。

④姑：古时女子称丈夫之母亲为姑。

【译文】

河南乐羊子的妻子，不知是谁家的女儿。羊子曾在路上捡到一块金子，回家后把它交给妻子，妻子说："我听说坚守节操的人不喝盗泉里的水，有志气的人不接受侮辱性的施舍，何况捡别人丢失的东西贪图小利，来玷污自己的德行呢！"羊子十分惭愧，把金子扔到荒野中，然后就远离家乡拜师求学了。一年以后，羊子回来，妻子跪着问他为什么要回来。羊子说："出门太久，想念家人，没有什么其他原因。"妻子就拿着刀快步走到纺织机前说："这些纺织品是从一个个蚕茧抽出丝来，用机杼织成，把一根一根的丝累积起来，才织出一寸，一寸一寸再累积起来，才织成一匹布。现在如果剪断织好的纺织品，那就前功尽弃，浪费时光。您正在积累学识，应当每天都要学一些原来不懂的东西，才能成就自己的美德。如果中途而废，那和割断纺织品又有什么不同呢？"羊子听了很受感动，又回去修完他的学业，七年都没有回家。他的妻子亲自辛勤侍奉婆婆，还给远方的羊子寄去各种物品。

尝有它舍鸡谬入园中，姑盗杀而食之，妻对鸡不餐而泣。姑怪问其故。妻曰："自伤居贫，使食有它肉。"姑竟弃之。

有一次，邻居家的鸡误入她的菜园，她的婆婆就偷偷把鸡抓来杀了吃，羊子的妻子看着鸡，一口也不吃就哭泣起来。婆婆感到很奇怪，问她为什么哭了。她回答说："我很难过自己这么穷，吃的东西里有别人家的肉。"婆婆最后把鸡肉丢掉了。

后盗欲有犯妻者^①，乃先劫其姑。妻闻，操刀而出。盗人曰："释汝刀从我者可全，不从我者，则杀汝姑。"妻仰天而叹，举刀刎颈而死。盗亦不杀其姑。太守闻之，即捕杀贼盗，而赐妻缣帛，以礼葬之，号曰"贞义"。

【注释】

①犯：欺凌，污辱。

【译文】

后来，有强盗想要污辱乐羊子妻，就先劫持了她的婆婆。羊子妻听到动静，拿着刀就冲了出来。强盗说："放下你的刀顺从我就可保全你们的性命，不顺从我，那就杀了你的婆婆。"羊子妻仰天长叹，举起刀来自刎而死。强盗也就没有再杀她的婆婆。太守听到这件事，马上就逮捕并处死那个强盗，赏赐给乐羊子妻许多缣帛，按礼仪安葬了她，并赐给她"贞义"的称号。